湖南流域文化丛书
总编/贺培育　副总编/李斌　郭钦

资江流域文化研究

郭钦　杨乔/主编

社会科学文献出版社
SOCIAL SCIENCES ACADEMIC PRESS (CHINA)

湖南流域文化丛书编委会

总　　　编　贺培育

副　总　编　李　斌　郭　钦

编委会成员　贺培育　李跃龙　李　斌　郭　钦
　　　　　　　马延炜　杨　乔　张　衢　杨　斌
　　　　　　　毛　健　李　超

主编简介

郭 钦 湖南省社会科学院历史文化研究所副所长。主要侧重清史、现代史和地方历史文化研究。完成国家出版基金项目1项，主持国家社会科学基金项目1项，参与湖湘文库项目5项，出版专著4部，主编4部，在《光明日报》《中国文物报》《求索》等报纸杂志发表文章30余篇。

杨 乔 湖南省社会科学院历史文化研究所副研究员。主要侧重于中国近代经济史和地方历史文化等领域的研究。主持国家社会科学基金项目1项、湖南省哲学社会科学基金项目3项，出版专著2部，合著参著多部。在《学术研究》《求索》《人文论丛》等报纸杂志发表文章30余篇。

一湖四水的文化承载

（总序）

　　湖南历史悠久、文脉绵长、底蕴深厚，生于斯，长于斯，那山、那水、那人家，亘古及今，湖湘人民生生不息地孕育、传承和发展了博大精深的湖湘文化。诚如一代国学大师钱基博在其《近百年湖南学风骈文通义》导言中所言："湖南之为省，北阻大江，南薄五岭，西接黔蜀，群苗所萃，盖四塞之国。其地水少而山多。重山叠岭，滩河峻激，而舟车不易为交通。顽石赭土，地质刚坚，而民性多流于倔强，以故风气锢塞，常不为中原人文所沾被。抑亦风气自创，能别于中原人物以独立。人杰地灵，大儒迭起，前不见古人，后不见来者，宏识孤怀，涵今茹古，罔不有独立自由之思想，有坚强不磨之志节。湛深古学而能自辟蹊径，不为古学所囿。义以淑群，行必厉己，以开一代之风气，盖地理使之然也。"① 这是钱基博对湖南地理因素对湖南人文学风的形成及影响的独到见解。湖湘文化作为中华文化的重要组成部分，因受湖南地理环境因素的影响具有鲜明的地域特色。站在全国的角度看，湖湘文化自成一体，独具特色，但是从湖南境内看，湖湘文化又因其境内的不同地域而形成各具特色的子系统区域文化。流域是指以某一条河流为主线，由分水线包围的河流集水区所形成的独

---

① 钱基博：《近百年湖南学风骈文通义》，上海古籍出版社，2012，第5页。

立区域。常言道"一方水土养一方人"。水为生命之源，河流是人类文明发祥、发展的重要载体，"人"作为文化和文明的主体，我们虽然不能以绝对的环境论来阐释环境决定一切，但是生活在特定区域环境下的人一定会与这一区域的地理因素产生千丝万缕的必然联系。为此，我们根据湖南山水特点，以水为纲，将湖湘文化按湘江流域、资江流域、沅江流域、澧水流域和洞庭湖区划分开来，力图以流域为单元，通过"一湖四水"的文化承载来研究湖湘文化，以达新解。

一　湘水壮阔　文运天开

湘江又称湘水，为长江中游南岸洞庭湖水系一级重要支流，湖南四大河流之一。湘江源头由东西两源组成，西源发于广西壮族自治区兴安县近峰岭，据《水经注》载："湘水出零陵始安县阳海山。"清钱邦芑《湘水考》载："湘水，源出广西桂林府兴安县海阳山，山居灵川、兴安之界上，多奇峰绝壑，泉水之始出也，其流仅可滥觞。"东源发自湖南省永州市蓝山县紫良瑶族乡野狗岭，为潇水源头，于永州市零陵区萍岛与西源汇合。湘江流域面积为湖南四水之最，湖南14个市州有8个在湘江流域，全省经济、政治、文化和人口重心都在湘江流域，因此，湘江被誉为湖南的母亲河，"湘"成为湖南省的简称。

湘江流域位居湖南中东部，河谷开阔，江宽水缓，自古得灌溉和舟楫之利，北通中原、南达岭南的优越区位，使湘江流域的文化承载丰满而厚重。由于人类趋利避害、逐水而居及水系的关系，湘江流域发育形成了许多临水型城市，如长沙、湘潭、株洲、衡阳、永州等，其中长沙、衡阳、永州是最具有代表性的集湘江流域文化之大成的城市文明综合体。长沙地处湘江下游及浏阳河与湘江交汇处，位居湘江流域门户，为中原通达岭南的水陆枢纽，具有"南连衡岳，北连洞庭，势控荆湘，绾毂南北"[1]的区位优势，为湖南水陆交通要冲，春秋战国时期逐渐形成城邑，为秦长沙郡、汉长沙国治所，有"楚汉名城"之称。长沙城市的发展是历代政治治所和湘江流域水陆交通完美结合的结果，自秦代以后，长沙逐渐发展成为湖南地区的政治、经济、文化和交通中心。衡阳，位于湘江中下游交界处的衡阳盆地，蒸水、耒水与湘江交汇处，被誉为"三水汇聚，衡雁福地"，为中原通往岭南的重要陆路节点和水路交通枢纽，春秋战国时为楚南人烟密集和商贸繁盛之地，成为楚南重镇，自有建置以来即为历代郡、府、路、州治所，是一座文化底蕴深厚、充满活力的临水型城市。永州又称零陵，地处潇水与湘江交汇处，为湘江中上游水陆交通要冲，是湘江流域通达岭南两广地区的重要节点，两汉时期的零陵郡治设置于此，历为郡、府、路、州治所，是一座文化底蕴深厚、人文气息浓厚的历史文化名城。湘江流域的城市因水而生，因水而兴。近现代以来，粤汉铁路、湘桂铁路都沿湘江流域的河谷布线，如今京广高铁、京珠高速也同样如此。湘江流域地域、地势、河流与交通区位同向，可谓得天独厚，湘江流域由此造就了较为兴盛的文化与文明。

二 资水险急 文化出彩

资江又称资水，为长江中游南岸洞庭湖水系一级支流，湖南四大河流之一。资江西源发于城步苗族自治县青界山主峰黄马界西麓，俗称赧水，旧志又称资水或都梁水，由西南向东北至邵阳县塘渡口镇双江口与夫夷水汇合。资江东源发源于广西壮族自治区资源县境内越城

---

[1] 湖南省博物馆、湖南省文物考古研究所、长沙市博物馆、长沙市文物考古研究所：《长沙楚墓》上卷，文物出版社，2000，第1页。

岭山最高峰猫儿山，俗称夫夷水，由南向北流至新宁县窑市镇六坪村塔子寨进入湖南，在邵阳县双江口与西源赧水汇合。两源汇合后始称资江，旧志和传统习惯多以赧水为资水。从整个资江流域看，由于中游地区山高水险，资江流域文化呈现三段式结构，上、中、下游三大区域各具特色，各领风骚，构成了资水险急、人文出彩的独特文化风貌。

资江流域上游地区主要为今邵阳市域，地形以邵阳盆地为中心，西有雪峰山为屏障，南有越城岭阻隔，北为高山峡谷锁闭，唯有东面与湘江流域以缓丘相连，特别是湘江支流涟水深入盆地东北部边缘，分水岭相当低矮平缓，因此资江流域上游地区深受湘江流域文化的影响。资江上游地区虽然深受湘江流域文化的影响，但是其流域地形特点也孕育了本地域显著的文化特色。在语言上，资水上游地区虽然与湘江中下游同属汉语湘方言区，但湘江流域地形开阔，受其他方言影响较大，形成新湘语区，而资江上游地区西、南、北三面有高山阻隔，受其他方言影响小，较好地保留了古湘语成分，形成老湘语区。在地理因素对人类生产生活影响上，资江上游地区为典型的盆地结构，来自东南的暖湿气流在翻越南岭山脉后形成下沉气流，因而降水较湖南其他地区偏少，形成干旱走廊，如遇干旱年份，农作物歉收，加之人多地少，为了养家糊口、添补家用，当地人多养成精打细算及出门做手艺活和贩货走鹭的习性。明清至民国时期，邵阳货郎走街串巷，邵阳手艺工匠进城入乡，宝庆会馆遍及各地，邵阳商帮用拳头开辟武汉鹦鹉洲码头，靠蛮勇立足汉正街。如今资江流域上游的邵阳人血液中流淌着精明能干的基因，承袭着经商办厂的文化传统。

资江中游穿流雪峰山脉，山高水险，水流湍急，支流短小，流域范围涵盖今新化、安化及冷水江大部分地域。由于特殊的地理因素和人居环境，资江中游流域因山高谷深、平地有限而形成了高山灌溉系统的梯田农耕文化，因山高林密、巡山狩猎而产生了崇拜自然山林的巫风文化，因水急浪险、搏浪涉水而养成了勇猛爽直的尚武文化。资江中游的雪峰山区，习惯上被称为"梅山地区"，这里的山统称为"梅山"，新化俗称"上梅山"，安化俗称"下梅山"，这一地域所孕育、产生的地域文化，被学界称为"梅山文化"。

资江流域下游地区属于平原和缓丘区，河床展宽、水流平缓，位居洞庭湖南岸，在地形地貌上与沅江下游、湘江下游连成一片，加之秦汉以后，这一地域在行政管理上长期受湘江流域长沙郡、长沙府的统辖，因此资江下游地区的经济、政治、文化等都深受湘江流域影响，该地域的语言与长沙相近，同属新湘语方言区，人文风俗也几近于长沙，即使在当今时代，这一地域也被称为长沙的"后花园"。

资江流域的城市多因水而生，但受地形因素的影响，资江流域的临水型城市，呈现上下游发展强、中游发展偏弱的特点，整个流域的城市发展以邵阳和益阳最具有代表性。邵阳位居资江上游邵阳盆地中心，地处邵水与资江交汇处，水运便利、地形开阔，这使邵阳成为资江上游地区的政治、经济、文化和交通中心，自两汉建置以来，成为历代郡、府、路、州治所。益阳地处资江下游，为资江流域门户，也是洞庭湖南岸陆路的重要节点，春秋战国时期，楚国就在此设立益阳县治，便利的水陆交通使益阳发展成为资江流域下游和环洞庭湖区的重要城市。

三 沅水悠长 文渊多样

沅江又称沅水，为长江中游南岸洞庭湖水系一级重要支流，湖南四大河流之一。关于沅江源头，有贵州省都匀市云雾山鸡冠岭、都匀市斗篷山和贵定县岩下乡摆洗村等多种说法，第一次全国水利普查，确认贵州省黔南布依族苗族自治州贵定县昌明镇高坡村为沅江的源头。传统习惯上，认为沅江发源于贵州省东南部，有南北二源。南源马尾河，又称龙头江，发源于都匀县（今都匀市）云雾山鸡冠岭；北源重安江，又称诸梁江，源出麻江县平越间大山。沅江以南源为正源，南北二源相汇合后，称清水江，流经至湖南省会同县漠滨乡金子村入境湖南，东流至洪江市（原黔阳县）托口镇与渠水汇合，始称沅江。

  沅江流域中上游地区是湘、黔、鄂、桂、渝四省一市边区文化相互交融、相互影响的区域，受行政统属的影响，在贵州境内的地域文化称为黔文化，重庆东南和湖北西南部边境的地域文化习惯上称为巴渝文化，而在湖南省境内的地域文化为湖湘文化。沅江流域中上游的核心区域在湖南省境内，其地域范围为怀化市、湘西土家族苗族自治州及邵阳市的城步苗族自治县和绥宁县，沅江水系的主要支流渠水、潕水、巫水、溆水、辰水、武水、酉水都在湖南境内汇入干流。沅江流域中上游湖南境内的早期文明涵盖了本流域特有的潕水文化、高庙文化和外来的大溪文化、屈家岭文化、龙山文化，文化序列完整、脉络清晰，人类活动遗迹众多，说明在远古时代的渔猎经济条件下，这一地域的生态地理环境适合早期人类繁衍生息。

  在历史的发展长河中，沅江流域的早期先民被称为群蛮和百濮，他们可能是沅水流域真正的世居族群。蚩尤部落在北方中原各部落联盟之间的角逐中失败，由江淮地区经洞庭湖沿沅江河谷进入湘西和黔东南地区，从而形成苗蛮集团并发展演变成为苗族、瑶族的先民；随后沅江流域西北部巴蜀地区的先民也在北方部族的挤压下向湘西沅江流域迁徙，巴人成为土家族的先民。苗蛮集团和巴人迁入并与当地世居族群不断融合，形成了沅江流域中上游地区的多民族格局。沅江流域中上游地区的各少数民族在史书中通常被称为"五溪蛮"或"武陵蛮"。当然，随着时间的推移和时代的进步，经过历代中央王朝的不断征伐、开拓、移民和教化，汉族和其他民族也逐渐进入沅水中上游地区，他们大多聚居在河谷平原、山间盆地、交通要道和行政治所，因此居于河谷平原、山间盆地、交通要道和行政治所附近的少数民族逐渐与汉民族融合，而僻居高山深谷的少数民族则仍然保留着原有民族的特性，沅江流域中上游地区因而成为以汉、苗、侗、土家族为主体，瑶、布依、白、水、壮、回族等多民族聚居的地区，成为中原和东部汉族聚居地区与西南少数民族地区交相融合的区域。明清时期，滇黔地区获得开发，"改土归流"推行，随着移民开发和军旅驻防，大批移民、官宦眷属和江浙闽商来到沅江流域中上游地区，楚巫文化、苗蛮文化、巴蜀文化（川渝分治后称"巴渝文化"）、侗壮文化及中原文化、江浙文化和妈祖文化在这里交融互动，构成了沅江流域中上游地区以五溪文化为核心的多元文化交融图景。民俗上多民族交融、相互吸纳，语言上以西南官话为主、各族语言并存，飞山庙、盘瓠庙、天王庙、龙王庙、伏波庙、苏州会馆、"万寿宫"、"天后宫"等都在沅江流域中上游地区留下众多遗迹就不足为奇了。清代湖南建省后，沅江流域中上游湖南境内的五溪地区隶属湖南巡抚管辖，厚重多样的五溪文化成为湖湘文化的重要组成部分。近现代以来，随着社会的不断进步和交通的不断完善，沅江流域中上游湖南境内的五溪地区受东部湘江和资江流域的文化影响也进一步加深。

沅江流域下游地区为今常德市域的一部分，沅江干流进入平原缓丘区，水势平缓、河面宽阔，由于位居沅江下游，因而成为滇黔和湘西的门户。明洪武五年（1372），维吾尔族将领哈勒·八十奉命率军驻守常德，其军中的回族和维吾尔族将士随后在沅江流域下游地区落籍定居并繁衍生息，由此带来了穆斯林文化，他们与当地人和谐相处，丰富了沅江流域下游地区的文化内涵。沅江流域下游地区，地势平坦、无险可据。这里既是通往湘西、黔东、川（今渝）东南地区的水陆要冲，又是北方中原地区与南方及岭南地区的陆路交通的节点，优越的自然条件和地理区位，使这一地区容易受到北方中原文化的影响而成为湖南境内开化、开发最早的地域。善卷的"让王不受"形成了"善德文化"，屈原的流放南来催生了"爱国情怀"，陶渊明的《桃花源记》展现了豁达乐观的胸襟，刘禹锡的"竹枝词"激发了"诗兴词韵"，特殊的地理环境，使沅江流域下游地区的土著文化与荆楚文化、中原文化在这里碰撞、交流、融合，并不断继承、吸收、演进和发展从而形成湖湘文化中一种具有鲜明特色的地域文化，构成了中原文化、巫楚文化、湖湘文化在这里交相辉映的图景。

沅江流域的城市为典型的临水型城市，其中以常德、沅陵和洪江最具代表性，但由于地形因素，除下游常德城市发展成熟、建置稳定外，其他中上游城市因受山区河谷地形影响，城市都呈现发展缓慢和建置不稳定的特征。沅江流域中上游地区由于在地形上高山阻隔、地貌多样，形成了具有多民族特色和多元结构的"五溪文化"，在方言上与川、黔语言相近，属西南官话；而下游地区在地形上开阔平坦，形成了承南启北、相互交融的地域文化，在方言上与湖北方言相近，属北方官话荆楚话。这种中上游地区与下游地区截然不同的地形差异，构成了沅江流域文化的多样性，使沅江流域文化多元而丰满。

四 澧水靛蓝 文明深厚

澧水因《楚辞》"沅有芷兮澧有兰"之句，又名兰江，为长江中游南岸洞庭湖水系一级支流，湖南四大河流之一。关于澧水得名之来由，一说因其上游"绿水六十里，水成靛澧色"而得名；一说远古时期，当地先民多居从岩邃谷，甘泉冷冽，岚瘴郁蒸，非辛辣刚烈之食不足以温胃健脾，故酿制甜酒，煮酒豪饮成习，因醴为甜酒，由是"醴""澧"同音异写，遂得澧水之名。澧水发源于湖南西北部与湖北西南部交界处的武陵山脉东北支南麓，有北、中、南三源。北源发于桑植县五道水镇杉木界，中源发于龙山县大安乡翻身村，南源发于永顺县龙家寨东北。通常以北源为正源，三源于桑植县南岔汇合后，由西向东流经大庸（今张家界市永定区）、慈利、石门、临澧、澧县、津市等县市，于津市市小渡口注入洞庭湖。澧水为湖南四水中流程最短的一条河流，但澧水流域地处武陵山脉最为高耸延绵的一列山岭的南侧，打开湖南地形图，就会在湖南西北部看到这列山岭巍峨延绵的"身躯"，有"湖南屋脊"之称。澧水在湖南四水中以水清深澈和文明厚重而著名，故其特点堪称澧水靛蓝、文明深厚。在湖南四水中澧水虽然流程最短，但由于其独特的区位和地质地貌等地理条件，澧水流域文化呈现深厚与丰富多重并举、人文与自然交相辉映的绚丽图景。

根据考古发掘资料，在澧水流域上中下游地区都发现旧石器时代和新石器时代遗址，特别是中下游地区的河谷台地和澧阳平原所发现的旧、新石器时代遗址达500多处，由于这些文化遗存具有鲜明的地域特征，考古学界将这类文化遗存称为"澧水文化类群"，其文化序列为"彭头山文化"—"皂市下层文化"—"大溪文化"—"屈家岭文化"—"长江中游龙山文化"，承袭关系完整而连续，展现了澧水流域深厚的文化脉络。其中较为著名的有：津市虎爪山遗址、燕尔洞"石门人"遗址、澧县彭头山文化遗址、澧县八十垱遗址、石门皂市下层文化遗址、澧县城头山古城遗址等。

澧水流域与沅江流域虽同为群蛮百濮所居，但与沅江流域稍有不同。因澧水流域与鄂西南及巴蜀地区相连，所以在群蛮百濮的区分上，澧水流域多为巴濮、庸人，沅江流域多为苗蛮、濮僚。澧水流域的巴濮和庸人通过交相融合成为土家族的先民，这也是现今澧水流域中上游地区的少数民族多为土家族的原因。澧水流域地处湖南西北部，其下游澧阳平原与湖北江汉平原连为一体，同为长江中下游平原的一部分，而上游地区与湖北西南部相邻，与重庆东南部近在咫尺，同属武陵山区，自古以来，这里就是湖湘地区北通中原、西抵巴蜀的交通要道。澧水中上游地区与沅江中上游地区同属武陵山区，这里的少数民族都被统称为"武陵蛮"，虽然中央王朝及中原文化逐渐进入这一地区，但由于"蛮夷叛服无常"，加之此地多崇山峻岭的地形因素，因此，澧水中上游地区形成了以土家族、汉族、白族为主体的多元文化区域。近现代以来，随着社会经济和交通的发展，澧水流域各种文化逐渐相互交融，成为湖湘文化的重要组成部分。

澧水流域除了人文历史文化外，还有一张闻名世界的自然文化名片——世界自然文化遗产。澧水流域中上游地区以张家界境内群山为代表的山体多由石英砂岩构成，特殊地质结构和多雨的气候条件，使石英砂岩在暴雨的冲刷下发育为成景母岩，再通过流水侵蚀、重力崩塌、风化等外力作用，形成以棱角平直的高大石柱林为主，以深切嶂谷、石墙、天生桥、方山、平台等为辅的地貌形态，孕育出"奇峰三千、秀水八百"的独特地貌景观，被誉为"天然水墨，人间仙境"。

五　洞庭浩渺　人文荟萃

洞庭湖位于长江中游南岸，是中国著名的五大淡水湖之一。远古时期，在今洞庭湖平原和江汉平原的长江中游地区有一片水域辽阔的汪洋大湖，古称云梦泽。由于长江在流出三峡进入平原地区后，水势变缓、流速降低，长期的泥沙淤积，使古云梦泽逐渐缩小，从而演变成为现今的洞庭湖。洞庭湖西北和北面通过松滋、太平、藕池、调弦四口接纳长江来水,南和西有湘、资、沅、澧四水汇注,东有汨罗江、新墙河等小支流汇入,于东北在岳阳市城陵矶注入长江。洞庭湖是长江流域江湖关系最密切和蓄洪调水能力最强的调蓄性湖泊,具有强大的蓄洪能力,是长江中下游地区防洪安全的重要保障。历史上,洞庭湖曾号称"八百里洞庭",长期位居"五湖之首",由于位居长江中游荆江南岸,又有四口与长江相通,加之湘、资、沅、澧四水注入,其接纳的入湖水量和覆盖的流域面积是整个长江流域最大的。关于洞庭湖的面积,如今还没有确切一致的说法,据相关专家测算,作为蓄洪和行洪型的调蓄性湖泊,如果将现有湖面面积加上洪道的水域面积,洞庭湖可能仍然是中国第一大淡水湖泊。由于四水汇注、北通长江,因此洞庭湖区既是湘、资、沅、澧四水的地理门户,也是四水流域经济、政治、社会和文化相互交融的联系纽带,其区域文化呈现由水性、大度、包容、抗争和忧乐等多重因素组成的复合型特性,可概称为"洞庭浩渺、文化荟萃"。洞庭湖区地形平坦、土地肥沃、物产丰富,因盛产鱼虾和水稻而成为著名的"鱼米之乡",其所孕育承载的区域文化既有南来北往、四水汇聚的融合,又有烟波浩渺的大湖激荡,其所呈现的文化特色使湖湘文化更加光芒而耀眼。

洞庭湖区位于湖南北部,地处湘、资、沅、澧四水下游,地势平坦、河网密布、堤垸纵横、港汊交错,尽显平原水乡特色,优越的地形和丰富的水资源为人类的生产生活提供了必要的条件。由于洞庭湖位于湖南省北部,又是湘、资、沅、澧四水注入的下游地域,历史上的任何时期,不管是尧、舜、禹南巡,还是楚人南下、秦汉南征,但凡中原地区的经济、政治、军事、文化等与湖南交流交往都要首先经过洞庭湖地区。洞庭湖地区既是近现代的公路、铁路南北交通干线所必经之地,也是沿洞庭湖东西两侧进入湖南所必经之地,因此这一地域成为湖南文化交融最活跃的地区，四水流域文化的汇注和南北文化的交融形成了洞庭湖区文化的包容性。由于洞庭湖属于调蓄型通江大湖，因此生活在湖区的人们，在长期与湖水为伴、与洪灾水患搏击抗争的过程中既形成了多情柔和的水一般的品格，又养成了同舟共济的团队和抗争精神，这或许就是如今湖南人戏称所谓的"常德帮、岳阳帮、益阳帮"的文化土壤。洞庭湖区所形成的这些文化特性展现出的是水天辽阔、大度坦荡及忧国忧民的大湖文化。

洞庭湖区的城市属平原水乡与河湖结合型临水城市。在农耕和渔猎经济的古代，洞庭湖西岸的澧阳平原就迎来了中国古代早期城市文明的曙光，以城头山古城遗址为代表的古代城市，标志着洞庭湖区的城市起源、发展与水利、地利有着天然的联系。洞庭湖区的城市都属于濒河湖、尽地利的临水型城市，但由于湖区多水患且湖巷河汊众多，沙洲阻隔，城市发展空间有限，只有湖河结合较好的门户型临水城市发展空间更为广阔，其中以岳阳、益阳、常德最具代表性。岳阳古称"巴陵"，地处洞庭湖与长江交汇处，汇纳四水，吞吐长江，是湖南境内水路交通区位最优越的临水型城市。岳阳扼洞庭湖通长江之口，为洞庭湖东岸水路、陆路进出湖南的必经之地，其城市发展在洞庭湖区流域文化中具有极其重要的地位。益阳、常德分别为洞庭湖南岸和西岸湖河结合的临水型城市，二者濒湖临河，既有湖水相托，又有扼守资江、沅江门户及流域广袤腹地的区位地理优势，因而发展成为洞庭湖区的重要城市。岳阳、益阳、常德三座城市既得洞庭湖之利，又得通长江、资江、沅江之便，三者环绕洞庭，对湖区城市的发展具有极强的辐射和引领带动作用。

湖南流域文化是中华文明文脉的重要组成部分。习近平强调，人与水的关系很重要。世界几大文明都发源于大江大河。人离不开水，但水患又是人类的心腹大患。人类在与自然共处、共生和斗争的进程中不断进步。和谐是共处平衡的表现，但达成和谐需要有很多斗争。中华民族正是在同自然灾害做斗争中发展起来的伟大民族。湖湘文化是湖南省境内文化的总称，通过洞庭湖和湘、资、沅、澧四水流域文化的承载而体现，无论是湘、资之气，还是沅、澧之风，都是湖湘文化的重要组成部分。为传承中华优秀传统文化，我们根据湖南省境内湘、资、沅、澧四水流域及洞庭湖区的地理、人文、风俗等文化特点，撰写了这套"湖南流域文化丛书"，其目的就是以水为纲，以流域为单元，以全景式的新视角将湖湘文化呈现给读者，以期为湖南流域文化的挖掘、传承、保护、开发、研究提供有益的探索，为赓续湖湘历史文脉、讲好"湖南故事"、坚定文化自信注入精神动力。

贺培育

2022年6月

目　录

代序：水经注·资水 // 1

第一章　水魄山魂：资江流域水系及其地理特征 // 3
　一　资水历史地理及源流探微 // 4
　二　资水流域的山系分布及山水关系 // 30
　三　湘中要"渠"的地位优势 // 34

第二章　文化地标：资江流域历史文化区域特征和地位 // 40
　一　宝庆风华：资江上游的历史文化特征及地位 // 40
　二　梅山精魂：资江中游历史文化特征和地位 // 51
　三　益水灵性：资江下游历史文化特征和地位 // 68

第三章　地理人格：资江流域人文精神特质的个性表达 // 81
　一　区域人格形成的历史地理因素 // 81
　二　资水流域区域性的人格差异和个性特征 // 84
　三　资水人的性格共性和历史影响 // 91

第四章　士民风骨：资江流域杰出人物的文化基因和历史贡献 // 95
　一　资江流域人才辈出的文化背景和时代特征 // 95
　二　资江流域杰出人才的历史贡献 // 98

第五章　风土人文：资江流域水韵风情和民俗文化 // 114
　一　资江流域的民居风格与宗祠文化 // 114
　二　资江流域民俗差异及生活方式特色 // 123
　三　资江流域的人文遗存 // 137
　四　资江流域的非遗传承 // 147

第六章　传承创新：资江流域水利建设、文化保护和发展 // 155
　一　资江水利枢纽建设与经济发展 // 155
　二　新时期资江流域文化的保护、开发和利用 // 161

附　录 // 172
　一　传说故事 // 172
　二　经典文选 // 188
　三　精品艺术 // 197
　四　旅游景观 // 207

参考文献 // 216

后　记 // 220

代序：水经注·资水[*]

〔北魏〕 郦道元

资水出零陵都梁县路山，

　　资水出武陵郡无阳县界唐糺山，盖路山之别名也。谓之大溪水。东北迳邵陵郡武冈县南，县分都梁之所置也。县左右二冈对峙，重阻齐秀，间可二里，旧传后汉伐五溪蛮，蛮保此冈，故曰武冈，县即其称焉。大溪迳建兴县南，又迳都梁县南，汉武帝元朔五年，以封长沙定王子敬侯遂之邑也。县西有小山，山上有淳水，既清且浅，其中悉生兰草，绿叶紫茎，芳风藻川，兰馨远馥。俗谓兰为都梁，山因以号，县受名焉。

东北过夫夷县，

　　夫水出县西南零陵县界少延山。东北流迳扶县南，本零陵之夫夷县也。汉武帝元朔五年，以封长沙定王子敬侯义之邑也。夫水又东注邵陵水，谓之邵陵浦，水口也。

---

[*]〔北魏〕郦道元著《水经注校证》卷三十八，陈桥驿校证，中华书局，2007，第888~889页。今日所言资水源头之西源与《水经注》所记同，资水南源则出于广西资源县境（该水在资源县段今称资江，入湖南新宁县后称夫夷水）。资水西源与南源在湖南邵阳县汇合后统称资水，又称资江。

东北过邵陵县之北，

县治郡下，南临大溪，水迳其北，谓之邵陵水。魏咸熙二年，吴宝鼎元年，孙皓分零陵北部，立邵陵郡于邵陵县，县，故昭陵也。溪水东得高平水口，水出武陵郡沅陵县首望山，西南迳高平县南，又东入邵陵县界，南入于邵水。邵水又东会云泉水，水出零陵永昌县云泉山，西北流迳邵阳南，县，故昭阳也。云泉水又北注邵陵水，谓之邵阳水口。自下东北出益阳县，其间迳流山峡，名之为茱萸江，盖水变名也。

又东北过益阳县北，

县有关羽濑，所谓关侯滩也。南对甘宁故垒。昔关羽屯军水北，孙权令鲁肃、甘宁拒之于是水。宁谓肃曰：羽闻我咳唾之声，不敢渡也，渡则成擒矣。羽夜闻宁处分，曰：兴霸声也，遂不渡。茱萸江又东迳益阳县北，又谓之资水。应劭曰：县在益水之阳。今无益水，亦或资水之殊目矣。然此县之左右，处处有深潭，渔者咸轻舟委浪，谣咏相和。罗君章所谓其声绵邈者也。水南十里有井数百口，浅者四五尺，或三五丈，深者亦不测其深。古老相传，昔人以杖撞地，辄便成井。或云古人采金沙处，莫详其实也。

又东与沅水合于湖中，东北入于江也。

湖，即洞庭湖也。所入之处，谓之益阳江口。

第一章

水魄山魂：资江流域水系及其地理特征

资江又称资水，南源出广西资源县，在资源县称资江，进入湖南新宁后，称夫夷水，一路向北，与来自西源的赧水汇合。赧水，源于湖南城步，习称资江或资水，经武冈、洞口、隆回入邵阳县。在邵阳县双江口与夫夷水汇合。两水相汇后，称资江或资水。此后，资江一路北奔，经邵阳市区、新邵县、冷水江市、新化县，大致在安化县折而向东，再经桃江、益阳等县市，汇入洞庭湖。依传统资江源于赧水说，资江全长六百多公里，流域面积二万八千多平方公里；[①] 赧水河源至武冈市为河源段，武冈市至新邵县小庙头为上游段，小庙头至桃江县马迹塘为中游段，马迹塘至河口为下游段。资江流域上游地形大抵由沟谷向盆地过渡，地势逐渐平坦开阔，局部有峡谷；中游河道弯曲多险滩，穿越雪峰山的一段，陡险异常，有"滩河"

---

① 资水自邵阳县双江口以上分为两支，西支为赧水，南支为夫夷水。赧水流域面积比夫夷水大36.3%，为7149平方公里，但河长较夫夷水短24.2%，为188公里。依历史习惯和面积长度百分比而言，传统上以赧水为资水干流。资水从城步赧水源头算起，至益阳市资阳区甘溪港，干流长度653公里，流域面积28142平方公里。夫夷水从广西资源县的河源算起至湖南邵阳双江口长248公里，流域面积4554平方公里。以上见《湖南省志》第二卷《地理志》（下册）（修订本）"资水"篇，湖南人民出版社，1986，第494、496页；《湖南省志》第十卷《交通志·水运》，湖南人民出版社，2001，第96页。

"滩水""山河"之称；下游河谷开阔，地形平坦，多近代冲积台地、丘陵和平原。独特的流域特征，影响了具有独特品质的流域文化，独特的流域文化深刻影响了资江两岸极具特性的才俊人杰。

一 资水历史地理及源流探微

以现有史料而论，"资水"之名最早见于20世纪50年代在安徽寿县发现的楚国怀王时期的"鄂君启节舟节铭文"。其中有关于"资、沅、澧、油"各水的记载，这一记载被认为是最早的有关"资水"的记载。[①] 比较确定的关于资水的记载是《汉书·地理志》"零陵郡"条："始安，夫夷，营浦，都梁，侯国。路山，资水所出，东北至益阳入沅，过郡二，行千八百里。"[②] 此处"路山"指资水西源出处，在今湖南城步县。此后《水经注》中"资水出零陵都梁县路山"条载："资水出武陵郡无阳县界唐纠山，盖路山之别名也，谓之大溪水。"[③]《水经注》"东北过夫夷县"条载："夫水出县西南零陵县界少延山。东北流迳扶阳县南，本零陵之夫夷县也。"[④]《水经注》所言资水西源，即今赧水，出于"路山"（今属城步县），过武冈，北流过程中有"夫水"（夫夷水）汇入。依今实际情况看，夫夷水实为资江南源，是资江主源。至于汉时为什么没有以夫夷水为主源，清代光绪年间《邵阳乡土志》有说明，下文有详说。至于资水之得名，1941年湖南省建设厅《查勘资水报告》

---

① 对"资、沅、澧、油"的具体阐释参见以下诸文。殷涤非、罗长铭：《寿县出土的"鄂君启金节"》，《文物参考资料》1958年第4期；于省吾：《"鄂君启节"考释》，《考古》1963年第8期。关于"古湘、资、沅、澧"的争论可见石泉、鲁西奇《古湘、资、沅、澧源流新探》（上、下），《中国历史地理论丛》1996年第2、4期。
② 〔东汉〕班固：《汉书》卷二十八上《地理志第八上》，中华书局，1962，第1596页。
③ 〔北魏〕郦道元著《水经注校证》卷三十八《资水、涟水、湘水、漓水、溱水》，陈桥驿校证，中华书局，2007，第888页。
④ 〔北魏〕郦道元著《水经注校证》卷三十八《资水、涟水、湘水、漓水、溱水》，陈桥驿校证，中华书局，2007，第888页。

第一章　水魄山魂：资江流域水系及其地理特征

称："资水流域物产之饶，利源之富，可为他水之冠。"① 也就是说，前人谓资水之名系由流域内资源丰富而来，是为一说而已。

（一）探源：南夫夷，西赧水

1. 夫夷水源头说

依"河源唯远"标准，资江南源夫夷水最长。依水量及流域面积标准，则西源赧水最大。夫夷水发源于广西资源县，这是确定的。资源县正是因为资水之源在此地而命名的。当今，夫夷水在资源县就称资水。关于夫夷水的源头，历史记载甚多，大概有以下几说。

①发源于"金紫山"说及古潇水（资水）说。

道光《宝庆府志》"夫夷水出广西桂林府兴安县金紫山"条载：

> 夫夷水，一名罗江。出金紫山，即《水经注》少延山也。自全州大埠头以南，土人皆谓之西延。西延即少延之转意也。东北流十里至萧地，名萧溪。疑是古潇水。按《山海经》每以潇与湘、沅并称，而无资水。至《汉书·地理志》有资而无潇水，《水经》因之。盖夫夷水者乃古潇水。今土人犹名萧溪。其源长于城步之资水，且金紫为江郁间之干山，非若茅坪坳仅为资沅间之干山也。汉时西延地为蛮人所据，寻源者不复寻夫夷之少延，而寻都梁之路山，以其上游名资水，而以既合夫夷之后，亦统名资水，不复知潇水所在矣。后世求潇水而不得，柳子厚乃以营道之营水为潇水，不知营水长不过数百里。湖南之水如营者以十数计。何得与沅、湘并列，又与沅澧之风交潇湘之渚皆在洞庭，不合。②

---

① 转见湖南省地方志编纂委员会《湖南省志》第十卷《交通志·水运》第一篇《航道》之第二章《资水系航道》，湖南人民出版社，2001，第98页。
② 〔清〕黄宅中、〔清〕张镇南修，〔清〕邓显鹤编纂《道光宝庆府志》卷第七十九《山川记六》，岳麓书社，2009，第1223页。

此处除言夫夷水的源流外，还刻意论证了古潇水即为资水，这是有一定道理的。《光绪邵阳县乡土志》之《水道》篇载有"附录炳奎湖北经心书院舆地学课程资水即古潇水说"，不仅载有湘、资、沅、澧四水情况，而且论证了古潇水即资水说，部分内容录之如下：

湖南大水四：第一沅，长二千三百余里。第二湘，长二千余里。第三资，长二千里，或云一千九百里、一千七百里。第四澧，长一千一百余里。载籍所称，曰沅澧，曰潇湘。今沅、澧与湘为湖南巨川，昭昭具在，独潇水无闻。或以潇湘为一水，或以营水、濂水当之，均属未安。二水各仅二百余里，不知沅澧二水相近在北，潇湘二水相近在南。古人沅澧并称，潇湘并称，自是按切地段，立言不苟。所谓潇水，即与湘水同源出广西之资水也。湘水出兴安县海阳山。资水出兴安县金紫山，此系最远南源，北源则出武冈州西城步县。湘水资水发源处相距最近，下流长短亦略相等，此事以乡人谈乡地较确。一则方氏《禹贡水道考异》言之，一则道光时所修《宝庆府志》尤晰。合观互勘，资水之即古潇水，不难焕然豁然。今节录原文如下：考异云，山海经沅澧之风交潇湘之浦，以潇与沅、澧、湘并列，则潇必甚大。《水经注》于湘水至黄陵庙下云，潇者，水清深也。似合潇湘为一水，夫使潇湘果为一水，山经何以并列为四？永州诸志以九嶷之营水、道州之濂水为潇，皆以潇为湘之异源，是祖郦意失之者。资水发源广西全州界，一名夫夷水，至益阳湘阴界入洞庭，源流二千里，与沅澧湘势均力敌。细读《水经注》潇者水清深句，不系于湘上流而系于黄陵庙下，黄陵正当资水会湘，乃知所谓潇者，实指资水。此巴陵方氏堃沿湖游历而知资水即潇水也。……循实踏勘，而知夫夷上源，本名潇溪，其源远流长。余

第一章　水魄山魂：资江流域水系及其地理特征

并于寓新宁时熟闻而稔知者也。资水源在武冈州境，州城上即浅狭不通舟；新宁自县城至广西大埠头，舟皆通行。大埠头至发源，犹百二十里。故资水二源，武冈短而新宁长。考古籍明地望、区巨细、释群疑，潇水自以即今资水为可据。①

引文所省略部分乃前文所引《宝庆府志》之文字。由此段可知，古潇水为资水是可能的，理由如下。

一是"潇水"得名"萧地"，名萧溪（潇溪）。见"盖夫夷水者乃古潇水。今土人犹名萧溪"及"夫夷上源，本名潇溪"句。

二是潇湘并称。潇、湘自古同源异流，"所谓潇水，即与湘水同源出广西之资水也"，"湘水资水发源处相距最近"。"潇""湘"相当才可并称，故有"资水发源广西全州界，一名夫夷水，至益阳湘阴界入洞庭，源流二千里，与沅澧湘势均力敌"之说。另外"细读《水经注》潇者水清深句，不系于湘上流而系于黄陵庙下，黄陵正当资水会湘，乃知所谓潇者，实指资水"亦可为证。可见，"潇""湘"不仅相当，而且也有交汇之处，与今日资水入湖口一支确在湘阴汇入湘水之情形相符。

三是实地调查的结论。"此巴陵方氏堃沿湖游历而知资水即潇水也"，"循实踏勘，而知夫夷上源，本名潇溪，其源远流长"。

四是为何会出现"古潇水"不见的情形。"汉时西延地为蛮人所据，寻源者不复寻夫夷之少延，而寻都梁之路山，以其上游名资水，而以既合夫夷之后，亦统名资水，不复知潇水所在矣。后世求潇水而不得，柳子厚乃以营道之营水为潇水，不知营水长不过数百里。湖南

---

① 〔清〕姚炳奎纂修《光绪邵阳县乡土志》卷四《地理》之《水道》，光绪三十三年（1907）刊。

之水如营者以十数计。"显然，营水不是古潇水。

笔者也以为，"古潇水"为今"资水"的确可信，至少可存一说。

民国时期的《扬子江水利委员会湘南水利工程处查勘资水水力报告书》，这份资料虽以湖南城步为资水之源，但介绍的夫夷水自广西发源后流480余里注入资江（实为与赧水汇合），而以城步算起源之处的资江（实为赧水）长不过380余里。① 从此资料可见，从长度而言，夫夷水源实为资水之主源。

关于夫夷水在今广西资源县（清为全州西延分州）流经梅溪口而至湖南新宁县盆溪村的情况，《道光宝庆府志》亦有记载："夫夷水自萧地东北屈曲百二十里至全州大埠头（今广西资源县县城所在地）……又东北六十里至梅溪口，左纳竹坪水……梅溪口东北十里入盆溪村（属湖南新宁），又东北一里，右纳滑溪。"②

《光绪湖南通志》载："夫夷水，一曰罗江，源出广西兴安县金紫山，即《水经注》少延山。东北流百三十里，过全州。又六十里，至梅溪口，合竹坪水。……又十里，合滑溪，源出全州西北，入新宁县。"③

民国时期的《扬子江水利委员会湘南水利工程处查勘资水水力报告书》则云："夫夷水，一曰扶彝水，一曰罗江。源出广西资源县金紫山（《水经注》所记之少延山）。东北流百余里至资源县治（大埠街）。又东北流经合浦坪八十里至梅溪口，合竹坪水（原出新宁锅厂

---

① 见《扬子江水利委员会湘南水利工程处查勘资水水力报告书》之《概论》部分，从报告所引用数据及民国纪年时间推论，报告写于1942年。
② 〔清〕黄宅中、〔清〕张镇南修，〔清〕邓显鹤编纂《道光宝庆府志》卷第七十九《山川记六》，岳麓书社，2009，第1223页。
③ 湖南省地方志编纂委员会：《〈光绪湖南通志〉点校》第一卷《地理志十一·水道三》，湖南人民出版社，2017，第529页。

第一章 水魄山魂：资江流域水系及其地理特征

岭）。又北流三十里至窑上入湖南新宁县界。"①

以今地名而言，从乡镇名角度而言，夫夷水从广西资源县梅溪乡进入湖南新宁县的崀山镇。资水出广西入湖南的历史记载已随历史上村级范围及其名称的变化而变得模糊，广西资源县有关的志书提到的随滩村、戈峒坪（葛峒坪）村，湖南新宁县方面的志书提到的盆溪村、窑市村等，说的都是资水的大致出入境位置。改革开放后两次修纂的《新宁县志》所说的新宁县崀山镇窑市附近的青山冲或者塔子寨，则是资江从广西入新宁后靠近两地边界的地名。

②1998年编纂的《资源县志》载资水发源于县境老山界东南坡、中峰乡社岭村之桐木江。

1998年编纂的《资源县志》载："资江，古称扶彝水、夫夷水，又叫西延水，属长江水系。发源于县境老山界东南坡、中峰乡社岭村之桐木江，次源出自八坊村老源头。两源于枫木汇合后，自南而北流经中峰、延东、大合、梅溪四乡（镇），从梅溪乡葛峒坪村的滑溪流入湖南省新宁县。在县境内流长83.1公里，流域面积1315.5平方公里（其中外来水70.03平方公里）。较大支流有菜园里河、社岭河、大源河、龙溪河、石溪河、马家河、天门河、铜座河、咸水峒河、瓜里河、茶坪河、坪水底河等十二条。"②

③其他各说。

除了以上正式出版物所提观点外，还有发源于越城岭说，发源于猫儿山说，发源于老山界说。广义的越城岭山脉仍是五岭山系的西北支，主干跨广西的资源县和全州县至湖南的新宁县和东安县。最高主峰猫儿山神猫顶海拔2141.5米，是华南最高峰。狭义的越城岭大致

---

① 见《扬子江水利委员会湘南水利工程处查勘资水水力报告书》之《概论》部分，从报告所引用数据及民国纪年时间推论，报告写于1942年。
② 资源县志编纂委员会编《资源县志》，广西人民出版社，1998，第64页。

就是老山界、猫儿山。资水发源于猫儿山东北麓说最值得注意。今广西资源县猫儿山自然保护区猫儿岭山顶名叫八角田的地方，有着宽阔的高山矮林湿地，此地立有"三江（漓江、资江、浔江）之源碑记"石碑。这里是漓江、资江、浔江三条江的发源地。漓江之源由沼泽开始南流，浔江之源由沼泽开始往西北流，资江之源由沼泽往东北流。

以上各说中，金紫山、老山界、猫儿山是一种什么关系呢？综合起来看，狭义的老山界是猫儿山的一部分，大致是猫儿山山脉往东北延伸的部分。今天所言金紫山大致在由猫儿山山脉西北与湖南城步交界处，为银竹老山西南山脉之主峰，距离今日所言资江源头稍远，应不是资江源头。金紫山南为五排河源（珠江水系浔江上游）[1]。在某种意义上，越城岭、老山界、猫儿山均大致指以猫儿山为中心的周围一带，只是范围、大小不同，再就是称呼习惯不同而已。

④夫夷水之得名。

夫夷水，又名夫水、扶彝水、夫彝水、扶夷水等。为什么有这些称呼呢？考察古今志书，我们先说"夫夷""夫彝""扶夷""扶县""扶阳"之间的关系。《汉书·地理志》《后汉书·郡国志》均有"零陵郡"条，都载有"夫夷侯国"。《后汉书·第五伦传》载："伦出，有诏以为扶夷长，未到官。"注云："扶夷，县，属零陵郡，故城在今邵州武冈县东北。"[2] 此处《后汉书》言"夫夷"与"扶夷"所指相同。

---

[1] 《道光宝庆府志》云："有古田山……，东南为平冈山……，有金紫山……，三山南均为全州五排。"参见〔清〕黄宅中、〔清〕张镇南修，〔清〕邓显鹤编纂《道光宝庆府志》卷第七十三《疆里纪十三》，岳麓书社，2009。另，1998 年编纂的《资源县志》载"五排河（浔江上游）属珠江水系。主干流发源于金紫山东南坡"。见资源县志编纂委员会编《资源县志》，广西人民出版社，1998，第 65 页。

[2] 〔南朝宋〕范晔撰，〔唐〕李贤等注《后汉书》卷四十一《第五伦传》，中华书局，1965，第 1397 页。

第一章 水魄山魂：资江流域水系及其地理特征

《（光绪）新宁县志》卷二《沿革表》载："武帝元朔元年（公元前128年）封长沙定王子义为夫夷侯，遂为都梁侯。于是析昭陵为夫夷、都梁二侯国。"①值得注意的是，《沿革表》中"夫彝"与"夫夷"是混用的。依该《沿革表》可知，夫夷侯国"嗣六世而国除"②，是王莽篡汉时的事。

东汉建立后，光武帝建武二十九年（53），《沿革表》载："以第五伦为夫彝长，县始立于卜洛之后，仍属零陵，隶荆州部。"③"东晋时改夫夷为扶县。《后汉书》本作扶彝，亦作夫彝，故为桓氏讳之。宋齐因之，梁改作扶阳，陈又改作扶夷。隋省入邵阳。"④《沿革表》又载："扶县，东晋时改。案，沈约《宋书》曰夫彝，汉属零陵，晋属邵陵。今云扶者，疑是避桓温私讳去彝，夫不可为县名，故改为扶云。"⑤查桓温，东晋权臣，其父名桓彝，可见东晋时改夫夷为扶县是避桓彝讳。以上所引《（光绪）新宁志县》完全解释了"夫夷""夫彝""扶夷""扶县""扶阳"之间的关系。同样也就知道了为什么夫夷水会有"夫（扶）夷水""夫（扶）彝水""扶（夫）水"这些称呼。

再说"夫夷""扶县""扶阳"之得名及其古今变迁之情状。《（光绪）新宁县志》卷二《沿革表》对此有解释：

---

① 〔清〕张葆连、刘坤一修纂《（光绪）新宁县志》卷二《沿革表》，岳麓书社，2011，第24页。
② 〔清〕张葆连、刘坤一修纂《（光绪）新宁县志》卷二《沿革表》，岳麓书社，2011，第24页。
③ 〔清〕张葆连、刘坤一修纂《（光绪）新宁县志》卷二《沿革表》，岳麓书社，2011，第25页。
④ 〔清〕张葆连、刘坤一修纂《（光绪）新宁县志》卷二《沿革表》，岳麓书社，2011，第25页。
⑤ 〔清〕张葆连、刘坤一修纂《（光绪）新宁县志》卷二《沿革表》，岳麓书社，2011，第24页。

汉之夫夷侯国，府志云在今邵阳六十里之梅州。《后汉书》注云扶夷故城在今邵州武冈县东北。《舆地广记》云夫夷故城在武冈东北。明《一统志》云夫夷在武冈东北二百四十里。汉为县，长沙定王子义封夫夷侯国于此。今梅州适当武（冈）东少北为里，亦二百四十，又在夫夷入资之次。与《水经》所叙悉协，其为汉夫夷故城无疑。梁改扶阳迁徙于汉故城东南，在今治东四里，为宋城故所。因地今其下十余里有扶阳山，又东城外旧号扶阳乡，皆梁城之左证。而康熙《宝庆府志》、《武冈州志》，皆云夫夷故城在武冈州东南二百四十里。今武冈治东南二百四十里当入东安、全州，迥非宝庆之地。盖秉笔者引《一统志》旧文以意改北为南，否则缮写承讹，初未之辨，后之称宋城者又误梁扶阳为汉夫夷。戴震校《水经注》亦改扶阳为扶夷，以金城混于梅州，是以刻舟求剑，愈远而与愈不可得。金城故城，当今武冈之南少东，去州治九十里。[1]

依照此段并结合《沿革表》所列南朝陈时所说"夫彝即扶阳改，隶湘州部邵陵郡"[2]及《疆里表》"汉夫夷侯国故城，旧志称在邵阳西六十里，其地距今治百余里"[3]之语，可解释几个问题。

一是汉代夫夷侯国所在地在今邵阳县小溪市梅州资水旁。二是南朝梁所立扶阳县虽由夫夷侯国—夫夷县—扶县而来，但因其治所在"扶阳山"附近，故此"扶阳县"极有可能是一个因山而得名的县，

---

[1] 〔清〕张葆连、刘坤一修纂《（光绪）新宁县志》卷二《沿革表》，岳麓书社，2011，第26页。
[2] 〔清〕张葆连、刘坤一修纂《（光绪）新宁县志》卷二《沿革表》，岳麓书社，2011，第24页。
[3] 〔清〕张葆连、刘坤一修纂《（光绪）新宁县志》卷三《疆里表》，岳麓书社，2011，第27页。

这个搬迁的县城不是汉夫夷侯国的都城。梁所迁的扶阳县城治在今新宁县城附近的金石城，也是"宋故城"所在地，即宋朝所立新宁县城治附近。三是南朝陈也有过扶彝县，其治所实际是原扶阳治所，此扶彝不过是用了汉"夫（扶）彝"的名称，并非由汉代所谓"夫（扶）彝"侯国而来。

由此看来，无论汉时夫夷侯国，还是后来的扶县，及陈所立"扶彝"县，均是今夫夷水（江）或"夫水"所流经之地。应该说是水因"夫夷"侯国（县）而得名。由此推断，因夫夷水是流经夫夷侯国及后来扶彝城治的主要河流，所以，很可能早在汉代，迟至南朝陈时，夫夷水就已得名。光绪末年《新宁县乡土志》载境内金城山上有芙蓉岭，因"芙蓉"与"夫彝"古时音近，水以山名，故有夫彝水，国以水名，故有夫彝侯国之称。但这个"水以山名""国以水名"的说法，很值得商榷。这是因为"夫夷（扶彝）"侯国在先，且在梅州，而设于金城附近的"扶阳""扶彝"县在后。

有趣的是，资源县因地处资江南源而得名，然而资江进入湖南新宁县后依旧称夫夷水。为什么会有这种情况？梳理资源县的历史则一目了然。资源县成立于1935年，系从原全县（今全州）和兴安县各析出一部分而设立的，以其地处资江之源而命名为资源县，曾隶属桂林行政监督区。资源县在建县前属全（州）县的西延地方，明以前或为荆州辖地，或为零陵郡辖地，或为全州清湘县辖地（属于荆湖南路或岭北湖南道管辖），或为湖广永州府辖地。明清属桂林府或桂林府兴安县，民国初又有西延区、越城区等名。[①] 由此可见，旧志说资水发源于越城、兴安、全州甚至桂林，依据都是资源县原来所属地的历史名称。

---

① 资源县志编纂委员会编《资源县志》，广西人民出版社，1998，第31~32页。

2. 赧水源头说

赧水，旧志又称资水、都梁水，源出城步苗族自治县青界山主峰黄马界西麓①，为资江西源。1979年版《辞海》称"赧水"为"赦水"②。

《道光宝庆府志·山川记五》载：

> 资水，一名石井水，一名都梁水，一名济水。出茅坪坳，即《水经》路山说，见城步疆里记广福山。按，水道提纲以此为水东水，而以出枫门者为资水源。考枫门所出之水曰款溪，其源短于水东水，故以此为正源。资水中源也。③

此说，以石井水（以地名水）为资水中源，石井水也是正源。《同治武冈州志·山川志二》载：

> 资水出城步县上五都茅坪坳。④

《光绪湖南通志·地理志十一》所载资水源头情况：

---

① 邵阳市地方志编纂委员会：《邵阳市志》第一册，湖南人民出版社，1997，第347页。
② 关于赦水，查《道光宝庆府志》和《同治武冈州志》均有赦江团的地名，位于今洞口县石江镇一带。石江镇有一条河流（今平溪水）。1947年出版的地图，误认这条河为资江西源，并标为赦水，故1979年版《辞海》称资江西源为赦水。20世纪五六十年代水利交通部门的资料中，有"赧水"之称，"赧"可能是"赦"字之误。1982年地名普查时，依水利部门说法定为赧水，并载入《中华人民共和国地名大辞典》（湖南卷）。以上见《邵阳市志》第一册，湖南人民出版社，1997，第347页。就笔者所见资料，民国时期（约1942年）的《扬子江水利委员会湘南水利工程处勘查资水水力报告书》中《概论》部分称今资江西源赧水为"赦江"，其起点在城步县，终点为邵阳县罗家庙（又名双江口），故而此报告书中"赦江"实为今所言之"赧水"。
③ 〔清〕黄宅中、〔清〕张镇南修，〔清〕邓显鹤编纂《道光宝庆府志》卷第七十八《山川记五》，岳麓书社，2009，第1194页。
④ 《同治武冈州志》（一）卷之十七《山川志二》，《中国地方志集成·湖南府县志辑㊹》，江苏古籍出版社，2002，第382页。

第一章 水魄山魂：资江流域水系及其地理特征

资水，旧称出武冈州，属宝庆府。西南唐纪山，实出城步县，属宝庆府。北广福山之茅坪坳，即《汉书·地理志》及《水经》所云都梁之路山也。北流，受报木、长冲、三村诸水，又东北，受西冲、唐家、落水诸水，是为资水中源。又东北，至张家寨，有铁坑、款溪、鸦顶诸水合流来会，是为西源。又东北，受岩里、清水塘、大塘坊诸水；又东北，入武冈州境，至木瓜团，有申溪合何阁、洪江、唐子、橘子诸水来会，是为东源。又北，受平栗水。又北，受源头水。又东北，至西延桥，威溪水自南来注之。①

1986年出版的《湖南省志》第二卷《地理志》（下册），以赧水为资水源头，载赧水发源于城步县北茅坪坳石井，对以赧水为源头的资水上游的描述主要采纳了《光绪湖南通志》的说法。

1996年版《城步县志》记载："资水又名赧水，县境段又称济水、都梁水，属长江水系。发源于县北境青界山黄马界。干流自黄马界向西流经资源乡（今并入西岩镇）桐源，于岔头桥纳燕头水，折向北北东，于肖家山纳长冲水，西岩镇温塘纳西冲水，西岩市纳塘底水，双河桥纳款溪，牛市桥纳岩里水，而后入武冈县境。向北东又流入县境杨家桥，纳申溪；再入武冈境后，于天心桥纳源于县境之威溪。县境为资水河源段，干流长33公里。有大、小支流159条。流域面积418平方公里。干流源头高程为1704米，至县界出口约346米，落差1358米。"②

以上诸材料，均显示赧水源头为茅坪坳。具体而言，据今《城步

---

① 湖南省地方志编纂委员会：《〈光绪湖南通志〉点校》第一卷《地理志十一·水道三》，湖南人民出版社，2017，第526页。
② 城步苗族自治县志编纂委员会编《城步县志》，湖南出版社，1996，第56页。

县志》记载，源头则为"县北境青界山黄马界"[①]。黄马界地处城步、武冈、新宁三县交界处，该地山连山，岭连岭。所谓资江源头，并不只局限于一处。黄马界上那许许多多的小溪流汇合而下，到达西岩镇坳头村，汇集于今人所建资源电站，由此成为资江源头。资源电站旁立有"资水源"碑。此碑"资水源"三字由黄永玉题写，碑为湖南省水文水资源勘查局、潇湘晨报社、城步苗族自治县人民政府于2005年立。

（二）合流：资江水道及其支流

1. 资水水道及其流域地理特征

就总体情况而言，资水流域内多山地和丘陵，自两个河源至邵阳县双江口再至新邵小庙头为其上游，其中湘桂交界之地、西部边缘及南部地带为高山峻岭，是资水及其支流发源地。邵阳、武冈、新宁一带为丘陵区，其间有大小不一的河谷、平原和盆地，如武冈盆地、洞口盆地、邵阳盆地和新宁盆地。小庙头至桃江马迹塘为中游，其中小庙头至柘溪间多峡谷，两岸山峰耸立，间有低平田地。柘溪水库建成后，尾水可至渣洋滩，两岸多被水库淹没。河流过柘溪后，因小淹镇以上地形比较开阔，所以水流比较平缓，小淹镇至马迹塘段又多峡谷，且两岸切割较烈，河谷不如上游峡谷窄隘，其间也有较多的险滩。整体看，资水上、中游河道弯曲多险滩，穿越雪峰山一段，陡险异常，有"滩河""山河"之称。马迹塘以下河谷开阔，两岸系近代冲积台地和丘陵，南岸地区仍有较多山地，北岸地区则多丘陵。桃江以下，属洞庭湖回水影响范围，两岸地形更加平缓。益阳以下则为广大的冲积平原，与肥沃的滨湖平原连成一片。整个资水流域地势西南高而东北低，干流自西南蜿蜒流向东北，略成"S"形狭带状。

[①] 城步苗族自治县志编纂委员会编《城步县志》，湖南出版社，1996，第56页。

第一章 水魄山魂：资江流域水系及其地理特征

2. 主要支流概况

兹将资水流域水系总体情况介绍如下。夫夷水源出广西资源县，从新宁县崀山镇窑市村入境湖南。在新宁县回龙寺镇车上伍家入邵阳县金称市镇。赧水源出城步县，流经武冈、洞口，至邵阳县双江口与夫夷水汇合。至此，广西资源县所称资江（夫夷水）与湖南传统所称资江（赧水）终于汇合，统称为资江。汇合后的资江，经邵阳市纳邵水，新化以下纳石马江、大洋江、渠江，安化以下纳敷溪、洢溪、沂溪等支流，于益阳尾闾河道分成几股汊道，与湖区内的河流和湖泊相连，注入洞庭湖。据1982年修订的《湖南省志》第二卷《地理志》可知，资水流域五公里以上的河流共有821条，在湖南省境内的有771条。下面介绍主要支流的情况。

①夫夷水的主要支流。

夫夷水流经新宁县、邵阳县，主要有盆溪河、崀笏河、新寨河、罗间河、冻江、横溪、黄泥溪、一渡水、白仓溪、唐家湾溪等支流。[①]

盆溪河发源于广西壮族自治区资源县大平山，于新宁县盆溪注入夫夷水。全长20公里。

崀笏河，发源于新宁县麻林界上阳，于新宁县崀笏舒家街入夫夷水。全长31公里。

新寨河，发源于新宁县黄金乡风雨殿，于新宁县金石镇江口桥入夫夷水，全长61公里。新寨河较大的支流有长塘河，长塘河发源于武冈市洞头岭，于新宁县太平桥入新寨河，全长30公里。

罗间河，发源于新宁县大坳界，于周公祠入夫夷水。全长19公里。

[①] 主要资料来源：新宁县志编纂委员会编《新宁县志》，湖南出版社，1995，第99~100页；新宁县县志编纂委员会编《新宁县志（1978—2004年）》，方志出版社，2009，第41页；邵阳县志编纂委员会编《邵阳县志（1978—2002）》，湖南人民出版社，2008，第67~68页。

17

冻江发源于新宁高桥镇庄姜村的上黄双田，于新宁县冻江口入夫夷水。全长39公里。

横溪，发源于新宁县马棋塘，于新宁县上肖江山注入夫夷水。全长26公里。

黄泥溪，发源于新宁县狮子垴，于邵阳县金称市镇金河村小江边汇入夫夷水。全长17公里。

一渡水，发源于新宁县高挂山东麓，在邵阳县河边易家，于江口注入夫夷水。全长53公里。

白仓溪，发源于邵阳县太阳山北麓，于邓家汇入夫夷水，全长22公里。

唐家湾溪，发源于邵阳县白仓镇邓拾村，于塘渡口镇向阳村唐家湾入夫夷水，全长18公里。

②赧水的主要支流。

赧水流经城步、武冈、洞口、隆回，至邵阳县双江口与夫夷水汇合。

赧水在城步县的支流都很小，主要有燕头水、长冲水、西冲水、塘底水、款溪、岩里水等。在武冈注入赧水的有威溪、玉溪、龙溪河等。赧水流入洞口县高沙镇马鞍管区南部，纳蓼水东北流，经龙潭铺纳平溪，到马家园进入隆回县境。在隆回纳辰水、小江、白竹河，在云峰乡大田张村入邵阳县。在邵阳县右纳伏溪，经黄亭市镇纳檀山坝溪（旧志称王亭水），经霞塘云左纳塔水桥溪（旧志称湾溪），至双江口与南源夫夷水汇合为资江。此处主要介绍赧水几个大的支流。

蓼水又名高沙水，又称武阳水、莳竹水，发源于绥宁县七坡山，于洞口县马鞍乡双江口汇入赧水，干流长92公里，此河为绥宁、洞口两县重要水上通道。[①] 历史上曾有旧志把蓼水（高沙水）当作资水

---

① 洞口县志编纂委员会编《洞口县志（1978—2005）》，方志出版社，2012，第45页。

第一章 水魄山魂：资江流域水系及其地理特征

源头之一，对此，晚清新化人邓显鹤对此有过详细考证并予以驳斥。下面长录邓显鹤文，是因为此文不仅言及高沙水情况，而且论证了资水之源，并推测了资水之名的由来，也可算作一说。邓显鹤《资水辨》言：

> 盖尝论之武冈之水，见于记载者四：资水、都梁水、巫水、夫夷水是也。其以土名者亦四：济水、渠水、洞口水、高沙市水是也。方志讹渠水为都梁，又讹资水为济水，求资水而不得，遂以高沙市水当之，府志乃从而畅其说。
>
> 今以《图经》《水道考》之都梁水，即资水之径流，济水乃都梁水之别名，而资水之转音耳。盖其可疑者有五焉，其可信者亦有五焉。师古注《汉书》，都梁山资水所出，东北至益阳过郡二，行千八百里，言水势之雄且远也。考高沙市水溪流一线，又上为铜鼓岩、蓼溪、花园岭，浅狭不通舟楫，曾不得比于都梁水之旁支，而曰资水尽是，焉舍径流而求支派？其可疑一也。郦注资水东北径邵陵郡武冈县南，今高沙市水绕州之西北向东南流，出州之东，距今州治七十里，与道元所经县南者相去悬殊，其可疑二也。旧志云晋析都梁，分置武冈、建兴二县，其县治之所与今不同，道元盖指当时而言，尤为臆说。郦注云县左右二冈对峙，重阻齐秀，后汉伐五溪蛮，蛮保此冈，故曰武冈，县即其称。今在州西五里，又名同保山，后魏时武冈县治实未易地，其可疑三也。资水之名最古，所受之夫水、邵陵水、高平水、云泉水，郦注考核精详，锥画掌指，若济水入资，道元岂得不载？而高沙市水又岂宜历千百年莫或知其水名？其可疑四也。高沙市水出绥宁县青坡，府志云唐纠山在绥宁县，遂以此为资水之证，不知郦注云资水出无阳县界，无阳即今之黔阳，道元谓为无水所经

之地，故以无名。今之洞口水即出黔阳县天坪山，以高沙市水出绥宁为资水，则亦将以洞口水出黔阳为资水乎？其可疑五也。《方舆胜览》都梁水出都梁县西南百里，《武冈图经》唐纪山、都梁山俱在城西南百里州之西南城步境也，旧志所称济水发源城步正西南诸山，其可信一也；地志诸书武冈西南有都梁水，无济水之名，惟《通志》云济水出城步县角山，东流合威溪。角音之转为洛，《史记》洛陵侯，《索隐》注曰：《汉书》作路。后人引都梁有路山为证，则路转音为洛，洛又转音为角，其可信二也。郦注东北径零陵郡武冈县南，又径建兴县、都梁县南，是资水由武冈县之南历建兴、都梁而后东北迁邵陵县之北彰彰矣。《明史·地理志》武冈州东有都梁废县，邵阳县西有建兴废县，二县今不能指其何处，然皆在州东之境无疑也。今土人所指之济水，回绕城南，折而东下径邵阳县北，历历如绘；若如旧志，则不必径武冈县南，但云东北径邵陵县之北足矣，其可信三也。旧志云，今高沙市水入济水处名资巫溪，资巫一曰资无，以谓资水无阳之名犹未尽泯，不知言资巫溪可以证明济水之为资，言入资巫溪尤可以证高沙水之入资水，而高沙水之非即资水明甚，其可信四也。《一统志》宝方山一名资胜山，明会稽张元忭云：《禹贡》九江，资居其一，发源于此州，而寺适当其胜处，故名资胜。今按宝方山在今武冈城东五里，滨资水，若旧志所云远在七十里之外，资胜之名何以称焉？其可信五也。

然则，高沙市水非资水乎？曰，是也。是则乌乎辨也？曰诸书固言之矣。资水有二源：其南源为都梁径流，其北源则高沙市水也。故谓高沙市水为资水之北源则可，谓高沙市水独专资水之名则不可。然则济水之名非乎？曰：非也。诸书固无称济水者，潜壑所谓土名也。资之讹济亦有说乎？曰：有。郦注资水谓之大

第一章　水魄山魂：资江流域水系及其地理特征

溪水，资与溪谐，溪又与齐谐，因资而呼为溪，又因可而转为济，故谓济水为资之南源，则溪谓济水而非资则断不可。或曰《明史·地理志》武冈西南有都梁水，东北流入资水，其说非乎？曰：非也。彼亦仍方志之误耳，且其书称都梁水亦不言济水也，尤可以证资之即济也。①

邓显鹤此文否定了蓼溪（高沙水）是资水，且从武冈地名"资胜山"来推测，蓼溪（高沙水）所入之水即是"资水"，蓼溪只是资水支流。以当时条件，邓显鹤也认为，拿高沙水长与资水（今赧水）之源长类比，若以赧水为资水之南源，则高沙水可为北源。当然，就今日资水而论，资水之南源夫夷水更长，这已无疑义，而赧水只能成为资江之西源。有关资水之得名，邓显鹤文中言"郦注资水谓之大溪水，资与溪谐，溪又与齐谐，因资而呼为溪，又因可而转为济，故谓济水为资之南源，则溪谓济水而非资则断不可"，在作者看来，"资与溪谐"，因而资水可名"大溪水"，"济"又是"资"之转音，也是一说。

平溪，又名峡口水，又名峒口水②、洞口水，发源于洪江市洗马乡龙溪坳，至洞口县汇合了较大的支流长塘河、古楼河、黄泥江、西洋江（巽江），在龙潭铺注入赧水。干流全长93公里，流域面积2269平方公里。③

辰水河，又名辰溪、辰河，因隆回原名"龙回"，辰对应生肖龙，故名。源出隆回县望云山北麓平岗，在桃花坪乡铜盆江村注入赧水。④

白竹河，又名伏龙江，发源于隆回县梅塘乡应塘村猪婆岭，在寺

---

① 〔清〕邓显鹤撰《南村草堂文钞》，弘征校点，岳麓书社，2008，第33~34页。
② 湖南省地方志编纂委员会：《〈光绪湖南通志〉点校》第一卷《地理志十一·水道三》，湖南人民出版社，2017，第527页。
③ 洞口县志编纂委员会编《洞口县志（1978—2005）》，方志出版社，2012，第45页。
④ 隆回县志编纂委员会编《隆回县志》，中国城市出版社，1994，第77页。

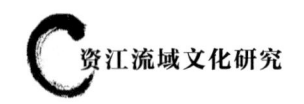

山村注入赧水。①

小江河,又名紫阳河,古名龙江。发源于武冈市峦山铺,在隆回县五里乡紫河村注入赧水。②

赧水入邵阳县后,先后有伏溪桥溪、檀山坝溪、道光山溪、大水塘溪、塔水桥溪汇入。③ 这些小河除伏溪桥溪、塔水桥溪长度超过20公里外,其余河流均不长。

③双江口合流后资江主要支流。

夫夷水和赧水在邵阳县双江口霞塘云乡双江口村汇流后称资江,自南向北流向邵阳市境。因为资江及其支流多为山溪型河流,河水暴涨暴落,比较大的河并不多。

邵阳县境流入资水的河流主要有银仙桥溪、大坝溪(泥江)、石溪、李山峰溪。④

在邵阳市区,主要有邵水汇入资江。邵水,发源于邵东县双凤乡回龙峰西北麓南冲,于邵阳市双清区沿江桥右岸汇入资江,全长112公里。邵水主源是桐江,较大的支流有槎江、西洋江、檀江、石坝河等。

资水出邵阳市区后在渔溪进入新邵县,由南至北纵贯全县,从筱溪良噟滩出新邵县境。主要支流有渔溪、酿溪、石马江、棠溪、龙口溪、筱溪。⑤

渔溪,发源于新邵县境枫树坳,至渔溪桥注入资水。全程35公

---

① 隆回县志编纂委员会编《隆回县志》,中国城市出版社,1994,第77页。
② 隆回县志编纂委员会编《隆回县志》,中国城市出版社,1994,第77页。
③ 邵阳县志编纂委员会编《邵阳县志(1978—2002)》,湖南人民出版社,2008,第67~69页。
④ 邵阳县志编纂委员会编《邵阳县志(1978—2002)》,湖南人民出版社,2008,第67~69页。
⑤ 新邵县志编纂委员会编《新邵县志》,人民出版社,1994,第42~43页。

第一章　水魄山魂：资江流域水系及其地理特征

里，流域面积162.3平方公里。

酿溪，发源于新邵县境分水坳南坡，至酿溪镇注入资水。全程18公里，流域面积71.9平方公里。

石马江，原名高平水，因系石马江上游，故取今名。发源于隆回望云山南麓望亭，在新邵县大禹庙注入资水。全长76公里，流域面积840平方公里。[1]

棠溪，发源于新邵县易家岭，经高桥、江口注入资水。河长18公里，流域面积54.2平方公里。

龙口溪，发源于新邵县下源乡天龙山，从龙溪口注入资水。全程33公里，流域面积80.4平方公里。

筱溪，发源于新邵县易家岭，由筱溪村注入资水。全程15公里，流域面积42.2平方公里。

资水从金竹山新田村入境冷水江市，到潘桥乡郭家村出境，全长19.66公里。"冷水江"这个地名，据传是因流经冷水江地域的资江两岸泉多水冷而得。在冷水江市境域内，资水比较大的支流主要有球溪、麻溪、柳溪、税塘溪、中连溪、青峰河、余源溪、桑梓溪等。[2]

球溪，发源于新邵县荷树冲，于冷水江市杨坪与球溪之间入资江。全长28公里，流域面积104平方公里。

麻溪，发源于新邵县分水坳北坡，至冷水江市的麻溪口注入资水，全长31公里。

柳溪，发源于冷水江市梓龙乡滴水村，在柳溪口汇入资江，全长21.5公里，流域面积52.9平方公里。

资江从冷水江市流入新化，在东南部化溪乡浪丝滩入新化县境，

---

[1] 隆回县志编纂委员会编《隆回县志》，中国城市出版社，1994，第77页。
[2] 湖南省冷水江市地方志编纂委员会编《冷水江市志》，中国城市出版社，1994，第51～52页。

贯穿新化县中部，在西北部荣华乡、杨木洲乡的瓦滩出新化县境流入安化县，县内河段91公里。资水在新化、安化，又名茱萸江。郦道元《水经注》云资水在东北出益阳县前，"其间迳流山峡，名之为茱萸江，盖水变名也"[1]。茱萸江是古梅山文化的母亲河。新化县境注入资江的主要支流有化溪水、朱溪（清风溪）、大洋江（又名芷溪，也称云溪）、小洋溪、油溪、白溪、澧溪、大井溪、苏溪。

朱溪，又名清风溪，流经矿区，水呈朱色，故名。源出冷水江锡矿山独树岭，在新化县青峰村注入资水，长44公里。[2]

大洋江，又名芷溪、云溪河。以水势洋洋大观得名。大洋江是资水在新化县境内最大的支流。发源于隆回小沙江镇芒花坪村红岩山，东北流经黄金井、金石桥等地，入新化县境纳锡溪、龙田水，自此以上称兰草河，以下称芷溪，再东流至石溪。石溪水自西北来汇，又东南流至三江口，洋溪自西南流入，汝溪自南流入，自此以下称大洋江。大洋江又东流至大洋江口注入资水，全长91公里，流域面积1285平方公里。[3]

油溪，资水在新化县境内的第二大支流，以溪水清亮如油得名。源出涟源市交老岭，西流入新化县车田江乡，在油溪乡油溪村西注入资水，长67公里。[4]

白溪，溪对其城北，故又名北溪，一名背溪，后谐音白溪。源出安化县桃子凼，西南流入新化县山溪乡，至白溪口注入资水，河长43

---

[1]〔北魏〕郦道元著《水经注校证》卷三十八《资水、涟水、湘水、漓水、溱水》，陈桥驿校证，中华书局，2007，第889页。
[2] 新化县志编纂委员会编《新化县志》，湖南出版社，1996，第116页。
[3] 参见以下资料：隆回县志编纂委员会编《隆回县志》，中国城市出版社，1994，第77页；新化县志编纂委员会编《新化县志》，湖南出版社，1996，第115页；湖南省志编纂委员会编《湖南省志》第二卷《地理志》（下册）（修订本）"资水"篇，湖南人民出版社，1986，第502页。
[4] 新化县志编纂委员会编《新化县志》，湖南出版社，1996，第115页。

第一章　水魄山魂：资江流域水系及其地理特征

公里。[1]

资江自新化瓦滩流入安化县境，在深山峡谷中蜿蜒东去，横贯安化县境中部，于善溪口入桃江县境，安化段长127公里。安化境内入资江的主要支流有渠江、探溪、烟溪、毗溪、瀛溪、桃溪、潺溪、对口溪、杨家溪、柘溪、柳溪、大酉溪、槎溪、株溪、渭溪、思贤溪、麻溪、白沙溪、下平溪、河口溪、思模溪、敷溪、善溪。[2]

渠江，发源于新化冷溪山，上游流经溆浦，于大塘湾入安化县境，在安化县渠江口入柘溪水库（资水中游的水库）。全长98公里，流域面积851平方公里。

毗溪，发源于安化将军乡九龙池东北麓长行界和文溪乡中家山，于毗溪口入柘溪水库。全长44公里，流域面积186平方公里。

瀛溪（酿溪、洋溪），源出安化、溆浦、沅陵三县交界的钟鼓界，于原杉木塘注入柘溪水库。全长60公里，流域面积952平方公里。

潺溪，源出安化、桃源、沅陵三县交界的冷风尖，于原潺溪口注入柘溪水库。全长50公里，流域面积184平方公里。

麻溪，发源于新化大熊山北麓，于麻溪口入资水。全长40公里，流域面积237平方公里。

敷溪，又名㳌水，为资水在安化县境最大的支流，敷溪也是安化与桃江县的界河。发源于浮青与新化接壤处的山溪界，于敷溪下首注入资江，沿途纳入梅溪、漳溪、龙溪、大溪、滔溪等主要支流。全长87公里，流域面积为1120平方公里。此溪属山溪性质，水易涨落。

---

[1] 新化县志编纂委员会编《新化县志》，湖南出版社，1996，第115~116页。
[2] 有关安化县境内资水及其支流的介绍参见以下资料。安化县地方志编纂委员会编《安化县志》，社会科学文献出版社，1993，第87~88页；湖南省志编纂委员会编《湖南省志》第二卷《地理志》（下册）（修订本）"资水"篇，湖南人民出版社，1986。

善溪，以善卷隐居于此得名，发源于安化县金鸡乡与常德县交界处的九龙山，干流流经桃江县，于安化县善溪口注入资水。上游名董木溪，纳入板溪、潘家溪。中下游纳入银溪、湛溪。全长40公里，流域面积为240平方公里。

资水于善溪口入桃江县境，且以敷溪将安化县东与桃江县西相隔。资江自西向东贯穿桃江县境，将桃江县境分为南、北两部分，全长102公里。东入益阳市区。境内入资江的支流主要有沂溪、碧螺溪、沾溪、桃花江等。[1]

沂溪，流经安化、桃江两县。源出安化与宁乡县交界的桂岩山，北流合尖峰水、长塘水、峰溪等。于马迹塘注入资江。全长79.3公里，流域面积571平方公里。

碧螺溪，发源于汉寿县云峰山，自北向南，在横溪口流入县境，于杨家坪村入资江，全长28.2公里，流域面积113平方公里。

沾溪，源出桃江县凤家坳，在沾溪乡殷家洲汇入资江，全长43.1公里，流域面积263平方公里，支流有板溪、锡溪、罗溪。

桃花江，又名獭溪、杨柳溪。源出桃江、安化、宁乡交界的城墙大山北麓，在桃江县城汇入资江，是桃江县境最大的一条溪流，全长57.2公里，流域面积407平方公里。

资水由桃江县东流至新桥河镇进入益阳市境。新桥河自北而来在新桥河镇注入资水，志溪河（也作泚溪河）自西南来注入。志溪河，源出宁乡县，流经桃江县，[2] 在益阳市赫山区会龙街道注入资水，全长65公里，流域面积626平方公里。资水自益阳市区东北流至甘溪港，自此以后即进入湖区。

---

[1] 桃江县地方志编纂委员会编《桃江县志（1986—2000）》，方志出版社，2010，第38~39页。

[2] 益阳县地方志编纂委员会编《益阳县志》，湖南人民出版社，1999，第97页。

第一章　水魄山魂：资江流域水系及其地理特征

（三）入湖："益水"入洞庭的历史演变

关于资江入湖，历史记载不少。

《汉书·地理志》"零陵郡"条："路山，资水所出，东北至益阳入沅。"[①] 此处，《汉书》言资江入沅水。

《水经注·资水》"又东北过益阳县北"条："茱萸江又东迳益阳县北，又谓之资水。应劭曰：县在益水之阳。今无益水，亦或资水之殊目矣。"[②] 依此说，益水仍是资江在益阳地区的旧称。"益阳"也是因在益水之北而得名。《水经注·资水》"又东与沅水合于湖中，东北入于江也"条载："湖即洞庭湖也。所入之处，谓之益阳江口。"[③]《水经注》言资水在益阳江口入湖。

道光时期《洞庭湖志》卷三《水道》篇载资水"至茅夹河分三支出乔口：北通南湖洲，又过徐河口入沅江；大河流出布袋口；中出关公潭、白马寺、塞梓庙，又四十里，出临资口，会湘水入湖"[④]。此处言资水分三支出口，一是会沅江入湖，一是由布袋口入湖，一是会湘水入湖。

清初顾祖禹所撰《读史方舆纪要》卷八十《湖广六》中"益阳县"下"资江"条记载"资水……至沅江而入洞庭。一名益水，县以此名"[⑤]。顾祖禹认为"益水"即"资江"。

---

① 〔东汉〕班固：《汉书》卷二十八上《地理志第八上》，中华书局，1962，第1596页。
② 〔北魏〕郦道元著《水经注校证》卷三十八《资水、涟水、湘水、漓水、溱水》，陈桥驿校证，中华书局，2007，第889页。
③ 〔北魏〕郦道元著《水经注校证》卷三十八《资水、涟水、湘水、漓水、溱水》，陈桥驿校证，中华书局，2007，第889页。
④ 〔清〕陶澍、〔清〕万年淳等修撰《洞庭湖志》，何培金校点，岳麓书社，2009，第62页。
⑤ 〔清〕顾祖禹撰《读史方舆纪要》第八册，贺次君、施和金点校，中华书局，2005，第3761页。

27

《同治益阳县志》记载"益水""益阳江""资江"颇有意味。同治年间资水入湖途径比较多，录之如下：

资水……过关濑，浕溪水自南注之，又东南八里迳县城南，又东二里至烟波洲脑，支流南出为兰溪。经流自县前三十五里至羊角潭，交沅江界，又东五里至毛角口。支津南出至西陵港，入乔江，出陵子口入湘。经流又东十里至瓦石矶，支津复南出至乔江口入乔江。经流又东北七十里过沅江县南，又东北为富池河，东迳赤山南嘴之阳入于洞庭，水入处为资水口，即益阳江口也。其支流自沅江县北小河口北流之白沙塘，与沅水合至长坡口入于湖。①

"陵子口"在《同治益阳县志》中还写作"林子口"，应是今所说的"临资口"。

《同治益阳县志》关于"益水"条载：

案，益水自郦注以为或资水殊目。明地志同元和志则云出县东南益山，东北流入资。通志云在县南。新修一统志复云在县南十里。考今县南诸水无名益水者。查核其地势，惟浕溪水为近。……益山，今未详所在。②

经过一番考证后，《同治益阳县志》认为，益水应该就是"资水"，"益阳江"就是"益水"自益阳县县治而下的名称。益山则可

---

① 〔清〕姚念杨、〔清〕吕懋恒修，〔清〕赵裴哲纂《同治益阳县志》卷之二《舆地志下·山川》，同治十三年（1874）刊本影印本。
② 〔清〕姚念杨、〔清〕吕懋恒修，〔清〕赵裴哲纂《同治益阳县志》卷之二《舆地志下·山川》，同治十三年（1874）刊本影印本。

能是因益水而得名，实无此山，或者是他山的别名。

关于"益阳江"条，《同治益阳县志》引《水经注》"湘水左会水青口，资水也，世谓之益阳江"①。"水青口"又作"清水口""水清口"②。

由上可见，《同治益阳县志》虽大体认同"益水"、"资江"（资水）、"益阳江"是资水在益阳的不同名称，但是又分开记述这三水，这说明《同治益阳县志》的作者对这三水究竟是否为同一条江是存疑的。但是，无论如何，资水进入益阳后，因河水和洞庭湖的变化，资水入湖并非一处，这是显而易见的。

关于"益水"，《光绪湖南通志》卷十四《山川二》"益阳县"条载：

> 益水，源出县北五溪山东，径迎风桥。又东北，出谢家桥，为西湾水，有上、下马渡。又东北，至沅江界龙峡港，会甘溪水，至千秋峡入资。③

依此，此处所言"益水"，显然是与资水不同的另一条江，是资水的支流。依地理位置推算，大致与今迎风桥河相符。

通过考察古今论述，参考《洞庭湖志》（2013年版）以尾闾入湖的说法，综合各说，加上笔者实地考察，明晰了资水尾闾入湖的河道、洪道，大致可分三支，兹述如下。资江至益阳市资阳区甘溪港，

---

① 〔清〕姚念杨、〔清〕吕懋恒修，〔清〕赵裴哲纂《同治益阳县志》卷之二《舆地志下·山川》，同治十三年（1874）刊本影印本。
② 〔北魏〕郦道元著《水经注校证》卷三十八《资水、涟水、湘水、漓水、溱水》，陈桥驿校证，中华书局，2007，第898、907页。
③ 湖南省地方志编纂委员会：《〈光绪湖南通志〉点校》第一卷《地理志十四·山川二》，湖南人民出版社，2017，第583页。

分为两支。一支称甘溪港河，向北流经张家塞，在沅江市沈家湾、保民垸一带入南洞庭湖。一支向东，为资水尾闾主洪道，经沙头至毛角口后，又分南、北两支：北支为资水主体，且大体成为资阳区和湘阴县的分界线，经黄口潭、瓦石矶、茈湖口、易婆塘、大港子、杨柳塘、明朗入南洞庭；南支入湘阴县境，经毛角口、焦潭湾、南湖洲、姑嫂树、白马镇、临资口后，汇湘水西支流至芦林潭入东洞庭湖。[①]

二　资水流域的山系分布及山水关系

资水从越城岭发源，西以雪峰山脉与沅水分界，东隔衡山与湘水毗邻，南以五岭山脉与珠江流域分界。资水中游，在新邵、新化、安化间，两岸高山峻岭，山水相衬，富有神秘色彩。古梅山亦处资水中游。桃江以下，水、湖、小山交融，又是一番景色。今就资水流域山系分布情况及山水关系择要介绍如下。

（一）越城岭：资水南源发端之地

越城岭属于南岭山脉的西北支，主要跨广西的资源、兴安、龙胜、灵川和湖南的新宁、城步、东安等县，延伸至通道县境。山脉长约200公里，呈东北—西南走向。最高主峰是广西资源县的猫儿山神猫顶，海拔2141.5米，是华南最高峰。横跨湘桂的越城岭不仅是资水众多支流的集水面，也是资水南源——夫夷水的发源地。前已述及，夫夷水发源于猫儿山。越城岭又是多支水系的分水岭，其东支是资水和湘水的分水岭，其中支在湘的部分是资水和沅江支流巫水的分

---

① 参考资料：湖南省益阳地区地方志编纂委员会编《益阳地区志》，新华出版社，1997，第103页；李跃龙主编《洞庭湖志》（上册），湖南人民出版社，2013，第188页；李跃龙等著《洞庭湖的演变、开发和治理简史》，湖南大学出版社，2014，第95页。

第一章 水魄山魂：资江流域水系及其地理特征

水岭，在湘桂交界的资源县是资水源头夫夷水和珠江干流西江水系里漓江、浔江的分水岭。资源县猫儿山、金紫山一带是三江发源之地，资水（夫夷水源）于此先东流后北流，漓江（大溶江源）于此南流，浔江（五排河源）于此先西流后南流。

值得注意的是，这里红色文化也非常丰富。当年红军长征翻越的大山中其中一座就是越城岭。因时任红军总政治部宣传部部长的陆定一的一篇回忆中央红军翻过越城岭的文章名为《老山界》，所以人们更多地以老山界称呼越城岭。陆定一在文中说"我们决定要爬一座三十里高的瑶山，地图上叫越城岭，土名叫老山界"。那么陆定一所在的红军部队所翻越的老山界在哪儿呢？依据《老山界》文章，老山界有塘边村、雷公岩等地名，这些地方属于瑶族分布所在地区。从长征的历史来看，中央红军1934年12月初过湘江后通过广西群山西进湘西，大致是通往湖南通道县方向。这样说来，依据中央红军的行军方向，红军应该是沿几条线同时并进翻越越城岭的。正因为如此，红军前进的足迹留在了不同的地方，加上"老山界"这个土名存在于不同的地方，在桂、湘、黔三地，随红色旅游的兴起，许多地方纷纷打出了"老山界"的招牌。于是在西起雷公山，东到越城岭范围的南岭，只要红军翻越过的山（土名也正好是老山界），都会被称为陆定一所描述的"老山界"。比较有名的是湖南东安舜皇山"老山界"、广西资源猫儿山"老山界"、湖南城步南山"老山界"。资水流域的"老山界"自然是在广西资源的猫儿山。

究竟哪里是陆定一所描述的老山界，已经不重要了，因为陆定一也"只缘身在此山中"，他也已经记不清当年到底走的是哪条具体的路了。但是，红军长征之路是确定的，而且，在这条红军之路上中国共产党人悟到了"通道转兵"的真谛，那就是中国革命的胜利之路。

（二）雪峰山：资、沅两江的分水岭

雪峰山，位于湖南省中西部，大致成东北—西南走向，是起于绥宁县巫水之北、东北达益阳的巨型高地。其名因主峰常年积雪而得。雪峰山脉的南段和中段，海拔高度一般高达1500米左右，北段稍低，大都在500~1000米。纵贯湖南省西部的雪峰山，成为资江、沅江的分水岭。此段雪峰山成为资江各支流的集水面。在新邵、新化、安化一带，资江把雪峰山分为北段和南段。南段山势陡峻，北段被资水穿切后，渐降为丘陵。古代通常将这一带称为梅山。关于梅山，将在下文详述。此处主要叙述邵阳西部雪峰山的抗战文化。

雪峰山会战又称湘西会战，是抗日战争中中国正面战场最后一战，日军的目的是从资江东岸渡江后，越过雪峰山和沅水，再夺取芷江机场。战争从1945年4月15日开始至6月7日止，中日双方大致在三个方向进行了会战。中路，日军以邵阳为指挥所，从正面渡资江及其支流，进犯洞口、隆回、溆浦；北路，日军从永丰经邵阳向新化洋溪、邵阳西北石马江进犯；南路，从广西全县、湖南东安出发，向新宁、城步、绥宁、武冈西部一带进犯。中国军队为确保芷江安全，决定以湘西为后方，以雪峰山及资水、沅水为依托，据险进行保卫战。中国军队将主力集中在雪峰山东麓武冈、新化间，同时在城步及广西龙胜等要地策应作战，在靖县、绥宁部署机动部队，在新化以东、武冈以东运动部队对日军进行牵制，驻芷江的空军大队和美国陈纳德航空队提供空中火力支援。

雪峰山会战历时50余天，取得了重大的胜利。正如《纽约时报》所言，雪峰山会战"可视为中日战争转折点之暗示"[1]。此战获胜，中

---

[1] 转引自1945年5月11日重庆《大公报》。

第一章　水魄山魂：资江流域水系及其地理特征

国的抗战正面战场开始进入战略反攻阶段。这次会战，中国军民也付出了巨大的牺牲。英雄长眠资沅两岸、雪峰山头，永远值得我们纪念。目前这些地方建立起了大大小小的纪念场所，以缅怀先烈，激励后人。

（三）梅山：资水文化的典型意象

广义的梅山是雪峰山在民国前的名称，此处主要是指狭义的梅山，大致是现在的湖南新化、安化一带，正是资江被称为"茱萸江"河段的两岸广大地区。梅山不是具体指那一座山，更多的是一个历史地理概念，也是一个文化概念。

何谓梅山？据说先秦时期，湘中地区是楚王部众居住地，芈为楚国祖先的族性，是以楚人居住地为芈山。秦汉之际，梅鋗因从番君吴芮反秦，后又跟随刘邦建立汉朝立下了功劳。梅鋗被封侯，封地为岭南。然而，岭南地区已为南越王所据。于是梅鋗率部进入资江中游地区。"芈"与"梅"音近，"芈山"也就渐渐被称作"梅山"。

《宋史·梅山峒蛮传》及《开远桥记》对古梅山地理方位、居民生活习性做了一个大致的描述。《宋史·梅山峒蛮传》载：

> 梅山峒蛮，旧不与中国通。其地东接潭，南接邵，其西则辰，其北则鼎、澧，而梅山居其中。……于是遂檄谕开梅山，蛮徭争辟道路，以待得其地。东起宁乡县司徒岭，西抵邵阳白沙砦，北界益阳四里河，南止湘乡佛子岭。①

宋代吴致所撰《开远桥记》载：

---

① 〔元〕脱脱等撰《宋史》卷四百九十四《梅山峒蛮传》，中华书局，1985，第14196~14197页。

介于湖湘南北间,有两梅山焉。广谷深渊,高岩峻壁,绳桥栈道,猿猱上下;自五季弃而夷之。食则燎肉,饮则引藤;衣制斑斓,言语侏离;出操戈戟,居枕铠弩;刀耕火种,摘山射猎,不能自通于中华。我神考经武圣谟,制自庙幄,乃遣中书金正章惇经略其地。惇以诏使往大沩山,使刘次庄因浮屠往谕其酋。酋长扶氏,解发稽首曰:"惟命是听。"于是启禁焉。天辟山川,神相桴鼓,斩茅而嘉林秀,徙石而寒泉冽;旷野平林,可锄可耕;急泷清濑,可渔可钓,若有所待以成太平开远之功也。①

开远桥原在资水流域的安化县梅城西南三里,今已毁。梅城正是开梅山后下梅山的中心。梅山因其神秘而形成了独具特色的梅山文化,梅山文化是资水流域一种典型的文化。关于开梅山及梅山文化后文再详述。

三 湘中要"渠"的地位优势

资江是湘中"黄金水道"。自古以来,资江在水道交通、商贸流通中起着重要作用。

(一)水道交通:湘中地区经济交流的重要纽带

资江虽航道条件不甚佳,但在现代交通道路出现以前,在高山峻岭的湘中地区,资江航运也曾盛极一时。

广西资源县境内的资江(夫夷水上游)在明、清以至民国初、中期,是资源县商品物资进出县境的主要通道。当时的大埠街、合浦

---

① 转见廖静仁编著《斯文江湖:人文精品丛书——神奇资水》,湖南地图出版社,2009,第261页。

街、梅溪街为资江沿岸三个商品物资集散地。进入湖南境内后，夫夷水河床平坦，坡降不大，流量较充沛。在湖南省境内的151公里的河段能终年通航，是新宁、邵阳间的主要交通运输线。清代和民国时期，广西东北部与湖南中部地区的经济交往主要依赖此运输通道，广西资源与湖南邵阳间的食盐、粮食、药材、桐油、竹木制品等商品的流通，常年在万吨以上。随着桂黄公路、湘桂铁路建成，加之新中国成立后公路交通的迅速发展，湘桂间资江水运逐渐为公路、铁路运输所取代。

资水的西源赧水通航情况大致如下。历代史志言武冈以上不通舟楫，民国时期湘南水利工程处实地调查也是如此认为，其报告言："武冈以上不通舟楫，仅有少量杉木排下行。武冈至邵阳为资水民船往来地段，长约三百六十里，有大小民船300余艘……桃花坪以上淤浅之处甚多，秋冬水枯，船已不能满载下行。武桃段之装二公吨船于武冈附近时遭搁浅……桃邵段载重量稍增可至四公吨。"[①]

夫夷水与赧水合流后，通航能力大增。虽然资江中游以滩多险急著称，但在雪峰山区人们依靠水道比依靠陆路与外沟通更方便些，资江流域的煤、土纸、茶叶、山货及矿产等货物的外运，洞庭湖区及省外的大米、盐巴、布匹、日用百货，以及近代兴起的新货品的输入，都需要经由资江转运。

就交通而言，从广西资源县可乘舟经新宁到邵阳，再从邵阳出发，过新化、安化、益阳，出洞庭，入长江，可东下江浙，可西上川渝。不过这水路滩多礁多，惊涛骇浪，步步惊心。古人有诗为证。清代陈鹏年在《资江返棹》中云：

---

① 见《扬子江水利委员会湘南水利工程处查勘资水水力报告书》之《附录·航运》部分，从报告引用数据及民国纪年时间推算，报告大致写于1942年。

> 笋舆才歇又回船，十日资江溽暑天。节序乍惊重午后，归心先赴倚闾前。奔流似马滩声壮，峭壁如城峡势圆。自笑剑装羞陆贾，一行翠榜载蛮烟。①

此诗句，既描绘了资江险峻激荡、奔腾而去的情形，也描述了江岸之山如城墙的气势，不可谓不峻。

再如，清代吴思树的《资江早发过茱萸滩即事》述资江航道之险，真可谓惊心动魄，其诗云：

> 邵州城下东山址，邵江流入都梁水。晓舟纵棹入寒空，浮蒲裛荻天光里。沿流兴发歌叩舷，瀑泉卷雪飞黄肩。两岸荦峃如虎卧，或如欲搏孤黑跧。中流恶石更楚楚，跳珠漱雪折柔橹。眩目回惊涛欲竖，安危但信天公主。乘舲击汰透重湾，转索捩舵如等闲。藤龙宓栗留天面，薛虎袚离漏日颜。百里悬湍束山麓，更有崖门撑洞曲。山隈犹观峡角青，依平始爱皱纹绿。布帆尽日人悄悄，野树潆洓渔艇小。一缕蓝拖古雾深，千山翠叠春曦早。溪村三四覆林窗，石罅青帘扬树杪。舟子摇桨发棹歌，系蓬杨柳更如何。②

茱萸滩大致在今湖南新邵县西北二十里资水中游地段。《读史方舆纪要》载：

> 茱萸滩，府北四十里。资江水势险恶，昔人置铜柱于岸侧以

---

① 〔清〕陈鹏年撰《陈鹏年集》，李鸿渊校点，岳麓书社，2013，第38页。
② 〔清〕邓显鹤编纂《资江耆旧集（二）》，熊治祁、张人石点校，岳麓书社，2010，第579页。

第一章　水魄山魂：资江流域水系及其地理特征

固牵挽，俗谓五十三滩、四十八滩，此其首也。亦名三百里滩。梁承圣末西魏围江陵，邵陵太守刘棻将兵入援，至三百里滩为部曲宋文彻所杀。明初，杨璟遣将取宝庆，败贼于茱萸滩，遂克其城。志云：府西四十里又有白羊滩、孔雀滩，皆资江所经，水势峻急。①

依今日地理而言，新邵县自小庙头至筱溪一段全系石滩，河身窄狭，宽30~80米，两岸山高约700米，似小号的长江三峡。茱萸滩不过是这些险滩中的一个代表而已。资江虽险峻，但比起陡峭且回旋不已的山路，加上舟子"转索捩舵如等闲"的驾轻就熟，水路仍是最便捷的选择。总体而言，在资江平时正常水运情况下，10吨的木帆船可从益阳逆航直达邵阳县城，2~5吨的小船可上溯至武冈及新宁。

（二）商贸流通：孕育了艰苦创业的湘商精神

传统时期，资江船运中有小划子、鳅船、摇橹船、洞驳子、毛板船等不同种类的船。当时资水的船运以邵阳、冷水江、新化、安化、益阳等地的码头为中心，并在各支流伸展开去。大体而言，摇橹船主要是资江两岸的过河交通工具。小划子主要在小溪、小河及当地码头边运载一些地方土特产。鳅船主要运大宗的货，可载重40吨，航路以邵阳至新化再至益阳河段为主。洞驳子船也是小船，可载重5吨，夫妻两人操作就行了，这种船大都行驶在镇、县之间，在新化至邵阳的河段分布较多。这些船只承载了码头文化，肩负着地方物资交流的使命。清代、民国时期影响地方经济和对外交流最为突出的是毛板船。

---

① 〔清〕顾祖禹撰《读史方舆纪要·湖广七》第八册，贺次君、施和金点校，中华书局，2005，第3810页。

资江流域文化研究

毛板船始于何时，没有定论。大致而言，与湘中地区煤炭的运输有很大关系。有研究认为，大致在嘉庆年间，新化县就出现了一种吃水浅、船肚大，便于在水浅滩多的河道上行驶的"洋溪船"。随后，在此基础上，为省工省料，按照装载煤炭的特点加以改进，出现了毛板船。顾名思义，"毛板船"是用毛糙的木板（主要是松木板）造成的船舶。毛板船是为满足运煤的需要产生的，是资江两岸人民的独创，是世界航运史上绝无仅有的专供运煤用的"一次性使用"船舶。[①]

造毛板船的主要基地是新宁、武冈、邵阳，因新化境内产煤，毛板船造好后顺水而下到沙塘湾、北塔底、大洋江等地，再装煤而下，到达益阳或者汉口，煤被卖掉后可以将船拆卸当木材卖。晚清汉阳铁厂的兴建，扩大了毛板船的需求，每年到达汉口的毛板船有1500～2000艘，直接或间接靠毛板船维持生计的人多达10万～20万。同时，毛板船大发展带动了资江两岸经济的繁荣，两岸盛产的土纸等手工艺品和玉兰片、龙牙百合、薏米、茶叶等土特产，通过资江运用木帆船、毛板船运输，销售于省内外，再运进洋布、绸缎、钟表、书画、瓷器、海味、糖、盐等货物。

毛板船商人崛起后，他们积累资金，开始向外发展，一些暴富了的船老板或船工便在汉口置业定居，由毛板船商改为坐商，逐渐形成了汉口的宝庆街。清咸丰年间，为加强湘商在汉口的凝聚力，宝庆府在汉口的商人，在宝庆街建起了"宝庆五属同乡会"会馆，并在会馆附近汉水入江处建起自己的专用码头——宝庆码头。汉口人称这里的人为"宝庆帮"。在资江两岸，凡是毛板船开航或停靠的码头所在地都成了相对繁盛的繁华区，如冷水江市的金竹山、毛易铺，新化县北塔底、游家镇、洋溪镇、白溪、琅塘、马鬵市、坪口镇、烟溪等。清

---

① 刘日升:《毛板船与毛板人及毛板文化》,《湖南人文科技学院学报》2012年第6期。

末民初，甚至流传着一种说法：铁打的宝庆，银铸的益阳，纸糊的长沙。"铁打的宝庆"，说的是宝庆加工毛板船的打铁业很发达。"银铸的益阳"，是讲益阳的贸易量大，银圆流通多。由于毛板船业兴起，当时宝庆、益阳的商业繁华，把长沙都比了下去。① 毛板船商业的历史大致在20世纪50年代末，因为柘溪水利枢纽的修建而结束。但是，资江毛板船商贸传奇故事仍在流传，尤其是"毛板船"兴盛时创造的一种湘商精神仍在激励着资江两岸人民奋发图强。这种湘商精神概括起来主要有以下几方面。一是敢闯敢拼勇于进取的冒险精神。毛板船工每次出航都做好了不回归的打算，没有胆量的人是当不了资江上的毛板船工的。他们远离家乡，敢于冒生命之险，冲破重重险阻，寻求发展，开创了湘商新天地。二是团结协作、同甘共苦的合作精神。毛板船行走险滩，需要船工共生死，共担当。只有形成合力，才有可能成功。三是创新开放精神。毛板船商是宝庆商人的一个创新和壮举，是宝庆商人智慧的结晶。正是凭借这种创新，加上霸蛮冒险精神特质，湘商打破了自古以来资江流域封闭的状况，形成了一种开拓开放的湘商精神。今天，我们依然需要发扬这种能吃苦、能霸蛮、敢拼命又能团结、开拓、创新的湘商精神，从而为资江流域的发展，为湖南和中国的经济社会发展提供精神动力。

---

① 刘日升：《毛板船与毛板人及毛板文化》，《湖南人文科技学院学报》2012年第6期；伍弱文：《毛板船——航运史上的一段传奇》，《老年人》2008年第5期。

第二章

文化地标：资江流域历史文化区域特征和地位

最能体现流域文化的应该是其文化地标，它们展示着一个区域的历史和风貌，凝聚着一个区域的品格和精神，并承载着这一区域的历史文化。资江流域正拥有独特的文化地标，有着独特的区域特征和历史地位。

一 宝庆风华：资江上游的历史文化特征及地位

湖南境内资江上游大致区域为夫夷水流域和赧水流域，两江合流后统称资江。这一流域古时大致为邵阳地区，宋以后称宝庆，今又称邵阳。资水旁的宝庆（今邵阳），其山川地理秀丽天成，其历史久远，人文荟萃，自有特色。

（一）夫夷水、赧水、邵水之滨水文化与城文化的历史变迁

湖南境内资江上游，依今地理分，大致以新邵县小庙头以上为资江上游河段。资水上游及其支流流域大致为新宁、城步、武冈、洞口、隆回、邵阳县、邵东、邵阳市区等。值得注意的是，今天这些行政区域名称及其变迁正反映了资江流域的夫夷水、赧水、邵水等流域

第二章 文化地标：资江流域历史文化区域特征和地位

水文化与城文化互动的历史特征。

1."昭陵""邵陵""昭阳""邵阳""邵州""宝庆"与资水、邵水

《水经注》"东北过邵陵县之北"条云："县治郡下，南临大溪，水迳其北，谓之邵陵水。魏咸熙二年，吴宝鼎元年，孙皓分零陵北部，立邵陵郡于邵陵县，县，故昭陵也。溪水东得高平水口，水出武陵郡沅陵县首望山，西南迳高平县南，又东入邵陵县界，南入于邵水。邵水又东会云泉水，水出零陵永昌县云泉山，西北流迳邵阳南，县，故昭阳也。云泉水又北注邵陵水，谓之邵阳水口。"[①]

由此段看，邵陵水即资江，邵陵原名昭陵。因交通和防御需要，于水边建城，是古代王侯国、郡县的一个普遍做法。这一点也是资江流域城池择地的特点。邵阳在历史上的称呼及变化情况如下。

西汉初，始置昭陵县[②]，属长沙国。"昭陵"何来？邵阳市文物专家刘伟顺在《邵阳地名的由来与演变》中解释"昭陵"一名来自甘棠召公布政的传说。这个传说故事发生在西周。召公姬奭是周武王的弟弟、周成王的叔叔。传闻其在辅政时巡行天下，宣扬周王朝功绩，某日到了古南国邵阳，在邵阳城东甘棠树下宣讲德政，史称甘棠布政。甘棠布政的象征意义是中原文化南下与楚文化进行融合。正因召公布政于此，人们于是将甘棠树下的河称为"邵水河"，把召公经过的渡口称作甘棠渡。而将邵水流域统称昭陵则是因为召、昭同音，昭、邵谐音，邵阳之地又多高山峻岭。因此，"昭"这一地名，既是为了纪念召公，又体现了这里的地形。[③]

---

① 〔北魏〕郦道元著，陈桥驿校证《水经注校证》卷三十八《资水、涟水、湘水、漓水、溱水》，中华书局，2007，第889页。

② 《光绪邵阳县志》卷三《建置上》言"秦置昭陵县"，也为一说。另见《中国地方志集成·湖南府县志辑⑩》，江苏古籍出版社，2002，第175页。此说《史记》《汉书》均未载，故后世修志时并不取此说。

③ 转见王国宇主编《邵阳：雪峰烟岚润宝庆》，社会科学文献出版社，2020，第6页。

汉代，昭陵应该是很广大的地方。《（光绪）新宁县志》卷二《沿革表》载："武帝元朔元年（公元前128）封长沙定王子义为夫夷侯，遂为都梁侯。于是析昭陵为夫夷、都梁二侯国。"① 夫夷、都梁侯国之事下文再述。

《光绪邵阳县乡土志》卷一《历史·建置一》载："平帝元始五年（5）分昭陵置昭阳侯国。属零陵郡。东汉献帝建安中，昭陵县亦改属零陵郡，为北部都尉治。晋武帝以父讳昭，始改昭陵为邵陵，昭阳为邵阳，自晋以后，邵阳沿称至今。"② 其中应注意的是，昭阳侯国设城于今邵东黄陂桥桐江北岸同意村（铜钱湾），在邵水之北。遗址今尚在，是湖南省内现存为数不多的汉代城址之一。昭阳侯国废于新莽时期。同时依《光绪邵阳县乡土志》知，邵阳之名自晋始。但既言"邵阳沿称至今"，可为何今邵阳之地又有"邵州""宝庆"之称呢？它们与资水又是一种什么关系呢？

《道光宝庆府志》卷第八《沿革表》："吴孙皓宝鼎元年以零陵北部为昭陵郡，分昭陵置高平，改都梁为武冈。于是昭陵始置郡，领县五，昭陵、昭阳、夫夷、武冈、高平。晋平吴，改昭陵为邵陵，改昭阳为邵阳，而郡亦以邵陵名，避晋文王之讳也。《三国志》于吴代皆书邵陵者，史官追避，非事实。"③ 晋武帝时"又分邵陵置建兴，更高平为南高平，后复曰高平。于是邵陵郡移治资北，与县对水而分治"④。这两段话解决了以下几个问题，一是邵陵为郡名，亦为县名，

---

① 〔清〕张葆连、刘坤一修纂《（光绪）新宁县志》卷二《沿革表》，岳麓书社，2011，第24页。
② 〔清〕上官廉等修，姚炳奎纂《光绪邵阳县乡土志》卷一《历史》之《建置》，光绪三十三年（1907）刊。
③ 〔清〕黄宅中、〔清〕张镇南修，〔清〕邓显鹤编纂《道光宝庆府志》卷第八《沿革表》，岳麓书社，2009，第202页。
④ 〔清〕黄宅中、〔清〕张镇南修，〔清〕邓显鹤编纂《道光宝庆府志》卷第八《沿革表》，岳麓书社，2009，第202页。

第二章 文化地标：资江流域历史文化区域特征和地位

邵阳为邵陵属县。二是《水经注》等书言三国时吴国有"邵陵"之称，仍是因史官追避晋武帝名讳所致。三是晋武帝以前，邵陵郡及其县一直在资水南岸，晋武帝后，邵陵郡移治资水北，这解释了"《水经注》云县治郡下南临大溪，大溪，即资水也。又云水迳其北，谓资水迳县北也。以是足以明郡县对水分治矣"①。

南朝梁末陈初，"省邵陵入邵阳，而以邵阳为郡治"②；隋朝时，"隋平陈，废邵陵郡，而并都梁、夫夷二县入邵阳，又移邵阳于邵陵故地，即今治"③。以今日邵阳市区而言，邵阳大致在隋以后城治与今同。隋朝及隋之后的一段时期内邵陵名又短暂出现，并先后名建州、南梁州。大致到唐朝唐太宗贞观十年（636），"更南梁州为邵州，徙治资南，州县始同城而治。于是邵州领县二：邵阳、武冈"④。"邵州"之名出现。

宋邵州改隶荆湖南路。南宋理宗宝庆元年（1225），"以理宗潜藩，升邵州为宝庆府"⑤，宝庆府成为南宋三十六府之一，"宝庆"之名始于此。明清时期，大部分时间，宝庆府辖武冈州、邵阳县、新化县、城步县、新宁县。

民国时期，1912年撤销了邵阳县建置，保留了宝庆府。次年，撤销宝庆府建置，邵阳县称宝庆县。1928年，宝庆县复名邵阳县。

中华人民共和国成立后，邵阳行政区划变化较大。截至2020年，

---

① 〔清〕黄宅中、〔清〕张镇南修，〔清〕邓显鹤编纂《道光宝庆府志》卷第八《沿革表》，岳麓书社，第202页。
② 〔清〕黄宅中、〔清〕张镇南修，〔清〕邓显鹤编纂《道光宝庆府志》卷第八《沿革表》，岳麓书社，第202页。
③ 〔清〕黄宅中、〔清〕张镇南修，〔清〕邓显鹤编纂《道光宝庆府志》卷第八《沿革表》，岳麓书社，第202页。
④ 〔清〕黄宅中、〔清〕张镇南修，〔清〕邓显鹤编纂《道光宝庆府志》卷第八《沿革表》，岳麓书社，第202页。
⑤ 〔清〕黄宅中、〔清〕张镇南修，〔清〕邓显鹤编纂《道光宝庆府志》卷第八《沿革表》，岳麓书社，第203页。

邵阳市辖大祥区、双清区、北塔区、武冈市、邵阳县、邵东市、新邵、隆回、洞口、新宁、绥宁、城步苗族自治县。从流域而言，绥宁、城步大部分区域属于沅水流域，但资江西源赧水发源于城步。邵东东部山地成为资水与湘水的分水岭。邵阳市其他大部分地区属于资江流域。

今日邵阳治所始于昭陵城，城依资水、邵水逐步扩展。至清代，宝庆府城"北据资，东据邵，西门亦与资水密迩。地居洞庭上游。县城附府，高二丈五尺，周一千三百十一丈，南门瓮城长二十八丈，西门瓮城长二十九丈，高与城并。凡炮台十二，楼七，门五：东曰朝天，西曰定远，南曰大安，北曰丰庆，西北临津"①。

从上述可知，邵水连接今邵东大部分地区，资江则自古为邵阳及各县通往洞庭湖、长江的畅通水道，也是一条商贸之道。

2. "夫夷"、"新宁"与夫夷水

光绪《新宁县志》卷二《沿革表》载："〔汉〕武帝元朔元年（公元前128）封长沙定王子义为夫夷侯，遂为都梁侯。于是析昭陵为夫夷、都梁二侯国。"② 汉代夫夷侯国位置在资水旁，在今邵阳县小溪市乡梅州村。故城历经2000年，今仅存一段城墙夯土，当地称之为"城墙坎"。今日之梅州是一个美丽的村庄，四面环山、三向绕水，资江滔滔南来东去，复又北向而去，形成一道天然的护城河。夫夷国至新莽时被废除，东汉为县，大致在南朝梁武帝时，在今新宁县城金石镇设扶阳县，南朝陈时称扶夷县。关于夫夷水与夫夷县之关系，第一章已详述，此不再赘述。隋代，扶夷县并入邵阳县。"新宁"名称

---

① 〔清〕姚炳奎纂修《光绪邵阳县乡土志》卷一《历史》之《建置》，光绪三十三年（1907）刊。
② 〔清〕张葆连、刘坤一修纂《（光绪）新宁县志》卷二《沿革表》，岳麓书社，2011，第24页。

首次出现于南宋,"绍兴二十五年(1155),始于金城山之水头村夫夷水北置新宁县,隶武冈军"①。"新宁"之名,取宋绍兴初,杨再兴起事被平定之后,不可不有新的"安宁"之意。清雍正二年(1724),新宁县直属宝庆府。② 新宁城治在夫夷水畔,"夫水自城西南入,逦迤东北,萦绕如带"③。

3. "都梁"、"武冈"与都梁水

旧志大多记载资水(即今所言资水西源赧水)又名都梁水。都梁侯国,汉武帝元朔五年(公元前124)"分昭陵置"④,封地在今县城郊七里桥⑤。新莽时侯国废,后汉为都梁县。三国吴后主孙皓宝鼎元年(266),改都梁为武冈⑥。晋武王"复置都梁于汉故都梁东北,亦仍置武冈。沈约《宋书》云,武冈,晋武帝分都梁立。《元和郡县志》云,晋武帝分都梁置武冈。皆目此也。又分邵陵置建信"⑦。

此时都梁、武冈关系如何?其名何来?北魏郦道元的《水经注》云:"资水……东北迳邵陵郡武冈县南,县分都梁之所置也。县左右二冈对峙,重阻齐秀,间可二里,旧传后汉伐五溪蛮,蛮保此冈,故曰武冈,县即其称焉。大溪迳建兴县南,又迳都梁县南,汉武帝元朔五年,以封长沙定王子敬侯遂之邑也。县西有小山,山上有渟水,既

---

① 〔清〕张葆连、刘坤一修纂《(光绪)新宁县志》卷二《沿革表》,岳麓书社,2011,第25页。
② 新宁县县志编纂委员会编《新宁县志》,湖南出版社,1995,第57~58页。
③ 〔清〕张葆连、刘坤一修纂《(光绪)新宁县志》卷一《形胜》,岳麓书社,2011,第21页。
④ 〔清〕黄宅中、〔清〕张镇南修,〔清〕邓显鹤编纂《道光宝庆府志》卷第八《沿革表》,岳麓书社,2009,第206页。
⑤ 武冈县志编纂委员会编《武冈县志》,中华书局,1997,第47页。
⑥ 〔清〕黄宅中、〔清〕张镇南修,〔清〕邓显鹤编纂《道光宝庆府志》卷第八《沿革表》,岳麓书社,2009,第206页。
⑦ 〔清〕黄宅中、〔清〕张镇南修,〔清〕邓显鹤编纂《道光宝庆府志》卷第八《沿革表》,岳麓书社,2009,第202页。

清且浅,其中悉生兰草,绿叶紫茎,芳风藻川,兰馨远馥,俗谓兰为都梁,山因以号,县受名焉。"① 今人认为,武冈县治所在今县城西南,建兴县治所在今武冈县马坪乡田塘村和洞口县尧王村,都梁县治所在今隆回县桃洪镇,皆隶属荆州邵陵郡。② 不管如何,由《水经注》可见,都梁、武冈均在资水西源赧水旁。旧志大多记载资水又名都梁水③。但读清代《读史方舆纪要》,其所说"资水"与"都梁水"有诸多可疑之处,亦有自相矛盾之处。④

隋文帝开皇十年(590),废邵陵郡,都梁、武强(即原武冈)县并入邵阳县,隶属潭州。都梁之名不再成为县名,而武冈、建兴县名时有出现。宋以后武冈或为军,或为路。明朝时,先为武冈府,后为武冈州,属宝庆府。清大致沿用明制。

(二)睁眼看世界和文武轩昂的人文风采

资江上游,山川地理,秀丽天成;文明悠远,人才辈出。古有甘棠布政,促文化交融;白公筑城,造城市文明。近代以来,魏源"睁眼看世界",蔡锷护国倒袁,资江两岸人民齐心御侮战倭寇,可谓文武轩昂,敢为人先。

---

① 〔北魏〕郦道元著,陈桥驿校证《水经注校证》卷三十八《资水、涟水、湘水、漓水、溱水》,中华书局,2007,第888页。
② 武冈县志编纂委员会编《武冈县志》,中华书局,1997,第47页。
③ 《同治武冈州志》(一),《中国地方志集成·湖南府县志辑⑭》,江苏古籍出版社,2002,第382页。
④ 〔清〕顾祖禹的《读史方舆纪要》所载"都梁山"条:"都梁山,州西百里。山高耸,泉流环绕,汉以此山名县。《名胜志》云:'山在州东百三十里。'似误。……唐纪山,在州西南百里。《汉志》注:'都梁县有路山,资水所出。'《水经注》云:'即唐纪山也。'今山接绥宁县界。"其"资水"条载:"资水,在州北。自靖州绥宁县流入界,又东北入邵阳县界。都梁水,在州西南,源出都梁山,东北流,有夫夷水流合焉,经州北入邵阳界,合于资水。《志》云:州城西有黄塘坡,即都梁水所汇也。引流溉田凡四千余顷。"这两条有诸多可疑之处和自相矛盾之处。见〔清〕顾祖禹撰《读史方舆纪要·湖广七》第八册,贺次君、施和金点校,中华书局,2005,第3815页。

第二章 文化地标：资江流域历史文化区域特征和地位

1. 睁眼看世界

近代以来，变革图强一直是中国社会的主旋律，而变革之路的起步当追溯至清中叶以来诸多经世思想家的努力。在经历了鸦片战争的创伤之后，中国的政治家和思想家在思考中国发展的问题时，他们把眼光逐渐投向了海外，其中生于资水流域的魏源则是睁眼看世界的第一人。魏源（1794～1857），名远达，字默深。乾隆五十九年（1794），魏源出生于宝庆府邵阳县（今邵阳市隆回县）一个名为金潭村的小村庄。魏源出生于耕读之家，良好的家庭教育和青少年游学的经历使他眼界大开，经世致用的思想也深深地影响了他。道光五年（1825），魏源受时任江苏布政使贺长龄的邀请，主持编辑《皇朝经世文编》。一百二十卷的《皇朝经世文编》汇集了清朝建立以来有关国计民生的文章，一经刊出便对当时的学风造成了极大的影响。随后，魏源又在陶澍幕下工作，幕府的工作让魏源的经世思想有了实践的舞台，其有关治河和盐业的建议一经施行便收到了良好的效果。1840年突如其来的鸦片战争及战争的失败，使得中国举国上下陷入了错愕之中。魏源这位经世思想家，在爱国主义情绪的驱动下，写下了《圣武记》《道光洋艘征抚记》《海国图志》这三部重要史学和地理学著作。可以说，在民族危机初现之时，魏源的经世致用思想实现了从传统到近代的跨越。在《海国图志》中，魏源提出的"师夷长技以制夷"的思想开启了中国人向西方学习的新方向。

魏源的思想是传统性和时代性的结合，是爱国主义思想与放眼世界思想的融合，正因此，魏源是中国近代"睁眼看世界的第一人"。魏源的思想是如此的深邃，具有前瞻性。与时俱变，经世致用，师夷长技。在那个闭塞的时代，如此见解，正体现了魏源思想的时代性和开放性，而这也是湖湘区域文化的兼容并蓄精神的一种体现。20年后，曾国藩、左宗棠等一批湖湘人士以"自强"为口号，开展了洋务运动,这正是对魏源"师夷长技以制夷"思想的实践。魏源无愧为近代中国著名的改革家,无愧为中国向西方学习的先行者。

2. 霸蛮拼搏

宝古佬有句从古讲到今的口头禅:讲呷得的。意思是讲实际,不讲虚,要有用,要行得通。脚踏实地、求是图强、敢于拼搏大概就是这种精神实质的写照。

近代,湘军出,可谓轰轰烈烈。新宁楚勇是湘军前身,也是湘军翘楚,以勇猛刚烈、敢闯敢为、剽悍、勇敢著称。新宁楚勇中曾出现众多的文武将官,其中江忠源、刘长佑、刘坤一、刘光才先后成为楚勇的统帅和清朝的封疆大吏,四人皆为晚清"中兴名将"。新宁出的人才经济之功也很有影响力,这里重点说说晚清时期的刘坤一。刘坤一(1830~1902),字岘庄,新宁人,道光十年(1830)出生于新宁金城的一个乡村知识分子家庭。作为楚勇将领,他相继参与了湘军驰援江西、回救湖南、支援广西的战役,以及在闽粤赣桂边界与太平军余部的交战,是湘军中的后起之秀,是湘军中能征善战的悍将。在征战中,刘坤一屡被提升,由教谕、知县、知州和知府而至广东按察使、广西布政使。最后官至两江总督兼南洋通商大臣。

刘坤一在经济方面的作为则主要是从任江西巡抚开始的。1865年,他开始抚赣,十年之中,以传统经世之术"经旧世",兴利除弊,薄敛轻徭,休养生息,重建江西的政治秩序、经济秩序、社会秩序。1875年1月12日刘坤一被命署两江总督。19日又署南洋通商大臣。3月13日他抵南京就任,仅半年,9月1日又实授两广总督,并于1876年1月17日抵广州赴任。1879年12月27日刘坤一被实授为两江总督兼南洋通商大臣。1880年7月13日抵南京赴任,开启"二督两江"的历程。1890年11月22日,罢免近十年的刘坤一被清廷重新任命为两江总督,25日又兼南洋通商大臣。1891年4

月在南京正式接任，开始了三督两江的历程。督两广及两江，掌管着"通商""交涉"事务，时代迫令刘坤一重新审视这个世界，虽然身不由己地被推到了社会变迁的前沿，但他却能很快适应变革的浪潮，凭借湘人拼搏担当、敢为人先的精神，成为中国对外开放最早推动实现地区现代化的变革者，推动洋务运动发展。刘坤一晚年筹划东南互保，这使其成为江南维新改革成果的维护者。其谋划的"江楚三奏"，则对晚清的最后一次政府主导型的现代化运动——晚清新政产生了相当大的影响，在其人生的最后关头，又创造了一次辉煌。总之，这位成长于夫夷水畔的人杰，不仅因武功卓著而成为湘军晚期的代表人物，也因为其经济作为而成为洋务运动后期的代表人物，是晚清中国经济现代化的强力推动者。

3. 护国军魂

湖南出军人，出有军魂的军人。在今邵阳市大祥区檀江流域的蔡锷村，诞生了中国近代史上著名的护国军神——蔡锷。蔡锷是现代职业军人的楷模，是湘湘子弟兵永远追随的军魂。蔡锷（1882~1916），原名艮寅，字松坡，湖南宝庆（今邵阳市）人。蔡锷一生中，做了两件大事：一件是辛亥革命时期在云南领导了推翻清朝统治的新军起义；另一件是在袁世凯复辟帝制时，他毅然领导了反袁的护国战争，以"讨袁名将""护国军神"著称，在人们心目中享有崇高的威望。另外，蔡锷也是一位克己奉公的清廉者，《蔡锷大传》中说，"蔡锷克己奉公，操守纯洁，忠心爱国，至死不渝。蔡锷身后萧条，不名一钱，淡泊明志，夙夜在公，正是他一生操守的生动写照。蔡锷身处清末民初的社会里，具有出淤泥而不染的高风亮节，难能可贵"[①]。

蔡锷具有伟大的志向和人格。还在长沙时务学堂学习时，蔡锷便

---

① 谢本书：《蔡锷大传》，广西师范大学出版社，2013，第4页。

萌生了澄清天下之志。在东渡日本学习军事归湘后，他在《登岳麓山》一诗中吟道："苍苍云树直参天，万水千山拜眼前。环顾中原谁是主，从容骑马上峰巅。"[1]他坚信革命必胜，此豪言壮语如风雷激荡心魄，极为鼓舞人心。

辛亥革命爆发，蔡锷在云南发动起义，这对武昌起义和全国革命形势的发展是一个有力的支持和推动。蔡锷作为起义的组织者和指挥者，发挥了重要作用，功不可没。云南起义成功后，蔡锷被官兵推举为云南都督府都督，为稳定云南局势起到了重要作用。

1915年，面对袁世凯复辟帝制，蔡锷与梁启超相约出京，临行前师生相约："事之不济，吾侪死之，决不亡命；若其济也，吾侪引退，决不在朝。"[2] 蔡锷"为国民争人格"[3]，毅然举起了反袁大旗，在云南宣布讨伐袁世凯，发动了护国战争。正是因为云南首先发难，随后各省才纷纷宣布讨袁，最终迫使袁世凯宣布取消帝制，护国战争取得了胜利。

作为护国军的主要领导人蔡锷，在发动、领导和指挥战争的过程中，坚决果断。更值得肯定的是，蔡锷一直带病坚持在战斗的第一线，是护国战争的精神象征，因此他也被称赞为"护国军神"。而且，蔡锷还是一个罕见的没有军阀思想的将领，在那个"有枪便是王"的乱世，尤其可贵。他是一个真正的人格高尚、理想远大、只为国民的军人。

护国运动成功了，蔡锷却因病而亡，实际上他是为护国战争而献身的，是名副其实的护国英烈。蔡锷虽死，然正如其所言，"余衡岳之气未衰也"[4]。的确，蔡锷之后，其军魂深入湖湘子弟骨髓。

---

[1] 曾业英编《蔡锷集》（一），湖南人民出版社，2008，第262页。
[2] 梁启超：《〈盾鼻集〉序》（1916年9月9日），转引自《蔡锷集》（二），湖南人民出版社，2008，第1481页。
[3] 梁启超：《梁启超在上海蔡锷追悼会上的演说词》（1916年12月14日），转引自《蔡锷集》（二），湖南人民出版社，2008，第1512页。
[4] 蒋百里：《蔡公行状略》，转引自《蔡锷集》（二），湖南人民出版社，2008，第1524页。

第二章　文化地标：资江流域历史文化区域特征和地位

二　梅山精魂：资江中游历史文化特征和地位

从新邵小庙头至桃江马迹塘为资江中游。以今日行政区划而论，资江中游流域大体上包括邵阳市的新邵，娄底市的冷水江、新化，益阳市的安化等区域。这一带在宋以前大致为梅山地区，梅山历史文化独具特色。

（一）梅山历史变迁

梅山是一个历史地域名称，其悠久历史，自人类渔猎、农耕始，一路走来，根植于蛮峒，杂糅楚地文化，融合中原文化，至今都有影响。

1. 蚩尤、盘瓠与梅山祖先传说

一般认为，蚩尤是梅山人的远祖。《史记》及后人对《史记》的注疏对蚩尤有不同的记载。

《史记·五帝本纪》载："轩辕之时，神农氏世衰。诸侯相侵伐，暴虐百姓，而神农氏弗能征。于是轩辕乃习用干戈，以征不享，诸侯咸来宾从。而蚩尤最为暴，莫能伐。炎帝欲侵陵诸侯，诸侯咸归轩辕。轩辕乃修德振兵，治五气，艺五种，抚万民，度四方，教熊罴貔貅貙虎，以与炎帝战于阪泉之野。三战，然后得其志。蚩尤作乱，不用帝命。于是黄帝乃征师诸侯，与蚩尤战于涿鹿之野，遂禽杀蚩尤。而诸侯咸尊轩辕为天子，代神农氏，是为黄帝。"[1] 据此，可知，蚩尤是与黄帝、炎帝同时代的英雄人物、氏族人物、始祖人物。

对于这一段话中的蚩尤，有各种理解，其中张守节撰《史记正

---

[1] 〔汉〕司马迁撰《史记》卷一《五帝本纪》，中华书局，1982，第3页。

义》引多方文献:"《龙鱼河图》云:'黄帝摄政,有蚩尤兄弟八十一人,并兽身人语,铜头铁额,食沙石子,造立兵仗刀戟大弩,威振天下,诛杀无道,不慈仁。万民欲令黄帝行天子事,黄帝以仁义不能禁止蚩尤,乃仰天而叹。天遣玄女下授黄帝兵信神符,制伏蚩尤,帝因使之主兵,以制八方。蚩尤没后,天下复扰乱。黄帝遂画蚩尤形像以威天下。天下咸谓蚩尤不死,八方万邦皆为弭服。'《山海经》云:'黄帝令应龙攻蚩尤。蚩尤请风伯、雨师以从,大风雨。黄帝乃下天女曰"魃",以止雨。雨止,遂杀蚩尤。'孔安国曰'九黎君号蚩尤'是也。"[1]

依此,蚩尤是上古时代九黎部落联盟的酋长,是中国神话中的兵主、战神。而"蚩尤兄弟八十一人",又说明蚩尤其实如同炎、黄一样,不是指一个人,是英雄时代的部落酋长的称号而已。故而,在蚩尤部落所生活、所征战的地区,留下众多传说和遗迹也就不奇怪了。今天,新化的"蚩尤屋场",也是传说中的蚩尤遗迹之一。蚩尤的九黎部落,大致在长江中下游流域和黄河下游流域。

梅山蛮还有一个祖先,就是盘瓠。据考证,盘瓠是首先用瓠制成器物并以此为图腾的发源于岷山一带的古先民,东周时外迁至武水流域。楚国崛起,盘瓠部又迁至今湘西山区一带。[2] 据《后汉书·南蛮西南夷列传》所载包含长沙蛮在内的南蛮其祖先仍为盘瓠。盘瓠起源于高辛氏时期,是以犬为图腾的氏族,"其后滋蔓,号曰蛮夷。外痴内黠,安土重旧","今长沙武陵蛮是也"[3]。当然,盘瓠后代不只是武陵蛮,干宝《晋纪》曰:"武陵、长沙、庐江郡夷,盘瓠之后也。杂处

---

[1] 〔汉〕司马迁撰《史记》卷一《五帝本纪》,中华书局,1982,第4页。
[2] 张步天:《中国历史地理》上册,湖南大学出版社,1987,第306页。
[3] 〔南朝宋〕范晔撰,〔唐〕李贤等注《后汉书》卷八十六《南蛮西南夷列传》,中华书局,1965,2829页。

第二章 文化地标：资江流域历史文化区域特征和地位

五溪之内。盘瓠凭山阻险，每每常为害。糅杂鱼肉，叩槽而号，以祭盘瓠。俗称'赤髀横裙'，即其子孙。"[1] 看来，蚩尤也罢，盘瓠也罢，都是以兽为图腾，勇悍善斗的强大部落，其后世在湖南境内演化成为长沙蛮、武陵蛮（五溪蛮）、零陵蛮、零阳蛮、澧中蛮、溇中蛮等。

留居梅山一带的梅山人，史书上称"莫徭"。《隋书·地理志》载："长沙郡又杂有夷蜒，名曰莫徭，自云其先祖有功，常免徭役，故以为名。其男子但著白布裈衫，更无巾袴；其女子青布衫、班布裙，通无鞋屩。婚嫁用铁钴鉾为聘财。武陵、巴陵、零陵、桂阳、澧阳、衡山、熙平皆同焉。"[2]

夷蜒是什么民族呢？罗新在《王化与山险——中古早期南方诸蛮历史命运之概观》一文中对此有过溯源，他认为："蜒"即"蜑"。据桑田六郎研究，《淮南子》中的"但"，《世本》中的"巫诞"，《华阳国志》中的"蜑"，以及东晋南朝史料中的"蛮蜑"，都是指长江流域的蛮族。《隋书》所说长沙郡的"夷蜒"，可能主要指隋代长沙郡西南部即资水及其支流夫夷水流域的原住居民族群。[3]

唐代以后，"莫徭"名称消失，"瑶""蛮瑶"等称呼出现于以后的史籍。唐宋梅山峒蛮，在汉代称"长沙蛮"是确证的。《道光宝庆府志·大政纪一》关于东汉"永寿元年长沙蛮叛寇益阳"条的按语云："唐宋梅山洞蛮，其地正在汉昭陵、益阳二县界中，二县皆属长沙。汉之长沙蛮，即唐宋之梅山峒蛮，古今异名尔。"[4] 梅山峒蛮的范

---

[1] 转见〔南朝宋〕范晔撰、〔唐〕李贤等注《后汉书》卷八十六《南蛮西南夷列传》注释，中华书局，1965，第2830页。
[2] 〔唐〕魏征等撰《隋书》卷三十一《地理志下》，中华书局，1973，第898页。
[3] 罗新：《王化与山险——中古早期南方诸蛮历史命运之概观》，《历史研究》2009年第2期。
[4] 〔清〕黄宅中、〔清〕张镇南修，〔清〕邓显鹤编纂《道光宝庆府志》卷第一《大政纪一》，岳麓书社，2009，第122页。

围大致是："其地东接潭，南接邵，其西则辰，其北则鼎、澧，而梅山居其中。"①

所谓"峒"或者"溪峒"，是指四面环山的山间盆地。诸蛮依山傍险居住而有利于族群生存，也利于凭险自保。应该说，在相当长一段时期内，诸蛮都经历了"霈沐王化"和"依阻山险"之间的艰难选择。②而历史的发展趋势则是越来越多的诸蛮被吸纳进华夏政权的政治秩序之中，这个政治过程通常多与华夏政权的国家意志和利益紧密相关。③秦汉以来是如此，隋唐以后也是如此。

2. 开梅山

唐末五代，战乱频繁，活跃于梅山地区的梅山峒蛮乘战乱之际，开始崛起。唐僖宗光启二年（886），石门峒酋向瓌参与潭州闵顼与衡州周岳的利益之争，"向瓌召梅山十峒獠断邵州道，顼掩其营"④。这是史籍中关于梅山蛮活动的最早记载，此后有关梅山蛮的记载逐渐增多。《资治通鉴》载唐昭宗乾宁二年（895）十一月："（蒋）勋乃与邓继崇起兵，连飞山、梅山蛮寇湘潭。"⑤五代时期，梅山蛮的活动更为频繁和激烈，《资治通鉴》记载乾祐三年（950）六月："马希萼既败归，乃以书诱辰、溆州及梅山蛮，欲与共击湖南。蛮素闻长沙帑藏之富，大喜，争出兵赴之，遂攻益阳。楚王希广遣指挥使陈璠拒之，战于淹溪，璠败死。""七月……马希萼又遣群蛮攻迪田，八月，戊戌，破之，杀其镇将张延嗣。楚王希广遣指挥使黄处超救之，处超败死。潭人震恐，复遣牙内指挥使崔洪琏将兵七千屯玉潭。""十月……楚王希广以朗州与山蛮入寇，诸将屡败，忧形于色。……马希萼遣朗兵及蛮

---

① 〔元〕脱脱等撰《宋史》卷四百九十四《蛮夷二·梅山蛮》，中华书局，1985，第14196页。
② 罗新：《王化与山险——中古早期南方诸蛮历史命运之概观》，《历史研究》2009年第2期。
③ 罗新：《王化与山险——中古早期南方诸蛮历史命运之概观》，《历史研究》2009年第2期。
④ 〔宋〕欧阳修、宋祁撰《新唐书》，中华书局，1975，第5421页。
⑤ 〔宋〕司马光：《资治通鉴》（第四册）卷第二百六十，岳麓书社，2018，第494页。

第二章 文化地标：资江流域历史文化区域特征和地位

兵六千、战舰百艘逆战于湄州。""初，蛮酋彭师暠降于楚，楚人恶其犷直。楚王希广独怜之，以为强弩指挥使，领辰州刺史，师暠常欲为希广死。……可琼有贰心，乃谓希广曰：'师暠与梅山诸蛮皆族类，安可信也！'"① 由此可知，梅山蛮已深度介入汉族政权的纷争。

梅山蛮崛起后，除了有能力介入汉族政权的纷争外，也有能力对外拓展势力，以获得利益。宋初，梅山蛮屡次兴兵，《宋史·梅山峒》载："开宝八年（975），尝寇邵之武冈、潭之长沙。太平兴国二年（977），左甲首领苞汉阳、右甲首领顿汉凌寇掠边界，朝廷累遣使招谕，不听，命客省使翟守素调潭州兵讨平之。自是，禁不得与汉民交通，其地不得耕牧。后有苏方者居之，数侵夺舒、向二族。"②

开宝年间宋朝政府与梅山蛮的战役互有胜败，《宋史·李继隆传》载："会征江南，领雄武卒三百戍邵州，止给刀盾。蛮贼数千阵长沙南，截其道。继隆率众力战，贼遁去，手足俱中毒矢，得良药而愈，部卒死伤者三之一。"③

随着宋朝势力的强大，宋政权逐渐处于强势地位。《宋史·石曦传》载："为潭州钤辖。开宝八年，领兵败南唐军二千余于袁州，平梅山、板仓诸洞蛮寇，俘馘数千人。"④《宋史·田绍斌传》载："太平兴国初，擢龙卫军指挥使、领江州刺史。二年，梅山洞蛮叛，命与翟守素分往击之。至邵州，闻蛮酋苞汉阳死，去其居十里，大溃其众，擒蛮二万，令军中取利剑二百斩之，余五千遣归谕诸洞，自是其党帖服。"⑤《宋史·翟守素传》记载了这同一件事："是秋，梅

---

① 〔宋〕司马光：《资治通鉴》（第四册）卷第二百八十九，岳麓书社，2018，第860、866~867页。
② 〔元〕脱脱等撰《宋史》卷四百九十四《蛮夷二·梅山峒》，中华书局，1985，第14196页。
③ 〔元〕脱脱等撰《宋史》卷二百五十七《李继隆传》，中华书局，1985，第8963页。
④ 〔元〕脱脱等撰《宋史》卷二百七十一《石曦传》，中华书局，1985，第9290页。
⑤ 〔元〕脱脱等撰《宋史》卷二百八十《田绍斌传》，中华书局，1985，第9496页。

山洞蛮恃险叛命,诏遣守素率诸州屯兵往击之。值霖雨弥旬,弓弩解驰,不堪用,明日,将接战,守素一夕令削木为弩。及旦,贼奄至,弩射之,贼遂败,乘胜逐北,尽夷其巢穴。先是,数郡大吏、富人多与贼帅包汉阳交通,既而得其书讯数百封,守素并焚之,反侧以定。"①

宋朝实行"剿"的政策,也实行"抚"的政策。《宋史·刘元瑜传》载宋仁宗年间:"以天章阁待制知潭州。瑶人数为寇,元瑜使州人杨谓入梅山,说酋长四百余人出听命,因厚犒之,籍以为民,凡千二百户。"② 此事件,实际上初步打开了一条通往梅山的路径,也寻找到了一条以招抚方式开梅山蛮的方法。

宋仁宗时期即有开梅山以为郡县之说。《宋史·梅山峒》载:"嘉祐末,知益阳县张颉收捕其桀黠符三等,遂经营开拓。安抚使吴中复以闻,其议中格。湖南转运副使范子奇复奏,蛮恃险为边患,宜臣属而郡县之。子奇寻召还,又述前议。"③

到宋神宗时期,任用王安石变法,国势渐强。宋神宗和王安石都决意开梅山以彻底解决梅山蛮问题。开梅山的同时,宋政权也在一并解决"南、北江蛮"的问题。所谓南江、北江,大致是以沅水支流酉水为界,酉水以南称南江,酉水以北则称北江。此两江流域分布着瑶族、苗族、土家族、侗族等族群的先民。④ 对梅山及对"南、北江蛮"的经略,总称为章惇"开边湖南"。至于如何开拓,王安石采取的是"先了梅山,后了两江"的战略部署。王安石说:"今梅山事须乘机了当,若迁延,即生奸猾要利之计。兼梅山事未了,便要了辰州事不得。梅山不难

---

① 〔元〕脱脱等撰《宋史》卷二百七十四《翟守素传》,中华书局,1985,第9362~9363页。
② 〔元〕脱脱等撰《宋史》卷三百四《刘元瑜传》,中华书局,1985,第10072页。
③ 〔元〕脱脱等撰《宋史》卷四百九十四《蛮夷二·梅山蛮》,中华书局,1985,第14196~14197页。
④ 张泽洪:《宋代开梅山及梅山教研究》,《广西民族研究》2017年第2期。

第二章 文化地标：资江流域历史文化区域特征和地位

了，既了梅山，然后到辰州，即先声足以振动两江，两江亦易了也。"①

对于梅山的开拓，王安石采取的是"威服"的策略，即用大兵压境，再行招抚的方式。熙宁五年（1072）九月宋神宗下诏："比差章惇经制梅山蛮事，今令知潭州潘夙、荆湖南路转运副使蔡烨与惇协力处议，毋致误失。"②

章惇率兵由宁乡大沩山进兵梅山蛮区，在遭遇抵制后退至大沩山密印禅寺。鉴于密印禅寺对梅山蛮的影响，章惇又请密印禅寺长老入峒劝谕。十一月，达成和议，"于是遂檄谕开梅山，蛮徭争辟道路，以待得其地。东起宁乡县司徒岭，西抵邵阳白沙砦，北界益阳四里河，南止湘乡佛子岭。籍其民，得主、客万四千八百九户，万九千八十九丁。田二十六万四百三十六亩，均定其税，使岁一输。乃筑武阳、关硖二城，诏以山地置新化县，并二城隶邵州。自是，鼎、澧可以南至邵"③。"新化"，是"王化之一新也"之意。④第二年，分置安化县。从此，梅山地区被纳入宋王朝的行政统治之下。

开梅山后，对于梅山地区的治理，一方面参照其他地区设县的办法，依照经制州县进行治理管理，另一方面设置军事防御性质的城寨。《宋史》卷八十八《地理志四》载："新化。望。熙宁五年收复梅山，以其地置县。有惜溪、柘溪、藤溪、深溪、云溪五砦。"⑤设置安化县后，亦修筑梅子口、七星、白沙渡、首溪、游浮五寨。史载安化五寨的地理方位为：梅子口寨，在县西五里；七星寨，在县东南七十里；

---

① 〔宋〕李焘撰《续资治通鉴长编》卷二百三十八熙宁五年九月，中华书局，1979，第5801页。
② 〔宋〕李焘撰《续资治通鉴长编》卷二百三十八熙宁五年九月，中华书局，1979，第5800页。
③ 〔元〕脱脱等撰《宋史》卷四百九十四《蛮夷二·梅山蛮》，中华书局，1985，第14197页。
④ 转引自新化县志编纂委员会编《新化县志》，湖南出版社，1996，第69页。
⑤ 〔元〕脱脱等撰《宋史》卷八十八《地理四》，中华书局，1985，第2200页。

首溪寨，在县东北九十里；白沙渡寨，在县西北百二十里；游浮寨，在县西南九十里。① 这是朝廷在征服地设置的控制该地区的军事据点。

宋代开梅山以后，一部分梅山蛮退居高山密林；一部分向外迁移，主要是向南岭走廊迁徙，这促成了梅山文化信仰在西南地区的广泛传播。因此，对有梅山信仰的西南少数民族而言，梅山峒是象征祖先居住的神圣之地。另外，自宋熙宁年间开梅山后至明代初年，官府一直从江西等地迁入汉族和其他民族的人群来安化、新化等地区垦荒，梅山地区逐渐成为各族杂居之地。明清时期，随着封建文化更加深入梅山地区，处在深山密林的梅山原居民或融于汉族等其他民族之中，或者继续外迁。以新化为例，新化县学虽有两名瑶生学额，但已无保留瑶籍的人入学了，这就是原居民逐渐减少的直接证据。实际情况是，元末至清中期，随着更大规模的移民进入梅山地区，梅山地区的郡县行政治理和社会经济活动与汉族地区无显著差异，随着各种文化涌入，深厚悠远的梅山巫楚文化与外地文化交融，梅山文化更加多元化。

此处还有几个需要说明的问题。

一是安化置县问题。《宋史·地理志》载："安化，望。熙宁六年（1073）置，改七星砦镇入焉，废首溪砦。"② 熙宁六年正月，"是月，置潭州安化县，升七星寨为镇。武经边防云：七星寨控梅山洞口，太平兴国中置"③。"安化"，仍是取"归安德化"之意。④

二是上、下梅山的来历。据《同治安化县志》载："而梅山上下之

---

① 〔清〕顾祖禹撰《读史方舆纪要》卷八十《湖广六》，贺次君、施和金点校，中华书局，2005，第3767页。
② 〔元〕脱脱等撰《宋史》卷八十八《地理四》，中华书局，1985，第2199页。
③ 〔宋〕李焘：《续资治通鉴长编》卷二百四十二熙宁六年正月，中华书局，1979，第5897页。
④ 见安化县文献委员会撰《安化开史略》，转引自安化县地方志编纂委员会编《安化县志》，社会科学文献出版社，1993，第49页。

第二章　文化地标：资江流域历史文化区域特征和地位

称，亦不始于王志①。宋吴致尧《开远桥记》谓湖湘之间有两梅山。刘挚撰《蔡奕墓志》谓潭邵间有上、下梅山。考楚志开梅山地为二，以上梅山置新化县，以下梅山置安化县。《明史·地理志》遂误以为新化有上梅山，安化有下梅山，不知梅山非山名，且因分建二县而后，以上、下名其实。梅山未开以前，无上、下之称也。"② 显然，原本无上、下梅山之称，是分置新化、安化二县后才有上、下梅山之称。

(二) 致知力行和血性奔腾的精神彰显

生活在资江中游的梅山人，在激荡的近代历史风云中，依旧继承了梅山文化永不言败的"血性"根基，讲义理，敢担当，经世致用，血性奔腾。

1. 致知力行，复兴湘学

嘉道以来，中国的一个重要课题就是变革。如何变革，一批湖南人首先以经世致用、复兴湘学来进行尝试，其中安化人陶澍、新化人邓显鹤是先行者和有突出贡献的人物。陶澍（1779～1839），湖南安化县小淹镇人，历任翰林院编修、御史、给事中、道员、按察使、布政使、巡抚、两江总督。陶澍的学术思想有着强烈的经世主张和浓厚的实践色彩。他主张的实学，主要是实行、实用，也就是学术研究与客观实际结合解决现实问题。他一生历经乾隆、嘉庆、道光三朝，为官期间，在除恶安民、抗灾救灾、兴修水利、整顿财政、治理漕运、倡办海运、革新盐政、整治治安、兴办教育、培养人才上做出了较大贡献，尤其在水利、漕运、盐政改革方面取得的成果极为显著，《清史稿》评价道："陶澍治水利、漕运、盐政，垂百年之利，为屏为翰，

---

① 此处王志，指的是康熙时期王丕振所修《安化县志》。
② 关于"上、下梅山"之说，详见〔清〕邱育泉等修、〔清〕何才焕等纂《同治安化县志》卷二《沿革》，《中国地方志集成·湖南府县志辑㊱》，江苏古籍出版社，2002，第139页。

庶无愧焉。"① 陶澍是经世致用思想的践行者，在"世风日下，人心益浇，官不肯虚心察吏，吏不肯实意恤民，遇事则念及身家，行法不计及久远"②的道光初年，道光帝不断称赞陶澍"任事勇敢"③"操守好、办事认真"④ "学问、人品俱好"⑤ "实心任事，不避嫌怨"⑥。

陶澍影响了一大批经世改革派人物和贤能官吏，如林则徐、贺长龄、李星沅、姚莹、汤鹏、魏源、包世臣、左宗棠、胡林翼等。这些人无不对陶澍尊崇有加，心悦诚服。《清史稿》对此亦有评论："澍见义勇为，胸无城府。用人能尽其长，所拔取多至方面节钺有名。在江南治河、治漕、治盐，并赖王凤生、俞德源、姚莹、黄冕诸人之力。左宗棠、胡林翼皆识之未遇，结为婚姻，后俱为名臣。"⑦ 今人认为："陶澍一生善于发现人才、培养人才，知人善任，他不仅成为江南地区领袖群伦的中心人物，而且是湖南近代不断产生人才群体的先导。"⑧ 清末名士张佩纶在其《涧于日记》中说："道光以来人才，当以陶文毅为第一。其源约分三派：讲求吏事，考订掌故，得之在上者则贺耦耕，在下则魏默深诸子，而曾文正总其成；综核名实，坚卓不回，得之者林文忠、蒋砺堂相国，而琦善窃其绪以自矜；以天下为己任，包罗万象，则胡（林翼）、曾（国藩）、左（宗棠）直凑单微。而陶（澍）黄河之昆仑、大江之岷也。"⑨ 这个评价是相当高的。史学家萧一山在《清代通

---

① 赵尔巽等撰《清史稿》卷三百七十九《陶澍传》，中华书局，1977，第11608页。
② 〔清〕陶澍：《恭缴朱谕折子》，《陶澍集》（上），岳麓书社，1998，第25页。
③ 〔清〕陶澍：《恭缴朱谕折子》，《陶澍集》（上），岳麓书社，1998，第25页。
④ 〔清〕陶澍：《恭缴朱谕折子》，《陶澍集》（上），岳麓书社，1998，第25页。
⑤ 〔清〕陶澍：《恭缴朱谕折子》，《陶澍集》（上），岳麓书社，1998，第25页。
⑥ 赵尔巽等撰《清史稿》卷三百七十九《陶澍传》，中华书局，1977，第11608页。
⑦ 赵尔巽等撰《清史稿》卷三百七十九《陶澍传》，中华书局，1977，第11607～11608页。
⑧ 夏剑钦：《陶澍应是开启中国近代史的杰出政治家》，《书屋》2011年第2期。
⑨ 〔清〕张佩纶撰《涧于日记》己卯下，光绪刻本。转引自夏剑钦《陶澍应是开启中国近代史的杰出政治家》，《书屋》2011年第2期。

第二章 文化地标：资江流域历史文化区域特征和地位

史》中说："然不有陶澍之提倡，则湖南之人才不能蔚起。"[1] 又说："中兴人才之盛，多萃于湖南者，则全由于陶澍种其因，而印心石屋乃策源地也。"[2] 可见，陶澍所倡导的理学经世学风、身体力行的政治改革，以及对人才的培养，对近代的湖南、中国影响极为深远。

与陶澍同时代的邓显鹤则是湘学复兴导师。邓显鹤（1778～1851），字湘皋，湖南新化人，官宁乡县训导，晚年应聘主讲邵阳濂溪书院，以诗文和文献整理校勘著称。邓显鹤对湖湘文献最突出的贡献是搜集、整理、校勘《船山遗书》，改变了王船山的著作湮灭不传和后学不能举其名姓的局面，并将王船山与顾炎武、黄宗羲并列，为清末确立王船山成为明末清初三大思想家之一的地位做出了贡献。邓显鹤刊刻船山著作，为后来曾国藩、曾国荃大量刊刻船山遗书奠定了基础。船山著作的广泛传播，使得"船山学"得以光大，湘学开始复兴，船山思想和精神则成为近代湘军集团的曾国藩、维新派的谭嗣同、革命派的黄兴等人的思想武器，故而，邓显鹤作为推崇船山学的先驱，对近代湘学的发展影响深远。

邓显鹤除了刊刻《船山遗书》外，对于湖南文献的搜集整理，可谓不遗余力。数十年中，他搜集前人诗文，编成《资江耆旧集》《沅湘耆旧集》《沅湘耆旧集续编》，重刊《楚宝》并加以增辑考异，主编《武冈州志》《宝庆府志》《邵州先民录》等十余种。其自身著作也颇丰，今《湖湘文库》收有其《南村草堂文钞》《南村草堂诗钞》等著作。其著作于古今治乱、赈荒、团练、河渠、艺文、教育、史评、考证无不涉及。其诗，陶澍评曰："湘皋之诗，导源于魏晋，而驰骋于唐、宋诸老之场，情深而文明，气疏而节古。"[3]

---

[1] 萧一山编《清代通史》第三册，华东师范大学出版社，2006，第572页。
[2] 萧一山编《清代通史》第三册，华东师范大学出版社，2006，第574页。
[3] 〔清〕陶澍：《〈南村草堂诗钞〉序》，《陶澍集》（下），岳麓书社，1998，第85页。

邓显鹤提携人才也不遗余力,魏源、何绍基、邹汉勋都曾向邓显鹤请教过学问。邓显鹤向陶澍荐举魏源入幕协助其处理江淮漕运事。邹汉勋因邓氏邀其参编《船山遗书》而为人所知。这些人推动了湘学的发展,自不待言。

邓显鹤一生交游甚广,《国朝先正事略》称其"足迹半天下。凡海内荐绅大夫、才俊士,多慕与为友"①,邓显鹤正是以交游方式,不遗余力地传播湘学。

后人对于邓显鹤传播湘学的贡献,多有赞美。姚莹在《〈南村草堂文钞〉序》中言:"才于天地,必有所用,而用之善否存乎人。苟善其用,达则功德被斯民,勋名隆百世。穷则著作立言,大者叙列史传,存往代之事实,明治乱得失之所由;小者亦备一方之文献,昭千载之幽隐,传之天下,风型后世,是生一人所以存千百人也。"② 邓显鹤以训导之位,毕一生之心力,传播湘学,"观湘皋之文,复读其书,可谓善用其才矣"③。

梁启超在《中国近三百年学术史》中说:"邓湘皋之极力提倡沅湘学派,其直接影响于其乡后辈者何若,间接影响于全国者何若?斯岂非明效大验耶?诗文之征,耆旧之录,则亦其一工具而已。"④ 在《说方志》一文中,梁启超更是称:"邓湘皋显鹤为湘学复兴之导师,于湖南文献搜罗最博。"⑤

曾国藩则评价道:"盖千秋者,人与人相续而成焉者也。惟众人

---

① 〔清〕李元度:《国朝先正事略》(下),岳麓书社,1991,第1156页。
② 〔清〕姚莹:《〈南村草堂文钞〉序》,转见邓显鹤撰《南村草堂文钞》,岳麓书社,2008,第1页。
③ 〔清〕姚莹:《〈南村草堂文钞〉序》,转见邓显鹤撰《南村草堂文钞》,岳麓书社,2008,第2页。
④ 梁启超:《中国近三百年学术史》,江苏人民出版社,2015,第305页。
⑤ 梁启超:《说方志》,《饮冰室合集》文集第十四册,上海中华书局,1936,第97页。

第二章　文化地标：资江流域历史文化区域特征和地位

甘与草木者伍，腐而腐耳。自稍有知识，即不能无冀于不朽之名。智尤大者，所冀尤远焉。人能宏道，无如命何。或碌碌而有声，或瑰材而蒙垢，或佳恶同、时同、位同，而显晦迥别，或覃思孤诣，而终古无人省录。彼各有幸有不幸，于来者何与？先生乃举湖南之仁人学子薄技微长，一一掇拾而光大之，将非长逝者之所托命耶？何其厚也！"① 湖南人文、湖湘精神能传至后世，邓显鹤（湘皋）功不可没。

2. 发革命最强音，复神州建奇功

经历了近代洋务运动、维新变法运动的失败，中国历史发展的轨迹走向了共和革命。其中陈天华、谭人凤等人走在了历史的前列。陈天华（1875~1905），湖南新化人，是中国近代民主革命家，华兴会创始人之一，中国同盟会会员，清末的革命烈士。陈天华所处的时代，是中国社会大裂变的时代，也是国家危难最深重的时代。维新与改良，共和与革命，各界人士都在探索中国究竟向何处去。幼年的陈天华，经历过提篮叫卖的痛苦生活，深深感受到人世间的艰难。进入新化新式学堂新化实学堂读书，满腔热情，立志："大丈夫立功绝域，决胜疆场，如班定远、岳忠武之流，吾闻其语，未见其人。至若运筹帷幄，赞划庙堂，定变法之权衡，操时政之损益，自谓差有一日之长。不幸而布衣终老，名山著述，亦所愿也。至若循时俗之所好，返素真之所行，与老学究争胜负于盈尺地，有死而已，不能为也！"② 大丈夫大志向，不成功，"有死而已"。

1903年拒俄运动开展，身在日本留学的陈天华一面参加"拒俄义勇队"，一面发布《敬告湖南人》："某敬告于所至亲至爱至敬至慕之湖南人：呜呼！我湖南人岂非十八省中最有价值之人格耶！何以当

---

① 〔清〕曾国藩：《邓湘皋先生墓表》，《曾国藩全集·诗文》（修订本）（第14册），岳麓书社，2012，第324页。
② 刘晴波、彭国兴编，饶怀民补订《陈天华集》，湖南人民出版社，2008，第1页。

此灭亡之风潮而无所动作也？吾思之，吾重思之，而不能为诸君解也。谓将有所待乎？则台湾、胶州、旅顺、威海、广州之割，亦曰将有待也，何以惟闻日蹙百里，投袂而起者不闻有人也。人之断吾手足也，吾不之较，直待断吾首，然后起而与抗，不已晚乎？东三省、广西之失，不特手足也，直断吾首，而犹曰有待，不知如何而始无待也。试思东三省归俄、广西归法，英、日、美、德能甘心乎？瓜分实策，数月间事也。斯时诸君怅怅何之？欲图抵抗乎？抵抗死也；欲作顺民乎？杀顺民者亦有人也。死，一也。死于今日，或可侥幸于万一；死于异时，徒死无补。且为同种人而死，虽死犹荣；为异种人戕同种人而死，则万死不足以偿其罪。诸君纵生不过数十寒暑，此数十寒暑何事则极悲之惨剧也，印度、波兰、非洲之故事，将于我中国演之。台湾、胶州、旅顺、威海、广州之民，先睹一出，已有欲观不耐、欲罢不能之慨。诸君其何乐留此七尺之躯，以观此惨剧也。曷若轩轩昂昂排去此等惨剧，以奏我和平之曲，讵非大丈夫之所为乎！"[1]以死明志而救中国，这就是陈天华。

陈天华不仅要唤醒湖南人，更要唤醒中国人。1903年夏秋之际，陈天华用通俗方式写出了流传甚广的宣扬反帝反清革命思想的书籍——《猛回头》与《警世钟》，发出了革命最强音。"大地沉沦几百秋，烽烟滚滚血横流。伤心细数当时事，同种何人雪耻仇？"[2]陈天华希望同胞们："醒来！醒来！快快醒来！快快醒来！不要睡得像死人一般。同胞！同胞！虽然我知道我所最亲最爱的同胞，不过从前深处黑暗，没有闻过这等道理。一经闻过，这爱国的心，一定就要发达了，这救国的事，一定就要担任了。前死后继，百折不回，我汉种一

---

[1] 刘晴波、彭国兴编，饶怀民补订《陈天华集》，湖南人民出版社，2008，第2~3页。
[2] 刘晴波、彭国兴编，饶怀民补订《陈天华集》，湖南人民出版社，2008，第21~22页。

第二章 文化地标：资江流域历史文化区域特征和地位

定能够建立个极完全的国家，横绝五大洲。我敢为同胞祝曰：汉种万岁！中国万岁！"①

国家兴亡，匹夫有责。这就是陈天华的泣血敬告。陈天华的《猛回头》《警示钟》一经出版，立即风靡全国，在军界、学界、会党中大规模流行，对唤起国人以实际行动投身救亡图存的爱国运动有着重要影响。

遗憾的是，在当时的中国，陈天华憧憬的理想主义革命蓝图，最终未能实现。他常与朋友谈天下事，对国事愈加忧虑，身心疲惫，难以发泄的郁愤使其经常处于哽咽垂涕之中。1905年12月，终因日清政府勾结、迫害革命学生愤而投海自尽，意欲以死来唤起国民良知。

陈天华编报写书是为警世，投海也是警世，有报国之心，却感觉报国无门，激愤而失望，热血沸腾而觉无力回天，这就是那个时代的悲剧。然而，陈天华是新化人的骄傲，流淌着宁死不服输的湘人之血，值得湖南人永远铭记。

和陈天华一样，有血性、不怕死的革命者很多，其同乡谭人凤也是如此。谭人凤（1860~1920），新化县福田村（今隆回县鸭田镇南湾村）人。谭人凤是清末资产阶级民主革命家，同盟会早期成员和重要骨干。为了推翻清朝专制统治，建立和捍卫民主共和制度，他跟随民主革命领导者孙中山、黄兴，赴汤蹈火，愈挫愈勇，为中国民主革命事业做出了巨大的贡献。辛亥革命后，谭人凤继续保持他的革命激情，参加了二次革命、护国运动、护法运动，最终积劳成疾，不幸病逝。谭人凤的一生是革命的一生，其革命经历和人生体现了资水江畔人的特性。

谭人凤革命坚决，不怕牺牲。"就从今日起，看我有如何！"② 这

---

① 刘晴波、彭国兴编，饶怀民补订《陈天华集》，湖南人民出版社，2008，第87页。
② 《诗一首》，谭人凤著，石芳勤编《谭人凤集》，湖南人民出版社，2008，第3页。

是谭人凤年少时参加科举失败后的宣言，这是告别旧时代、开启新时代的宣言。目睹维新变法的失败，谭人凤迅速转向革命。他在新化参加洪门会党，以会党来举事。失败后，逃亡日本，加入了中国同盟会，从此追随孙中山、黄兴转战海内外，义无反顾，坚持民主革命。1907年至1910年，以孙中山、黄兴为首的同盟会，在广州、两广边界、云南等地发动了多次武装起义，谭人凤"每役必从"，并抱以必胜之心。两广边境、云南的起义一次又一次失败，谭人凤并不气馁，他总结经验，认为在僻壤荒区难成大事，开始思考起义应从边界地区逐步转向城市、从沿海向中部推进的策略，尤其是"居中原中枢，得之可震动全国，控制房廷"①的两湖地区更为重要。1911年广州黄花岗起义爆发前夕，谭人凤虽年老，但依然想参加敢死队，他"整装向克强（黄兴）索枪"，黄兴平心静气地说："先生年老，后事尚须人办。此是决死队，愿毋往。"谭人凤说："君等敢死，余独怕死耶？"黄兴知谭人凤志不可夺，便发给他两支枪。未曾想，谭人凤不会用枪，"误触机子，发一响"。黄兴将枪夺去，连声说："先生不行，先生不行。"当即派人送谭返回陈炯明家。谭人凤当时惭愧至极，又担心因自己走火泄密。②广州黄花岗起义是一场近乎绝望的战斗，人人不怕牺牲。谭人凤同样不怕牺牲。

黄花岗起义失败，面对死难的革命党人，谭人凤毅然负起了长江流域革命的领导责任，他一面与宋教仁等人在上海组织同盟会中部总会，领导和推动武昌起义及长江流域各省的革命斗争，一面游说武汉地区的两大革命组织文学社和共进会，消除芥蒂，共襄大举。武昌起义的爆发无疑受到了长江中游这些革命团体的影响。1911年10月8

---

① 《对黄兴赵声堂发动两湖响应广州起义事》，谭人凤著，石芳勤编《谭人凤集》，湖南人民出版社，2008，第4页。
② 金冲及、胡绳武：《辛亥革命史稿》第二卷，上海人民出版社，1985，第483页。

第二章 文化地标：资江流域历史文化区域特征和地位

日，谭人凤不顾病躯，由上海前往武昌。10月10日，武昌起义爆发，革命之火迅速燃遍三镇。对此，黄兴赋诗称赞谭人凤等中部革命党人的工作说："怀锥不遇粤运终，露布飞传蜀道通。吴楚英豪戈指日，江湖侠气剑如虹。能争汉上为先著，此复神州第一功。愧我年来频败北，马前趋拜敢称雄。"① 这并不是虚词。10月14日谭人凤到达武昌，立即参与首义工作，并在清军反扑的危急关头出任武昌防御使兼北面招讨使，立下与城共存亡的铮铮誓言，不辞老病，身先士卒，昼出洪山，夜归武昌，节制武昌各军及各省援军，誓死保卫革命胜利成果。

谭人凤又是一个性格倔强的人，爱憎分明。曾被谭人凤呼为"小友"的陈浴新，后来回忆说谭人凤"秉性刚直爽快，于当时同志有错误，辄直言抗争，故于同志中多违言，然其心无他，同志亦多能谅解，事过仍一心一德，绝无芥蒂于胸中"②。民国成立，面对孙中山与袁世凯和议，谭人凤直斥孙中山："今日舆论仅以溺职相责者，其咎尤小；将来众怒，以误国致讨者，其祸实大。阁下虽不自为计，亦宜为中国苍生计。忧为心迫，敢效狂言，不省惶悚，待命之至。"③ 对于黄兴辞南京留守一职，谭人凤责斥道："阁员去职后，所恃以保障共和者，君一人而已，何忍放弃责任，博功成身退之虚名？"④ 谭人凤虽然对孙、黄有意见，但当《民声报》离间三人时，谭人凤骂道："《民生报》载，鄙人痛骂同盟会，斥孙、黄扰乱南京一节，尤属平白造谣，故意挑动恶感。现在民国新立，此等雌黄之口，播弄

---

① 《和谭人凤诗》，黄兴著，刘泱泱编《黄兴集》（一），湖南人民出版社，2008，第123页。
② 转引自陈向科《谭人凤家世考略》，《邵阳学院学报》（社会科学版）2009年第1期。
③ 《致孙中山请勿议和退让电》，谭人凤著，石芳勤编《谭人凤集》，湖南人民出版社，2008，第30页。
④ 《石叟牌词》（三十八），谭人凤著，石芳勤编《谭人凤集》，湖南人民出版社，2008，第378页。

是非，摇动国本，凡我同人应迅谋对待之法，以警逸言。"① 分得清是非，拎得清孰重孰轻，这是一个有个性又有大义的谭人凤。

谭人凤一家忠烈，其子谭二式年少即跟随他革命，一同加入同盟会，辛亥革命时，与邹永成、谢介僧等并力光复宝庆府城，被推举为宝庆军政分府参都督，并率军光复新化。二次革命后，谭二式受谭人凤之命，在益阳联络革命党人组织反袁。1916年谭二式去资江沿岸市镇马鞍市从事秘密革命工作。他身着北军服装，伪装北军试图打入北军内部，进行策反工作。他舟行至马鞍市下的对河口时，不幸失足落水而牺牲于浩森的资江水中，时年29岁。谭人凤的孙女谭国辅，1925年加入中国共产党，先后在新化锡矿山（今属冷水江）、新化县城、长沙等地从事工人运动、妇女运动。1928年赴莫斯科劳动大学学习。1930年在上海化名陈淑贞，与陈赓以兄妹相称，从事地下工作，并一同被捕，经组织营救出狱。1933年任中共满洲里省委宣传部部长。1935年被调往莫斯科，1937年在苏联肃反扩大化运动中遇害，后被追认为革命烈士。②

梅山地区，尤其是新化、安化地区，崇尚侠义，不畏强暴，勇于实践，永不言败，此传统可谓由来已久。这种精神浸透在该地区人们的血液之中，凭借此种精神，人们走出了一条霸蛮担当、拼搏图强的历史道路。

三　益水灵性：资江下游历史文化特征和地位

桃江马迹塘以下为资江下游及入湖水域。以今日行政区划而论，

---

① 《关于北京〈亚细亚报〉和上海〈民声报〉造谣之声明》，谭人凤著，石芳勤编《谭人凤集》，湖南人民出版社，2008，第52页。
② 湖南省地方志编纂委员会编《湖南省志》第三十卷《人物志》（下册），湖南出版社，1992，第1011~1012页。

第二章 文化地标：资江流域历史文化区域特征和地位

资江下游流域主要是桃江县和益阳市区。桃江县在春秋战国前属荆州地域，在1951年置县前属益阳县。益阳是古地名，因其治所在资江（又称益水）之北而得名，两千多年来名称未变。

（一）益阳历史变迁

1. 历史遗存和古史传说

益水之畔的历史是从历史遗存和传说开始的，资阳区沙头镇的丝茅岭遗址，见证了早期先民挖掘壕沟与古资水汇合以提供保护屏障的历史；黄帝登熊、湘，善卷隐居善溪的传说则显示中原文明南下与南方文明交融的特征。《史记·五帝本纪》载黄帝巡游时，曾"南至于江，登熊、湘"[1]，南朝宋时裴骃注《史记》的《集解》引封禅书说黄帝"南伐至于召陵，登熊山"[2]。引《地理志》认为"湘山在长沙益阳县"[3]。湘山在哪？《光绪湖南通志》认为湘山就是修山，"修山，在县西南八十里。《史记》黄帝登熊湘。乃二山，一为熊耳，一为湘山，湘即修山（《一统志》）。湘山，应劭曰：在益水之阳"[4]。前述《集解》言熊山在昭陵（今邵阳），而《光绪湖南通志》言在益阳，并言熊湘山就是熊耳山，"熊耳山，在县西（《一统志》）。益阳县有熊耳山，东、西各一峰，如熊耳状，因以为名（《史记·封禅书注》）。或又谓之熊湘山（旧《志》）"[5]。关于熊湘山的聚讼，古人有诗句云："此地分封古，山灵觉最尊。西周绵世祚，南国领屏藩。江

---

[1] 〔汉〕司马迁撰《史记》卷一《五帝本纪》，中华书局，1982，第6页。
[2] 〔汉〕司马迁撰《史记》卷一《五帝本纪》，中华书局，1982，第7页。
[3] 〔汉〕司马迁撰《史记》卷一《五帝本纪》，中华书局，1982，第7页。
[4] 湖南省地方志编纂委员会：《〈光绪湖南通志〉点校》第一卷《地理志十四·山川二》，湖南人民出版社，2017，第582页。
[5] 湖南省地方志编纂委员会：《〈光绪湖南通志〉点校》第一卷《地理志十四·山川二》，湖南人民出版社，2017，第581页。

汉源流大，熊湘纪载繁。纷纷徒聚讼，轶事不须论。"① 此诗注也回顾了各说，认为《史记》所言熊湘"本山名"，《水经注》得其方位"在益水之阳"，但也有"谓熊湘为二山者，一名熊耳，熊耳即浮青山；一名湘山，即修山。《史记·封禅书注》与《舆地广记》《方舆胜览》说各不同"。②

善卷是枉渚（今常德德山）人，尧舜时期的高士，是东夷部落首领。帝尧和帝舜均尊善卷为师。帝舜还因为善卷的德行，欲传位给他。善卷拒绝接位。《庄子·让王》记载了善卷的话，他说："余立于宇宙之中，冬日衣皮毛，夏日衣葛絺；春耕种，形足以劳动；秋收敛，身足以休食；日出而作，日入而息，逍遥于天地之间而心意自得。吾何以天下为哉？悲夫！子之不知余也！"③ 于是，善卷去而入深山，莫知其处。善卷为隐行踪，还多次变更隐居的地方，桃江县善溪流域即是其一个隐居点。今桃江县资江畔，则有善溪村以纪念善卷。善卷隐居善溪，用道德教化民众，开启民智。善卷隐居善溪的传说实际上反映了上古时期中原文化的南下传播，也反映了丛林时代人们就开始追求"善德"等精神，开启了德育。

战国时期，屈原被流放到了今湖南一带，在益阳桃花江等地盘桓流连，留下了不少传说。最著名的地点是桃花江与资水交汇处的凤凰山，传说屈原在这里写下《天问》。山上曾建有凤凰庙，祀屈原与其夫人，俗称二位为凤凰神，故此山又称凤凰山。凤凰庙后改称天问阁，则是为了纪念屈原作《天问》，阁已在清朝道光年间倒坍。今存"古天问阁遗址"石碑。凤凰山下有屈子钓台。临江一面有屈子行吟

---

① 《熊湘山》，〔清〕彭开勋、周康立撰《南楚诗记》，马美著校点，岳麓书社，2011，第48~49页。
② 〔清〕彭开勋、周康立撰《南楚诗记》，马美著校点，岳麓书社，2011，第49页。
③ 〔清〕王先谦撰《庄子集解》，中华书局，2012，第303页。

图,今依稀可见,被誉为资江十景之一。清代两江总督陶澍曾游凤凰山并写下《咏天问阁》联:"天问无声,屈子当年留石鼓;舟行有幸,鳅生今日访鱼矶。"①

传说屈原流寓桃花江时,常外出访问民情。在离凤凰山五里之地,发现了一个读书的好去处——"花园洞"。此后,屈原就经常在此读书和吟诗作赋。《光绪湖南通志》载:"花园洞。在(益阳)县西七十里,相传屈原读书处(《一统志》)。"②

屈原流放桃花江的历史,是一段探索真理的历史,也是一段忧国忧民的历史,影响了世世代代的益阳人。

2. 益阳得名及其历史变迁

益阳置县于秦,《同治益阳县志》言:"旧府志,秦伐楚,初置长沙郡,置九县,湘、罗、湘南、益阳、阴山、零陵、衡山、耒、桂阳。"③"自秦废封建,以郡统县,汉承秦制,则县当制自秦。又应劭曰:在益水之阳。当为县名所从受。"④东汉应劭所说"益水之阳"之"益水"当在秦时或更早即有其名。该志也引唐代《元和郡县志》言益阳"在益水之阳,因名"⑤。至于两千年的益阳历史沿革,《读史方舆纪要》载:"益阳县,(长沙)府西北二百里。东至湘阴县百二十里,北至常德府龙阳县百里。秦县。汉属长沙国。应劭曰:'县在益水之阳也。'后汉属长沙郡。三国吴属衡阳郡。晋以后因之。隋属潭州。唐仍

---

① 转见万成主编《桃花江历史人文丛书·历史人文卷》,湖南人民出版社,2016,第265页。
② 湖南省地方志编纂委员会:《〈光绪湖南通志〉点校》第一卷《地理志十四·山川二》,湖南人民出版社,2017,第583页。
③ 〔清〕姚念杨、〔清〕吕懋恒修,〔清〕赵裴哲纂《同治益阳县志》卷之二《舆地志上·沿革》,清同治十三年(1874)刻本。
④ 〔清〕姚念杨、〔清〕吕懋恒修,〔清〕赵裴哲纂《同治益阳县志》卷之二《舆地志上·沿革》,清同治十三年(1874)刻本。
⑤ 〔清〕姚念杨、〔清〕吕懋恒修,〔清〕赵裴哲纂《同治益阳县志》卷之二《舆地志上·沿革》,清同治十三年(1874)刻本。

旧。宋初属鼎州，寻还属潭州。元元贞初升为州。明初复为县。城周四里有奇，编户二十二里。"① 由此看来，益阳县名两千年几乎未变。

益阳南接潇湘、北通鼎澧、内控资江、外连洞庭，故而地理位置重要。古时，因洞庭湖浩渺，交通大受阻碍，处洞庭湖西南的益阳成为由湖西往的必经之地。上述屈原入沅芷即是一例。三国纷乱，吴蜀相争，益阳成为必争之地。《三国志·吴书·甘宁传》载："（宁）后随鲁肃镇益阳，拒关羽。羽号有三万人，自择选锐士五千人，投县上流十余里浅濑，云欲夜涉渡。肃与诸将议。宁时有三百兵，乃曰：'可复以五百人益吾，吾往对之，保羽闻吾欬唾，不敢涉水，涉水即是吾禽。'肃便选千兵益宁，宁乃夜往。羽闻之，住不渡，而结柴营，今遂名此处为关羽濑。"②《水经注》"又东北过益阳县北"条载："县有关羽濑，所谓关侯滩也。南对甘宁故垒。昔关羽屯军水北，孙权令鲁肃、甘宁拒之于是水。宁谓肃曰：羽闻我咳唾之声，不敢渡也，渡则成擒矣。羽夜闻宁处分，曰兴霸（甘宁字兴霸）声也，遂不渡。"③ 今益阳市区所留遗迹关羽滩位于益阳市资江青龙洲、萝卜洲上游附近，此处河面开阔，水声隆隆，有"关濑惊湍"之说，是千里资江入洞庭湖的最后一道关险，也是《同治益阳县志》所载资江十景之一。甘宁垒则在资水南岸，与关羽对战的甘宁大军驻扎在陆贾山口至铁铺岭一带，主营所在的陆贾山口（简称陆口）因地势高峻，扼资江天险，后依陆贾山屏障，夜可借月观江岸，也被归入益阳十景，被誉为"甘垒夜月"。益水河畔其他与三国时期历史相关的遗迹，尚有诸葛

---

① 〔清〕顾祖禹撰《读史方舆纪要》卷八十《湖广六》，贺次君、施和金点校，中华书局，2005，第3761页。
② 〔晋〕陈寿著，〔南朝宋〕裴松之注《三国志》卷五十五《吴书·甘宁传》，中华书局，1982，第1293~1294页。
③ 〔北魏〕郦道元著，陈桥驿校证《水经注校证》卷三十八《资水、涟水、湘水、漓水、溱水》，中华书局，2007，第889页。

第二章　文化地标：资江流域历史文化区域特征和地位

井、马良湖、碧津渡、鲁肃堤。鲁肃堤乃是益阳故城所在地之一。①

唐末五代，梅山蛮占据梅山，时而与各地政权相争。至宋代开梅山，处资江流域之益阳又成为屯兵之地。值得注意的是，开梅山之后，资江全流域贯通，自益阳循资水而上可通西南，资江下游的益阳地位更加重要。随着资江中上游的经济发展，益阳成为连通洞庭湖的物资转运点。近代宝庆府毛板船贸易至益阳，进而入武汉三镇，更是商业佳话。

至于"益水之阳"的益阳城治变化，虽众说纷纭，终究还是有线索可查。清代《读史方舆纪要》"益阳故城"条载："益阳故城，刘昫曰：'在今县东八十里。'后汉永寿三年长沙蛮反，寇益阳。延熹三年长沙蛮复反，屯益阳。建安二十年，孙权争荆州，遣鲁肃将兵屯益阳以拒关羽，肃因筑此城。晋、宋以后皆治此。唐移县于今治。五代汉乾祐三年马希萼诱蛮兵攻益阳，败潭州兵。周广顺元年湖南乱，朗州帅刘言遣兵趋潭州，军于益阳之西。二年南唐取湖南，遣将李建期屯益阳以图朗州，既而言亦遣王逵等分道趋潭州，唐武安帅边镐复遣将郭载诚屯益阳，逵等克沅江，直趋益阳拔其城，即今县也。"②

清《光绪湖南通志》亦载："益阳故城在今益阳县东，汉置，属长沙国。后汉建安二十年，孙权与蜀争荆州，遣鲁肃将兵拒关羽于益阳，是城肃所筑。晋属衡阳郡，隋改属长沙郡，唐移今治（《一统志》）。益阳故城在今县东八十里（《汉书·地理志》）。县南四十里沧水铺。宋建炎四年移治于此。五年复徙今治（《县志》）。"③

---

① 马延炜、袁志成主编《益阳：半成山色半成湖》，社会科学文献出版社，2020，第178～180页。
② 〔清〕顾祖禹撰《读史方舆纪要》卷八十《湖广六》第八册，贺次君、施和金点校，中华书局，2005，第3761页。
③ 湖南省地方志编纂委员会：《〈光绪湖南通志〉点校》第二卷《建置志一·城池一》，湖南人民出版社，2017，第1216页。

早期益阳县城治究竟在哪？在益水之北，应该是一个重要线索。由于历史资料缺乏，今人仍有分歧。① 清代《读史方舆纪要》和《光绪湖南通志》两书中言"今治"仍是指自唐至清城治，大致在今益阳市资水北岸南门口一带。所谓"县南四十里沧水铺"故城，指南宋建炎四年（1130），农军钟相攻克益阳，县城曾迁至沧水铺，翌年迁回。此后，元、明、清、民国，益阳城治在资水北岸再无变化。

（二）文脉悠远，信义至重

资水下游的益阳，钟灵毓秀，历史文脉悠远，故而乐学崇文是其重要的文化传统之一。在益阳人的品格特质中，还有一个重要的精神就是重信尚义。

1. 历史悠久，文脉深远

历史悠久，文化深厚，是益阳特色。古有屈子问天，探索天地追求真理；唐裴休讲学会龙山，传道授业，造福一方；宋邑人黄照父子七人中进士，是为孜孜向学之榜样。清代以来更是涌现了胡达源、汤

---

① 1990年版《益阳城市建设志》（内部准印）认为，秦置益阳县，建城于资江尾闾北岸白马山马良湖畔，史称"白马山城"。秦时的马良湖面积较大，其水域迁伸到今白马山。其位置大致在今资江北岸西门口北侧。三国时建的"鲁肃城"，在今资江北岸西门口北侧，为土城。"鲁肃城"经风雨蚀化，土城墙渐废，仅存土堤，故后人称之为"鲁肃堤"。魏、晋、南北朝时期，随着益阳城资江段北岸河滩发育、江北陆地向南延伸，城区房宇向"鲁肃堤"东南方向发展。至唐代，益阳城已南移至今南门口一线，但尚无城池。益阳城十五里长街的发展从此时开始。后来史称唐在今南门口一线形成的益阳城为"益阳故城"。1999年湖南人民出版社版《益阳县志》认为，秦置益阳县时，县治设于资水尾闾北岸白马山，称"白马山城"。一说设于今南湖洲北部，濒临古青草湖。后资水河漫滩逐渐发育，东汉末年，县治移至马良湖边，俗称"鲁肃城"。东晋南北朝时期，资水尾闾洲滩逐渐稳定。唐代，将县治再次南移濒临资水，即今益阳市南门口后。另2020年社会科学文献出版社出版的《益阳：半成山色半成湖》，在历史源流介绍中认为2013年的考古资料显示赫山区铁铺岭古城遗址是秦时益阳县县治所在地。因铁铺岭故城遗址在资水南岸，故此说如何解释益阳得名于"益水之阳"说，尚需更多证据。

第二章 文化地标：资江流域历史文化区域特征和地位

鹏、胡林翼等众多理学经世、益国利民之人才。胡达源（1777~1841），清学士，湖南益阳县（今属益阳市赫山区）人。胡达源幼承家学，二十岁入岳麓书院。嘉庆二十四年（1819）殿试一甲第三名进士。授翰林院编修，晋国子监司业，擢少詹事、日讲起居注官，充实录馆纂修。胡达源出任贵州学政时期，面对士子只知道获取功名，无心经世的情形，著《弟子箴言》十六卷，以此来教育士子们修身养德。《弟子箴言》全书分奋志气、勤学问、正身心、慎言语、笃伦纪、睦族邻、亲君子、远小人、明礼教、辨义利、崇谦让、尚节俭、儆骄惰、戒奢侈、扩才识、裕经济等十六个方面。胡达源之所以选择这些内容，是因为他认为"士莫先于奋志气，而学问则择执之功；莫切于正身心，而言语则荣辱之主。修其彝伦族党之谊，谨其直谅便佞之闲，严其礼教范围之防，辨其义利公私之界。谦让节俭，善之修也。骄惰奢侈，恶之戒也。德备而才全，体明而用适。故以扩才识、裕经济终焉"[1]。的确，《弟子箴言》融汇先儒诸说，所教大抵是儒学之道，其目的还在于"浸灌乎仁义中正之理，以范乎准绳规矩之中"[2]，特别有益于世间教育。

汤鹏也是一位究心理学经世的大学者。汤鹏（1801~1844），字海秋，自号浮邱子，益阳沙头人。汤鹏是清道光年间著名的思想家、文学家，与同时期的龚自珍、魏源、张际亮同被誉为"京中四子"。他自幼聪敏好学，22岁中举，23岁进士及第。因文章有名而被选入军机章京。在任山东道监察御史时，因勇于言事，触怒清室，不一月即令回京城供职。《清史稿》言："鹏负才气，郁不得施，乃著之言，为《浮邱子》一书。立一意为干，一干而分数支，支之中又有支焉，

---

[1] 《弟子箴言·序》，〔清〕胡达源著《胡达源集》，胡渐逵校点，岳麓书社，2009，第3~4页。
[2] 《弟子箴言·序》，〔清〕胡达源著《胡达源集》，胡渐逵校点，岳麓书社，2009，第3页。

支干相演,以递于无穷。大抵言军国利病,吏治要最,人事情伪,开张形势,寻蹠要眇,一篇数千言者九十余篇,最四十余万言。"① 汤鹏的著作还有《七经补疏》、《明林》、《海秋制艺》前后集、《海秋诗集》等。除《浮邱子》"言军国利病"外,《七经补疏》和《明林》也有经世致用的政治、经济、军事、思想方面的卓见。对于这三部书,他曾在《赠陈鹤皆孝廉》一诗中写道:"犹有三书摧管乐,几回慷慨佐虞唐。"② 其诗讽喻史事与时事,抒发感慨。故其弟子乔松年曾说道:"噫!师之于诗,高矣美矣!然不从诗来也,惟其枕葄乎。经史之腴,研索乎道德之奥,抱摧陷廓清之略,观天地民物之通。其鉴之深幽,足以剖决理乱;其怀之浩落,足以吐纳古今。而姑且寄其才于诗歌,盛其业于篇什,故能抉百家之根柢,畅一代之宗风,继往开来信今传后,所谓文章之气运,造化之神明者,其在斯乎!其在斯乎!"③ 汤鹏是一个忧国忧民的人,在鸦片战争发生后,虽然自己因触怒宗室而失去言事权,但他依然冒险上书。史载:"是时英吉利扰海疆,求通市。鹏已黜,不得言事,犹条上三十事于尚书转奏,报闻。"④ 然而,汤鹏的见解被视为书生之见,未被重视。那个年代,万马齐喑,汤鹏空有报国之心,"胸中兵甲吞骄虏,掌上风雷破大荒。能遣匈奴畏李广,更教回纥拜汾阳"⑤,而现实却让他自叹"贾谊上书徒有泪"⑥。

---

① 赵尔巽等撰《清史稿》卷四百八十六《文苑三·汤鹏传》,中华书局,1977,第13427页。
② 〔清〕汤鹏撰《汤鹏集》(二),刘志靖、王子羲、石彦陶、陈子定校点,岳麓书社,2011,第1105页。
③ 此处所引清代乔松年为汤鹏的《海秋诗集》所作的《序》,见〔清〕汤鹏撰《汤鹏集》(二),刘志靖、王子羲、石彦陶、陈子定校点,岳麓书社,2011,第626页。
④ 赵尔巽等撰《清史稿》卷四百八十六《文苑三·汤鹏传》,中华书局,1977,第13427页。
⑤ 〔清〕汤鹏撰《汤鹏集》(二),刘志靖、王子羲、石彦陶、陈子定校点,岳麓书社,2011,第1112页。
⑥ 〔清〕汤鹏撰《汤鹏集》(二),刘志靖、王子羲、石彦陶、陈子定校点,岳麓书社,2011,第1113页。

第二章 文化地标：资江流域历史文化区域特征和地位

其诗沉郁，其人悲壮。

胡达源之子胡林翼继承父志，主张经世致用，与曾国藩、左宗棠、彭玉麟并称为清"中兴四大名臣"。胡林翼（1812~1861），道光十六年（1836）进士，选翰林院庶进士，散馆任编修，先后充会试同考官、江南乡试副考官。历任安顺、镇远、思南、黎平等地知府及贵东道道员，咸丰四年（1854），迁四川按察使，次年调湖北按察使，署湖北巡抚，后实授，死后追赠总督，并赏太子太保衔。胡林翼自幼受理学熏陶，又经岳父陶澍、其师贺熙龄、蔡用锡、罗泽南等诸理学名师指导，一生崇奉理学。李元度在为胡林翼的《论语要义》所作的序中，对胡林翼以理学经世的做法有精辟的介绍，其文云："公在军，治经史有常课。仿顾亭林读书法，使人雒诵而已听之，日讲《通鉴》二十叶、四子书十叶，事繁则半之，而于《论语》尤十反不厌，敦请耆儒姚桂轩先生专讲此书。公与之上下其议论，旁征列史，兼及时务，虽病至废食，犹于风雪中张幄听讲，不少休。每问：'吾今日接某人，治某事，颇不悖于斯义否？'其痛自绳削如此。"[1] 胡林翼主张为学师法朱熹、司马光，主张理学与经世结合，故其在府以理学治吏，在军以理学治兵，是晚清理学经世派重要代表。[2]

益阳自古有乐学崇文的传统，20世纪以来，"三周一叶"（周立波、周扬、周谷城和叶紫）更是为人们所津津乐道的文化巨子。周立波以描写农村生活和农民命运而享誉文坛，与赵树理并称"南周北赵"，小说代表作有《暴风骤雨》《山乡巨变》等，写湖南山乡的农村合作化运动，堪称经典。周扬是早期介绍马克思主义

---

[1] 〔清〕李元度：《论语衍义序》，《天岳山馆文钞·诗存》卷二十七，岳麓书社，2009，第583页。

[2] 张昭军：《清代理学史》（下卷），广东教育出版社，2007，第137页。

文艺理论者之一，是党在文化艺术和宣传思想工作方面的重要领导人，为党的思想理论建设和新中国文化艺术事业做出了重要贡献。周扬的文艺理论研究和著译作品丰富，译著主要有《生活与美学》《安娜·卡列尼娜》《路》，主要编著有《马克思主义与文艺》，著有《我国社会主义文学艺术的道路》等。周谷城是著名的历史学家、教育家、社会活动家，曾任全国人大常委会副委员长，中国史学会常务理事兼首任执行主席。周谷城在史学方面的主要贡献是编撰了《中国通史》和《世界通史》。《中国通史》提出"历史完形论"理论，意在指出历史事件的有机组织和必然规律，提出了见解独特的中国历史分期法。《世界通史》采取诸区并立、同时叙述的方式，打破了以欧洲为中心的旧的世界史框框，在史学界产生了很大的影响。叶紫生命短暂，却对中国新文学的发展做出了卓越的贡献。其代表作《丰收》《火》清晰地反映了大革命时期农民运动的历史过程，达到了艺术的真实性和历史的具体性的统一，主题非常深刻，作品非常具有震撼力。其另一代表作《星》是其里程碑式的作品。小说以大革命时期为背景，将妇女解放与阶级解放，将家庭、婚姻问题与革命问题内在地交织在一起，全方位地表现出大革命前后中国农村的情形。叶紫的作品富于革命性和战斗性，又有乡土化的艺术特色。

2. 恪守信义，高风亮节

益阳处洞庭之滨，自古是中原南下的重要通道，受儒家文化熏陶至深，儒家倡导的"仁义礼智信"，是中华文化价值体系的核心要素，深深地影响了人们的信仰。仁为本，故而为人义，为官正，言有信，行有礼。益阳人以仁为本，十分重视信义，做官清正，为人高洁。

明郭都贤为官清正，谦谨自慎，曾在厅堂写下这样的对联：

第二章 文化地标：资江流域历史文化区域特征和地位

何以副生平，试清夜自思，在国在家，曾行几事？
不须谈特起，但设身处地，于今于古，像个甚人？

郭都贤气质高洁。作为明臣，当清兵南下时，他招募乡勇在袁州、吉安一线抵抗清军。1644年明亡后，他不愿仕清，到浮邱观出家修道。其后20余年间往返湘鄂两省，曾参与组织浮邱山"三千道士下洞庭"的反清复明斗争，失败后归隐禅林。郭都贤作为明遗臣，宁出家而不仕清，可谓之忠义。尤其是当他面对曾施救过的后来降清的洪承畴时，郭都贤故意眯着一双眼睛。洪承畴惊问："何时得此目疾？"郭都贤答："始吾识公时，目固有疾。"洪承畴知郭都贤讽刺自己，十分惭愧。洪承畴为报昔日之恩，馈送金钱，郭都贤不受；又请其子出任督军，郭都贤仍然谢绝，并率家避入山中，最后客死于湖北江陵承天寺。①

辛亥元老夏思痛，黄兴、蔡锷、宋教仁尊其为师，孙中山称其为"革命模范"。1924年效仿屈原怀沙自沉不成，竟绝食而亡，其自作挽联言："愧我无能力诛亡国妖，愤而自杀提民气；问天究何时悔绝人祸，死亦难忘救世心。"此其报国之大义。② 民国时期，萧山令南京御倭寇，慷慨赴死，用生命捍卫了心中至高至上的民族道义和对国家的忠义。

二战时期，何凤山崇尚正义，将信、义演绎得淋漓尽致，体现出一种超越种族、跨越国家的人道主义。何凤山在任中国驻维也纳总领事期间，富有正义感和同情心，不畏法西斯强暴，勇敢地向奥

---

① 转见万成主编《桃花江历史文化丛书·历史人文卷》，湖南人民出版社，2016，第31～34页。
② 转见万成主编《桃花江历史文化丛书·历史人文卷》，湖南人民出版社，2016，第54～59页。

籍犹太难民发放前往上海的签证,这是挽救犹太人的"生命签证"。何凤山此义举,使得数千犹太人逃离法西斯的大屠杀,从而挽救了数千个家庭。何凤山也因此被誉为"中国的辛德勒",这是国际之"信义"。

第三章

地理人格：资江流域人文精神特质的个性表达

地理属性、历史意蕴及其文化经久相袭，在长期发展中化育培养出富有地域特色的人格模式，这就是地理人格。资江流域中上游山河相间的地理特性和下游滨湖水天相接的开阔特性，使得资江上、下游流域的地理人格既有共性又极具个性。人们在水边生活，具有开放、包容、合作、团结意识，激流峻滩又帮助塑造了粗犷、勇敢的性格特征，加上山的质朴和滨湖的灵气，民情风尚更是极具特色。

一 区域人格形成的历史地理因素

水土滋养人，也滋养文化。资水流域的地理因素、历史传统对区域民情风尚等地理人格的形成具有重要影响。与湘江相比，湘江平缓而温顺，资江则险峻激荡。资江流域这种独特的地形地貌，孕育了独特的历史文化，造就了资江流域人们鲜明的地域个性特征。

（一）山河相间的地理特征对人格的影响

资江流域以山丘、盆地为主，平原约占十分之一。其干流斜贯湘

资江流域文化研究

中丘陵和雪峰山脉东北段，两侧山岭逼近，整个流域呈狭带状。由于中上游高山深壑相连，急流、滩潭相间。具体而言，从邵阳市至新化，不过百公里水程，但陡崖夹峙，水流险急；自新化至桃江马迹塘，险峻之势也丝毫不减。由于峡谷险滩多，河道弯曲狭窄，资江上、中游有"滩河""山河"之称。而且，资江的支流地理状况也是同样的情形。资江支流多发源于雪峰山，大多短小深急，所以资江又是小溪流的"大合唱"。生活在大山里的人们，要走出大山，不得不依江而下，于是闯滩过险成为资江人的常态，资江流域的人们也就形成了那种气壮山河、勇于拼搏的品格。正如流传于安化县的《资水河上一百零八滩》[①] 所唱的：

哦嘿喂——

资水河上一百零八滩哪！

"纤狗子"过滩像过鬼门关，

过得滩去算你狠，

死在滩上是好汉！

新化的《毛钉毛货毛板船》[②] 歌谣也是如此的震撼：

呜——罗罗罗罗，

嗨——嗬！

毛山毛树锯毛板，

[①] 吴老倌演唱，何良才于1987年2月采录于安化县梅城镇。选自湖南省文学艺术联合会编《湖南歌谣集成》（一），湖南文艺出版社，2009，第102页。

[②] 杨昔山演唱，周少尧于1985年5月采录于新化县琅塘镇。选自湖南省文学艺术联合会编《湖南歌谣集成》（一），湖南文艺出版社，2009，第102页。

第三章 地理人格：资江流域人文精神特质的个性表达

毛钉毛货毛板船，
河水一发人上瘾，
四板橹桡闯江天。
酒酹恶浪吞山岳，
纸烧烟雨逗龙旋，
篙点悬崖提命走，
舵扳急滩祭神鞭，
艄公血肉喂鱼肚，
折落骨头再撑船。
呜罗罗——嗨罗罗，
嗨——嗬——嗨。

这就是资江的纤夫谣，这歌谣声唱出来一种坚韧不拔、无所畏惧的精神特质。

（二）梅山历史文化所孕育的特质

梅山地区大致在资江中游一带，新化、安化、冷水江、新邵等地是受古梅山文化影响的主要地区。梅山地区，"山岳险峻，沟壑纵横。资水萦带，群岭纠纷"[①]，这种地理状况，加上梅山地区自古有对武神蚩尤崇拜的习俗，以及人们剽悍的特性，使得其历史文化具有鲜明的地域性，其核心是蛮性和血性，简要说也就是"蛮"和"勇"。蛮性指梅山人在苦难险阻面前能吃苦、不服输的不屈不挠品质。血性是指梅山人勇敢、刚烈、强悍的性格特征。这些人文特质是梅山人的历史

---

① 引自《梅山颂》，转见伍新林、张智倩主编《娄底：湘中要衢独天厚》，社会科学文献出版社，2020，第24~25页。

性格和内在精神，深刻地影响了梅山地区人们的思维方式、价值取向和道德情操。"不会梅山功，枉为新化人"，这是对梅山核心区域新化梅山武术文化浓烈的解读，是对战神（也是武神）蚩尤的崇拜的结果，这里面蕴藏着蚩尤文化至死不屈、百折不挠之意。梅山地区由崇武而崇拜英雄，崇尚强悍，如同资江水在山谷间猛冲猛打、咆哮奔腾、怒挣羁绊，这种山川特性体现在人的特质中，就是倔强血性，也就是敢于拼搏、不怕牺牲的精神。

（三）下游水乡情韵所孕育的气质

桃江马迹塘以下为资江下游，两岸虽有山地，但河道开阔，常形成优美秀丽的山间长湖。到益阳一带，资水也称益水。益水，"溢水"[①]也。资水进入尾闾，河道湖道勾连，恣肆洋溢，与滨湖平原连成一片，水天一色。资水在此娴静缓行，玉佩瑶环叮咚，岸边绿柳白杨，湖中翠荷红蓼，那又是典型的江南水乡。益阳人水相依，益阳人既有水的温柔，又有水的通达，自然儒雅洒脱，会沟通，善交际，这大概就是益阳人说的"小意"[②]特质吧。

二 资水流域区域性的人格差异和个性特征

湘、资、沅、澧为湖南四大河，对其各自在湖南的地位和特征，《同治益阳县志》都有所记载："《方舆纪要》所谓九江者，惟沅、湘、资、澧四江达洞庭耳。其会众川以入洞庭者，于东则湘水

[①] 见〔清〕顾祖禹撰《读史方舆纪要》卷八十《湖广六》，贺次君、施和金点校，中华书局，2005，第3794页。点校中关于"益阳县"的注释说，原底本"县在益水之阳也"，"益"，底本原作"溢"。
[②] 马延炜、袁志成主编《益阳：半成山色半成湖》，社会科学文献出版社，2020，第33页。

第三章 地理人格：资江流域人文精神特质的个性表达

为宗，于西则沅水为长，而出于二水之中者资水为雄，由此而北庶几以澧水为君矣。"① 由此记载可知，资水的总特点就是"雄"，也就是险峻激荡。雄、险主要是资江中上游的"个性"，近代陶澍也说："资水……比出浦口，合夫夷，会云泉，千岩万壑，喷薄交输，礧而为七十二滩，邃而为四十八溪，泓而为二十四港，然后同声并力，以达于洞庭。在沅、湘间，独为一派，居然别开门户者，其源既清，无浑流以入之，故能昌其气，而沛乎莫御也。"② 陶澍在此论资水极具特性，"独为一派，居然别开门户"，其实也用于论资江中游两位文人——邓显鹤（湘皋）和欧阳辂（磵东）的才情，意在言其才情也如同资江一样"独为一派""而沛乎莫御"。陶澍论二人，"邓湘皋之力据上游，以与欧阳子之诗，同其浩瀚也固宜"③。资江恣肆纵横，造就的诗人也"才气纵横，不可一世"④，这也许就是资江孕育的性格吧。由此不妨再细论历史上带有区域性差异的资江流域的地理、历史塑造的不同风习，以及其对人的性情的影响。

（一）质朴尚俭、豪侠仗义、民气强悍的"宝古佬"

"宝古佬"是对邵阳人的称呼，生活地域大致是资江上游。历史载籍留下了许多描写这里的民风、民俗等群体性习性的文字。

《光绪湖南通志》载宝庆府（今邵阳）人"好勇尚俭""尚气而贵信，喜直而恶气，节俭而不奢，朴厚而不佻"⑤。学者"谈诗书、

---

① 〔清〕姚念杨、〔清〕吕懋恒修，〔清〕赵裴哲纂《同治益阳县志》卷之二《舆地志下·山川》，清同治十三年（1874）刻本。
② 〔清〕陶澍：《〈南村草堂诗〉序》，《陶澍集》下，岳麓书社，1998，第85~86页。
③ 〔清〕陶澍：《〈南村草堂诗〉序》，《陶澍集》下，岳麓书社，1998，第86页。
④ 〔清〕陶澍：《〈磵东诗钞〉序》，《陶澍集》下，岳麓书社，1998，第85页。
⑤ 湖南省地方志编纂委员会：《〈光绪湖南通志〉点校》第一卷《地理志四十·风俗》，湖南人民出版社，2017，第1191页。

履仁义,自相约束于规矩"①。

《(光绪)新宁县志》言邑人"质直勤俭"②,士气"敦朴,无嚣凌陋习,能安贫贱,耻奔竞,鲜出入有司衙门"③。历史上,夫夷水畔的新宁,交通不发达,人受外来影响不深,民风淳朴。

《同治武冈州志》言武冈人"素敦气节,雅重诗书","虽民猺杂处,而好礼尚义",士"恬仕进,敦气节,豪侠仗义"④。

《光绪邵阳县志》言"其民俭朴而勤事,士尚气节务实学。商贾贸迁不越其乡,工无淫巧"⑤。

《道光宝庆府志》比较了历代载籍所记宝庆各地人的特质。清代宝庆府下辖邵阳、新化、武冈、城步、新宁,这些地方大都在资水流域,城步县一部分为资江源头之一——赧水流域。该志记邵阳县,"邵阳尚气、矜节、朴俭、淳厚。见《广舆记》。士大夫多介节。见《一统志》。邵阳事简而民淳。见明左长史颜廷榘序"⑥。记新化县,"新化民俗简朴,颇有古意。见《古碑亭记》。尚气贵信,好武少文,淳而不佻,俭而不奢。见旧志。……喜直而恶欺,好高而尚俭。见《图经》。士崇礼仪而专嗜经籍,民力耕桑而少事,商贾风气见开,人文益著。见刘轩旧志、于肖龙志。士耽经术,重清议;小民职勤治生,多不事商贾。迨后户口日增,民渐殷庶,彼鼠此雀,未免狱讼繁

---

① 湖南省地方志编纂委员会:《〈光绪湖南通志〉点校》第一卷《地理志四十·风俗》,湖南人民出版社,2017,第1191页。
② 〔清〕张葆连、刘坤一修纂《(光绪)新宁县志》卷十九《风俗志》,岳麓书社,2011,第224页。
③ 〔清〕张葆连、刘坤一修纂《(光绪)新宁县志》卷十九《风俗志》,岳麓书社,2011,第224页。
④ 《同治武冈州志》(二),《中国地方志集成·湖南府县志辑㉚》,江苏古籍出版社,2002,第88~89页。
⑤ 《光绪邵阳县志》卷一《岁时》,《中国地方志集成·湖南府县志辑㊿》,江苏古籍出版社,2002,第150页。
⑥ 〔清〕黄宅中、〔清〕张镇南修,〔清〕邓显鹤编纂《道光宝庆府志》末卷中《摭谈二·谈俗》,岳麓书社,2009,第2051页。

兴。又云比户弦诵，人文蔚起，虽在单寒，益勤课读"[1]。记武冈，"武冈僻在万山，火耕水耨以自给。信巫崇祀而尚鬼。然素敦气节，雅重诗书。如士习务廉耻而守公法，知包揽之禁严，则输公最早，绝无抗赋干上、积私兼下者。若夫生而命名，长而命冠，确训成人，不尚华饰。今且一尊旧制矣。……宋文天祥《奎文阁记》：虽民猺杂处而好礼尚义。士恬仕进，敦气节，豪侠仗义，急于公举，风会渐开"[2]。记新宁，"新宁，元张图南《学记》：风醇俗美，士皆佩服经训，揖让有仪。……新宁地接溪峒，山峦嶒崒，其俗好勇，尚俭，信巫、乐斗"[3]。记城步，"元赵长翁《书院记》：知书，尚义，民俗质朴。旧志：务本业而不事闲游，苦筋力而不鄙简啬……信巫鬼，喜争斗。……士敦诗书，尚礼仪，能文。邑虽小，科名不绝"[4]。

宝庆五县地处资江上游，层峦叠嶂，山民质朴。总体来讲，资江上游地区具有质朴俭约、敦气节、讲义气、豪侠强悍的民风。

(二) 尚俭喜直、剽悍崇武、励节重义的梅山人

《同治安化县志》对历史上该地的民情风俗做了回顾，显示出一条历史发展的脉络。《同治安化县志》卷十《舆地·风俗》"民情篇"[5] 载：

---

[1] 〔清〕黄宅中、〔清〕张镇南修，〔清〕邓显鹤编纂《道光宝庆府志》末卷中《摭谈二·谈俗》，岳麓书社，2009，第2051页。
[2] 〔清〕黄宅中、〔清〕张镇南修，〔清〕邓显鹤编纂《道光宝庆府志》末卷中《摭谈二·谈俗》，岳麓书社，2009，第2052页。
[3] 〔清〕黄宅中、〔清〕张镇南修，〔清〕邓显鹤编纂《道光宝庆府志》末卷中《摭谈二·谈俗》，岳麓书社，2009，第2053页。
[4] 〔清〕黄宅中、〔清〕张镇南修，〔清〕邓显鹤编纂《道光宝庆府志》末卷中《摭谈二·谈俗》，岳麓书社，2009，第2053页。
[5] 〔清〕邱育泉等修，〔清〕何才焕等纂《同治安化县志》卷十《舆地·风俗》，《中国地方志集成·湖南府县志辑㉖》，江苏古籍出版社，2002，第244页。

"人多纯朴，士少宦情。（《湘中记》）地薄寡于积聚，其俗大类西楚。（《史记·货殖传》）家娴礼义，而化易孚；地足渔樵，而人乐业。《曹中语府志》俗尚弦歌。（《宋晏殊类要》）潇湘有洙泗风。（《宋书》）元气之融结为山川，山川之秀丽称衡湘，其蒸为云霓，其生为杞梓，人居期间，得之为俊杰。（《欧阳修送廖倚序》）士风纯古，恬于世利。其俗多慷慨，尚节，而耻为不义。学者勤于礼，耕者勤于力。故虽无甚富，亦无甚贫。（《元统志》）士知义而好文，有屈原遗风。（《明统志》）僻在万山，其民团聚。（《一统志》）士励气节，守忠义，急于排难，以请托为耻。衣冠文物拟于江淮。（《王志》）声教酝酿文物彬彬而浑厚质朴，甲于诸邑。（《王志》）务农重本，俗尚质朴，性刚直，畏犯法，信佛老，尚鬼巫。（《王志》）开设以来，固陋渐远；文物浸兴，纯庞朴茂，犹有三代之遗。（《王志》）"

自汉以来，安化民风可谓一目了然，质朴刚直、励节重义、文质彬彬。

民国时期曾继梧等所编《湖南各县调查笔记》下册《风俗篇》记载了新化、安化等地民风。《新化篇》云："新化人多，朴实耐劳，尚俭喜直，好学术，重国技。"[①]《安化篇》云："人多纯朴，士少宦情。家娴礼义，而化易孚；地足渔樵，而人乐业。务农重本，俗尚质朴，性刚直。"[②]

可见，梅山之地之人，可谓直爽重义、勤劳朴实、富有血性，这是受梅山文化影响的结果。梅山文化本质上是山地文化，杂糅着"楚

---

① 曾继梧等编《湖南各县调查笔记》（下册），1931年刊本影印本，第130页。
② 曾继梧等编《湖南各县调查笔记》（下册），1931年刊本影印本，第127页。

雨巫风",兼容着移民文化,各文化之间不断碰撞交锋、交融同化,深深地影响着资江中游流域地区人们的习性。

(三) 儒雅洒脱、清秀脱俗、豁然通达的"小意"益阳人

何为"小意"？前文已有所述,"小意"是益阳人在水的锻造下形成的独特品格。水是包容的,有容乃大。益阳文脉深远,地处水乡,人人欣赏水,参透了水的品性,习得了水的洒脱、水的灵性、水的通达,故而益阳人质朴儒雅、清秀脱俗、豁然通达。这种品性,用益阳当地的话说,就是"小意"①。关于资水下游的益阳人的这些特点,历代志书都有记载。《同治益阳县志》载益阳明万历、清康熙和乾隆年间的民风民气：

> 万历志,民尚朴素,敦礼让,勤于农桑,拙于商贾;士通经史,尚气节,有舜遗风。康熙志,今俗冠婚丧祭丰于礼,不华于物服食器用舆马之类。宗朴雅。士多勤学好文,崇尚名检。民务生理而耻游惰,然恣肆者贱守义,轻生嗜利,尚口嚣讼。近亦有之。乾隆志,近时农民力耕勤垦,山岭植杉竹,滨湖筑堤垸。人满地僻,好聚恶散。无恒产者佣工食力,老死不轻去其乡。尚恬淡,不喜交游。朴者力田,秀者读书,商贾技艺什百中一二,妇女勤于纺绩不习桑蚕,士多自爱,耻为不义。间有习奔竞、尚声气者,群相诮让。为文有法,尚清真,不趋浮艳。世族修谱牒,建宗祠,立规条,家范整肃。②

---

① 马延炜、袁志成主编《益阳：半成山色半成湖》,社会科学文献出版社,2020,第33页。
② 〔清〕姚念杨、〔清〕吕懋恒修,〔清〕赵裴哲纂《同治益阳县志》卷之二《舆地志下·风俗》,同治十三年(1874)刊刻本。

同治时期情形如下:

> 邑分上中下三乡,上乡接连安化,俗尚质朴,饶竹木之利,民有至老不履城市者。中乡附近县城,民多文秀,但务华鲜实,所在多有;间喜连讼,往往为吏胥所困。下乡则诸堤垸之民,性慷慨好施,无吝啬之习。习尚攸殊,亦由地气使然耳。①

民国曾继梧在其《湖南各县调查笔记》下册的《风俗篇》中大致继承了《同治益阳县志》的说法,其云:"明万历年间,志载该县民尚朴素,敦礼让,勤于农桑,拙于商贾;士通经史,尚气节。今益阳,分上中下三乡,上乡连安化,俗尚质朴,饶竹木之利,民有至老不履城市者。中乡附近乡(县)城,民多文秀,但务华鲜实,所在多有;因事间喜连讼,往往为吏胥所困。下乡则储(诸)垸之民,性慷慨好施,无吝啬之气。习尚攸殊,亦由地气使然耳。"②

《同治益阳县志》又引他人言,"世一降,则风一变,人一出,则俗一新"③,历史在变,人也在变。资江原本航道不通,益阳舟车之利并不丰裕。近代以来,因水陆交通繁忙,益阳码头港口兴盛,自然经济过渡到商贸经济,繁荣之处,人的特质亦有变化。交通发达的"码头文化"的核心内容主要是大气开放、兼容并蓄的思想,共存平衡、合作共赢的观念及豁达自信的胸怀等。益阳文脉深远,文化雅俗交融,山水奇丽,益阳人清秀脱俗。

历史上,资水流域上游民风粗犷质朴,中游剽悍热血,下游细腻

---

① 〔清〕姚念杨、〔清〕吕懋恒修,〔清〕赵裴哲纂《同治益阳县志》卷之二《舆地志下·风俗》,同治十三年(1874)刊刻本。
② 曾继梧等编《湖南各县调查笔记》,1931年未刊影印本,第124页。
③ 〔清〕姚念杨、〔清〕吕懋恒修,〔清〕赵裴哲纂《同治益阳县志》卷之二《舆地志下·风俗》,同治十三年(1874)刊刻本。

第三章　地理人格：资江流域人文精神特质的个性表达

灵气，不同区域的民情风尚各具特色。而今，随着全流域的流通开放，地理人格更多的是以成熟、理性的个人形象而存在，群体性的、地域性的特质逐渐融入现代文化圈。

三　资水人的性格共性和历史影响

钱基博在《近百年湖南学风》的《导言》中言湖南人的性格共性时说："顽石赭土，地质刚坚，而民性多流于倔强。以故风气锢塞，常不为中原人文所沾被。抑亦风气自创，能别于中原人物以独立。人杰地灵，大儒迭起，前不见古人，后不见来者，宏识孤怀，涵今茹古，罔不有独立自由之思想，有坚强不磨之志节。湛深古学而能自辟蹊径，不为古学所囿。义以淑群，行必厉己，以开一代之风气，盖地理使之然也。"[①] 钱基博说湖南人"倔强"，"有独立自由之思想，有坚强不磨之志节"，"义以淑群，行必厉己"，原因为何？主要是"地理使之然也"。"湖南之为省，北阻大江，南薄五岭，西接黔蜀，群苗所萃，盖四塞之国。其地水少而山多。重山迭岭，滩河峻激，而舟车不易为交通。"[②] 若说湖南为"四塞之国"，资江流域则更甚。传统时期，资江流域的地理及交通的确塑造了乡民倔强剽悍之性格，这是资江流域之民气。不过，地理因素只是其中一方面，尚还有其他因素影响着资水人的性格，下面做一些分析。

（一）强悍霸蛮的性格共性

大体而言，历史上，资江流域人的性格共性主要是质朴、强悍。

---

① 钱基博：《近百年湖南学风》，岳麓书社，1985，第1页。
② 钱基博：《近百年湖南学风》，岳麓书社，1985，第1页。

资江流域文化研究

地理与性格的关系，主要在于交通。一般而言，在山则塞，遇水则通。资江是大江，自源头至洞庭之滨，也是一条好水道，民气应该也有"变通"的一面。然而资江流域除益阳外，绝大多数地区山高溪短，激流险滩太多，多难以通行。

资江流域民气强悍还有其他原因。"血缘论"论者认为，自古以来资江流域许多地区，无论是资水上游的溪峒，还是中游的梅山一带，诸蛮都有强悍不驯的个性。至后来该地虽获得开发，比如开梅山，但人们血性依然未失。"移民论"论者则认为经济因素也是一个重要原因。资江流域有大量移民涌入，山地本就难以养活更多的人，于是当地原住居民与外来人之间经常因利益问题发生竞争，逐渐形成强悍的民风。"气节论"论者则认为近代以来湘军的兴起强化了强悍的民气。资江流域也是湘军兵源的重要基地。一方面，正是因为山民质朴、强悍，湘军将领愿意招募山民为兵。曾国藩用兵，就喜欢来自山乡者，而不用市井出身者。他说："大抵山僻之民多犷悍，水乡之民多浮猾，城市多游惰之习，乡村多朴拙之夫。故善用兵者，常好用山乡之卒，而不好用城市、近水之人。"[①] 刘蓉募兵在地区上更是有所选择，一定要取湘乡、娄底、宝庆一区者。江忠源、刘长佑所率新宁楚勇就是来自资江上游的一支劲旅，是湘军的三大核心之一，战斗力非常强。为什么要招山民，显然是因为山民质朴可塑，强悍有血性。所谓血性，即指倔强的"蛮性"气质。湘军起后，湘军将领以"忠孝节义"激励湖湘人士，湘军四处作战，屡败屡战，非常有血性。

当然，湖南也不乏灵泛之人。资江流域则以益阳为代表。从地理

---

① 曾国藩：《湖北兵勇不可复用大江北岸宜添劲旅折》（咸丰五年四月初一），《曾国藩全集·奏稿之一》（修订版）第一册，岳麓书社，2012，第461页。

第三章 地理人格：资江流域人文精神特质的个性表达

而言，这与资江下游地处洞庭之滨有关；从交通而言，也与其水陆交通极其便利相关，加上益阳文脉深远，当地之人可谓文质彬彬，儒雅通达。今人还以为，湖南人的这种通达、变通的思想还与"不凝滞于物，而能与世推移"的思想有关。①

（二）强悍霸蛮人格的历史影响

强悍率直的性格心理在地区发展史上乃至于中国历史上均产生了重大的影响。强悍率直用一个字表达是"蛮"，用两个字是"霸蛮"，用三个字是"认死理"，是"不怕死"。这是一种极端精神，这种极端精神有利有弊。

"霸蛮"就是打仗不怕牺牲，冲锋冲在前。湘军作战是出了名的骁勇，新宁楚勇也是如此。新宁楚勇是湘军的滥觞。观察楚勇的创始人之一、"湘军第一将"江忠源，出任过直隶、云贵总督的刘长佑，以及两广、两江总督，也是湘军最后的统帅刘坤一这几个人，姑不论他们在历史上的功过如何，他们对湘军的贡献非常大他们率领的湘军对近代中国历史产生较深的影响。

"强悍""不怕死"，说是优点，就是可以开风气，先天下，不屈不挠，敢于拼搏。邵阳人魏源睁眼看天下，近代第一人；新化人陈天华愤恨日清勾结，蹈海自杀唤醒民众，可谓敢说敢为，可谓热血。

"率直""认死理"，其实就是个性张扬，性格耿直，脾气倔强。辛亥元老谭人凤批评孙中山、黄兴毫不客气，但却一心认共和革命这个"死理"。

"霸蛮强悍"，也是坚忍卓绝、弘毅不屈、执着追求。邵阳人蔡锷率领两千兵就敢于北上护国，直教袁世凯跌下帝座。抗战最后一战，

---

① 李跃龙：《论湘人的性格心理》，《文史拾遗》2016 年第 2 期。

资水流域,雪峰山地,人民不信邪,不怕鬼,不仅扛住了日寇最后的疯狂攻击,还直教日寇俯首投降。

就近代以来的经济革新而言,资江人正是秉承心忧天下、敢为人先、敢于拼搏的精神,影响着中国的经济现代化。比如新宁人刘坤一,是湘军后起之秀,也是晚清封疆大吏。他在督两广、两江任上,排除阻力,推动了后期的洋务运动,推动了中国东南地区的经济现代化。晚清民初,素有经济头脑的宝庆人以排帮、毛板船为载体,闯资江,闯洞庭,立足武汉,实现了宝庆人的经济成就。改革开放时期,邵水之滨的邵东人更是创造了湖南县域经济改革的奇迹。

强悍霸蛮的文化,造就了资江流域人们坚强刚正、勇往直前、不计成败得失的性格特质,而且这些特质由来已久,变化也慢,对于湖南的现代化、中国的现代化有所裨益。我们需要继承"霸蛮强悍"所衍生的心忧天下、敢为人先、百折不挠的文化精神,我们也需要克服因"霸蛮强悍"而产生的封闭、保守、争斗、自负倾向。在现代经济社会发展的历史大潮中,资江人要继承先辈们的优长特质,充满自信,放眼全国,放眼全球,兼容并蓄,博采众长,理性平和地把握时代潮流,广泛汲取世界有益文明成果,保护好资水,促进资江流域经济社会全面发展,推动湖湘高质量发展。

第四章

士民风骨：资江流域杰出人物的文化基因和历史贡献

资水流域土地肥沃、物产丰富、河湖广布，灌溉便利，气候适宜，是湖南鱼米之乡的重要组成部分。资江蜿蜒流长，上游水流湍急，中游多险滩，下游平静缓慢。不同的地理环境孕育了资江流域不同地段的士民风骨。

一 资江流域人才辈出的文化背景和时代特征

资水流域水源充足、土地肥沃、地势平坦、交通便利、人口集中、物产较丰，既利于农业生产，又便于相互交流。故而人才辈出。

（一）古代发达的官学、私学教育与人才

根据考古资料，旧石器时代，就有原始先民在湖南生息繁衍。新石器时代，洞庭湖边缘的资水流域河谷地带是先民聚集的地区之一。秦汉以后，中原地区的人们大量南迁渐渐成为当地主要居民。明初，"江西填湖广"的大迁徙中，江西和江苏、浙江大量人口迁入湖南各地。例如，明代从江西迁宝庆府89族（邵阳38族、新化15族、武

冈24族，新宁6族、城步6族）。① 大量来自不同地域的人们与资江原居民交流融合，各种文化与极具地域特色的梅山文化融会贯通，促进了人才群体的培养。

隋、唐两代，国家统一，经济文化繁荣，官学制度日趋完善，并创立了科举取士制度。唐代已有好学之士建立书院，作为个人藏书、读书之所。宋代经济、政治重心南移，湖南文教事业空前繁荣。宋代湖南的书院多系私人创办，办学者大多又是讲学者，此外，还有不少人士创办其他各种学校。如邵阳进士李纯忠"以私钱五十万缗修邵州州学"。宋代胡宏父子、张栻、朱熹等理学家先后在湖南讲学，传经授徒，大大促进了湖湘文化的发展和湖南人才的成长。

元代一度废除科举，地方官吏对州县官学也多"看同泛常"。但元代湖南所办书院仍有41所，并大都为官办。元代湖南私人办学和从师自学之风也仍旧不减。元朝中叶恢复科举至元末这段时期，湖南共考中进士143人。于元代著书立说者64人，著作86部2097卷。②

明朝官学鼎盛，湖南各州、县无不设学，士人举进士者556人，少于两宋。明代书院兴废无常，湖南先后举办书院有123所。南宋湖湘学派的务实学风，明代沿袭未衰。③

纵观湖南的教育史，各个朝代官学、私学之风浓郁，资江流域的众多书院自然也是湖南教育的重要组成部分，培养了大量人才。

一是益阳松风书院，该书院辐射范围广。

松风书院位于湖南益阳龙牙坪（今属桃江三堂街镇），距县城31公里，三面环山，一面临水，山清水秀，风景优美，由宋代学士李贤创建，为其讲学之所。书院西200米处有千年古刹龙牙寺，背靠龙牙山

---

① 湖南省地方志编纂委员会编《湖南省志·人口志》，湖南人民出版社，1999，第271页。
② 〔清〕李瀚章等编纂《湖南通志》，岳麓书社，2009，第1009页。
③ 湖南省地方志编纂委员会编《湖南省志·教育志》，湖南教育出版社，1995，第30页。

第四章　士民风骨：资江流域杰出人物的文化基因和历史贡献

（原名延祥山）。据考证，松风书院应在南宋建炎年间（1127～1130）创建，明清续建。清光绪三十一年（1905）8月改为学堂，民国元年（1911）改为"松风小学"，后迁三塘街三仙宫。现为"三堂镇中学"。

书院为长方形四合院，坐北朝南，南北长约40米，东西宽约20米，占地面积约800平方米。中间为天井，两旁为斋房，周围有走廊相连，院门前左右各有石狮雄踞，四周绕以墙垣。书院房屋为三进的砖木混合硬山式建筑。一进为院门。门为平头槽门，门楣有"松风书院"匾额，两侧有明朝江西巡抚郭都贤楹联一副，上联为"中国有圣人，是祖是师础础西来东土"，下联为"名山藏帝子，亦仙亦佛玄玄北镇南大"。二进是名家学士讲学之所。正中悬挂孔子画像，左右斋舍各8间。三进为厅堂，是山长、讲师、生徒、员工安宿餐膳之地。东西斋室膳堂共有10余间。书院东北角，有六方形凉亭1座，曰"松风亭"。传为宋建，乃书院师生业余休憩之所。

当时的松风书院是益阳最早的书院，影响极大。因书院建于龙牙寺边，四周苍翠青松，清风吹来，松涛如海，故名"松风书院"。"松风书院"创建后，益阳安化、沅江等地书院纷立，一时学风大开，传为佳话。

二是邵阳濂溪书院、新宁金城书院培养了大量人才。

资水流域的邵阳城东门外有濂溪书院，濂溪书院于清乾隆二十四年（1759）由东山书院和希濂书院合并而成。[1] 邵阳新宁县的莲潭书院原名金城书院，清乾隆二十年（1755）修。这两所书院在教育培养人才方面贡献巨大。

清朝嘉庆以后，特别是1840年以后，湖南的文化教育迅速发展。

---

[1] 〔清〕黄宅中、〔清〕张镇南修，〔清〕邓显鹤编纂《道光宝庆府志》卷九十二《礼书六》，岳麓书院，2009，第1387页。

在中国近代、现代史上，湖南人才辈出，影响着社会思想、政治和其他领域的深刻变化。这些都和湖南昌明的教育是分不开的。在湖南教育事业中发挥了重要作用的主要是私塾和书院。这些书院多属基础教育性质，为普及文化做出了贡献。教育昌明则人才兴旺，这从一定程度上反映了资江流域人杰地灵的盛况。

（二）近现代中西冲突与融通下的人才特征

资江流域的人有两个突出的性格特征。一是资江水流湍急，险滩不断，必须一鼓作气冲过险滩才能到达平静水域，资江流域的人们由此养成了敢打敢拼的性格。二是资江流域流经的地段有大面积的山区，身处其间的人，必须打破自然条件的限制，勇往直前，才能走出资江流域，走向全国甚至海外，这就造就了资江流域人们开拓进取的性格。这种冒险精神、开拓精神，正是近现代的社会发展所需要的人才特性，故而成就了一批人才。

二 资江流域杰出人才的历史贡献

（一）古圣先贤是资江流域深厚文化底蕴的重要组成部分

古代资江流域涌现出一些有气节的官员及对文化艺术有贡献的大儒，这些人在历史长河中留下了自己的名字，成为资江流域深厚文化底蕴的重要组成部分。资江流域古圣先贤有两个特点，在此将资江流域古代著名人物略举如下。

一是资江流域清官辈出，流芳百世。有些科举出身的地方官员，为人有气节，为官清正，如张骥、尹三聘等人。有些地方官员做官有能力，为百姓做实事，如黄照、郭都贤等人。

第四章　士民风骨：资江流域杰出人物的文化基因和历史贡献

张骥（？~1449），字仲德，安化县人。明成祖永乐年间的乡试举人，又入国学学习。宣德初年授官御史，被朝廷派往江西省任按察使，去福建省按察刑狱，清理积案。因办事公正廉洁，受到人们的称颂。正统八年（1443），朝廷诏举廷臣公廉有学行者，张应举，旋迁大理寺右丞。后巡抚山东。到任后值该地受灾，有人传称乃新死鬼魂"作祟"，遇旱应伐其墓冢残其肢体，方可免灾，名曰"打旱桩"。对此，张多方开导民众，始得禁绝。后进右少卿。未几，奉命巡济宁（今山东济宁市）、淮（两淮）扬（州），见饥民甚众，一面督促当地府衙减免赋役，开仓发赈；一面订立规章，聚众抗旱灭蝗，终于渡过灾荒。正统十三年（1448），张巡抚浙江。是时，福建叶宗留、邓茂七等人发动农民起义，波及江浙一带。张取镇压与招抚并举的办法，加以平息。正统十四年（1449）秋，明代宗朱祁钰嗣位，召张还京，张染病死于途中。张生前所至，均颇有建树。

尹三聘（1606~？），字简在，号芙山，安化县常丰乡太平锻石牛湾（今属太平乡）人。崇祯元年（1628）举拔贡，在京供职。崇祯十七年（1644），清兵陷北京，乃弃职回乡，教授生徒。清顺治三年（1646），瞿式耜等拥立桂王朱由榔于广东肇庆，改号永历。尹遂投笔从戎，追随桂王十四年，辗转流离于两广、云贵地区。顺治十八年六月，尹得知桂王父子为吴三桂所害，悲愤至极，乃登安化芙蓉御香山为僧，号自明和尚，后以寿终。今东华乡大湾塘木星山存其墓葬。康熙十七年（1678），安化知县叶天芳撰有《自明和倘寿藏碑记》。

黄照（1013~1066），字晦甫，益阳县人。北宋庆历六年（1046）举进士。初任归州司理参军（掌州内狱讼），后调华容县令。其时，县西之安南河（今华容河）一带屡遭水患。前任知县朱显之打算修堤迁县城，因升岳阳郡守而未果。黄照到任后，乃劝导华容富豪40余人捐款，将县城迁到今地，并筑堤以防水患，人称"黄封堤"（即今

99

华容护城垸)。此为华容修堤防水之始,"黄封堤"亦为洞庭湖区由官方组织最早修筑的长江堤垸。

郭都贤(1599~1672),字天门,号些庵,益阳桃江县三堂街合水桥人。十六岁中秀才,十九岁中举人,二十三岁殿试高中进士。历任吏部稽勋、验封司、考功司、主事、文选司员外郎和江西巡抚等官职。郭都贤为官清正,吏治严明,颇有贤声,明亡落发为僧。郭都贤擅长诗文,兼善绘事,所绘松、兰、竹尤妙。

二是古代资江流域文人辈出,诗词著作颇丰,如齐己、符鸿、黄崇光、王者瑞、邹缃等人。

齐己(约860~约937),晚唐诗僧,本姓胡,名得生,潭州益阳人。齐己的一生经历了唐朝和五代中的三个朝代。他出生于大沩山同庆寺的一个佃户家庭,后出家为僧,拜荆南宗教领袖仰山大师慧寂为师。成年后,齐己出外游学,云游期间曾自号"衡岳沙弥"。齐己云游期间,到过江西、陕西等地,攀登过终南山、华山等,流连于山水之间,创作了大量诗作。齐己虽皈依佛门,却钟情吟咏,诗风古雅,格调清和,为唐末著名诗僧,历代诗人和诗评家对其多有赞誉。921年,齐己在去四川途中路过荆州,被荆州节帅高季兴挽留,安置在龙兴寺,并任命为僧正。齐己在荆州期间写了许多诗,76岁的齐己最后圆寂于江陵。齐己圆寂后其诗集《白莲集》传于世。由齐己的学生西文辑印行世的《白莲集》,共收诗歌809首,雕版刻印于938年,比我国现存最早的雕版印刷物《金刚经》仅迟70年。

符鸿(1769~1825),湖南桃江人,字笔堂,嘉庆进士。授官于淇县任知县。母亲去世后回籍守孝,曾在龙洲书院主讲。其后再赴任来安、婺源知县。符鸿淡泊功利,为官清廉,著述甚丰。

黄崇光,字谦山。安化人,清嘉庆十六年(1811)进士。选庶吉

第四章 士民风骨：资江流域杰出人物的文化基因和历史贡献

士。历任宝庆府学教授、朗江书院讲席。著有《春秋纂要》《毛诗钞略》《续子史辑要》等书。

王者瑞，字玉山，新化人。刻苦好学，喜吟咏，工草篆，尤擅画梅花。清道光十五年（1835）举人，时年64岁，仍孜孜于学，未曾懈怠。曾应聘主讲乾州厅立诚书院十一年。又工医。医著有《行舟便览》《简便方书》，并有诗文集《启蒙新咏》《百梅诗》《积薪园诗钞》多种。

邹缃，清书法家。女，字云芬。新化人，性颖慧，读书过目成诵。幼随父于任所，后归家抚养其弟，教之读书习字。后嫁同邑唐琛，33岁卒。书法学习苏轼纵横奇肆，迥异于闺阁体。亦能诗，著有《惜余斋小草》。

璩贞女，桃江县筑金坝乡人，是元末明初一位民间刺绣艺术家。贞女终身不嫁，一心只事刺绣工艺。贞女善绣花鸟虫鱼和人物山水，绣艺精湛，璩贞女还是一位热心公益之人。其居住之地，有一小溪无桥，每逢大水，行人阻隔。她慨然拿出所积银两，雇人开山采石，于溪上建起一座石拱桥，名"花桥"。此桥方便了小溪两岸的人出行。自明洪武年间至今，历600余载，此桥仍雄踞溪上。

（二）经世致用的人才群体，为挽救民族危亡做出了贡献

近代，在中国国内外宏观环境发生剧烈动荡之际，资江流域的人民为中华民族的事业做出了巨大的历史贡献。首先出现的是经世致用人才群体。这个群体产生于清道光年间，是在清王朝逐渐走向衰落，民族危机日渐深刻时产生的，资江流域的代表人物有陶澍、魏源、魏光焘、汤鹏、邓显鹤、胡林翼等人。资江流域人才济济，在中华民族危亡之际，这一批人对中国近现代史的进程产生了巨大的影响。陶澍、魏源等人前文已有所述，此处不妨再详述如下。

陶澍（1779～1839），字子霖，号云汀，安化县小淹人，嘉庆七年（1802）进士。历任编修、主考、御史、道员、按察使、布政使。道光三年（1823）升任安徽巡抚，第三年调江苏巡抚。道光十年（1830），擢两江总督，例兼兵部尚书、右都御史。次年，兼理两淮盐政。陶澍是嘉道年间经世思潮的主要倡导者之一，是"湘学经世派"的柱石。他大力提倡实学，认为"有实学，斯有实行，斯有实用"。主张"研经究史为致用之具"，反对摘取章句，死记呆背，把读经通典作为猎取功名利禄的手段。强调读经的目的是"经世""济时"，为现实所用。陶澍为官清正廉明，体恤民情，大力整饬吏治，取缔各处陋规，惩办腐败，是中国近代杰出的政治家。他在林则徐、魏源、贺长龄、包世臣、俞德渊等人的支持和协助下，在江苏改漕粮河运为海运，在两淮改纲盐为票盐，充分利用了商业资本的力量，促进了商品经济的发展，取得了震惊朝野的业绩。此外，他在兴修水利、救赈灾荒、组织生产、建设海防、发展教育等诸多方面，都采取了许多改革措施。特别是他和林则徐一道提出的改银块为铸币的货币改革，虽未能实行，却反映了商品经济发展的要求，已经开始突破封建生产关系的藩篱，为中国近代经济改革提出了新的方向，他被称为中国近代经济改革的先驱。陶澍对近代湖南人才的兴起和湖南第一个人才群体的形成发挥着巨大的作用，被人们称为"晚清人才第一人"[1]。

魏源（1794～1857），字默深，号良图，邵阳县金潭乡人（今属隆回县）。经历了长期的幕府生涯，道光二十四年（1844）进士，曾任知县、知州，是中国近代最杰出的思想家、改革家。龚自珍称其"读万卷书，行万里路，综一代典，成一家言"，是一位百科全书式的

---

[1] 易永卿、陶用舒：《现代湖南人才群体研究》，湖南人民出版社，2005，第10页。

第四章 士民风骨：资江流域杰出人物的文化基因和历史贡献

学者。魏源身处内忧外患的历史时期，本人又科场不顺、仕途坎坷，忧国忧民的经世思想十分强烈。为了挽救清代的危亡，他编辑《皇朝经世文编》，积极提倡改革，并在漕运、盐政、矿务、水利、币制等方面提出了改革理论，亲自参加和设计了海运、票盐的改革，其经世名声由此大振。鸦片战争之后，面对西方国家的入侵，魏源在提倡对内改革的同时，把主要精力集中于抗英御侮、富国强兵的事业，编写《海国图志》一书。该书第一次比较全面系统地向中国人民介绍了整个世界和西方资本主义国家的实际情况，并从中外实际情况出发，提出了反对西方侵略的战略与策略，其"师夷之长技以制夷"的口号，则吹响了中国向近代化进军的序曲。

魏光焘（1837~1916），邵阳金滩人，历任陕西巡抚，陕甘、云贵、两江、闽浙、湖广总督。周开锡，益阳人，曾任福建船政局提调、护理福建巡抚，在各地任职期间，重视早期教育，创立新疆博达书院，筹建三江师范学堂等。

汤鹏（1826~1877），字海秋，益阳县人，官至御史，与龚自珍、魏源、张际亮并称"京中四子"，是中国近代著名的经世思想家。他的诗文表现出相当强烈的批判性特色。他所著《浮丘子》，是一部重要的经世之作。

邓显鹤（1778~1851），字湘皋，新化人，清嘉庆九年（1804）举人，任宁乡训导13年，晚年主讲濂溪书院。以诗文名重一时，毕生致力于整理湖南历史文献，特别是访求、校勘王夫之著作，第一次刊刻《船山遗集》，意义深远。与曾国藩、左宗棠、魏源等人来往密切，积极传播经世思想。

胡林翼（1812~1861），字贶生，号润芝，益阳泉交河人，道光十六年（1836）进士，官至湖北巡抚，与曾国藩、左宗棠并称"湘军三巨头"。他自愿到艰苦的贵州为官，积极参加镇压太平天国运动。

胡林翼参加湘军后，竭力扩充军伍，强固军心，调和湘军内部矛盾，维护曾国藩的统帅地位。治理湖北，使湖北成为湘军的后方基地和重要的饷源。这些对湘军的团结和发展起到非常重要的作用，故胡林翼被称为"湘军灵魂"。[①]

(三) 辛亥人才群体，为推翻清王朝的统治做出贡献

近代资产阶级民主革命发生，资江流域产生了一个辛亥人才群体，他们为推翻清王朝，建立资产阶级共和国及护国做出杰出的贡献。这一批人的共同特点是忧国忧民、以天下事为己任。资江流域主要代表人物有陈天华、谭人凤、李燮和、姚宏业、曾鲲化、蔡锷等人。

其一，通过撰写通俗读物宣传革命，以己之死唤醒国民的觉醒。陈天华 (1875～1905)，字星台，号思黄，新化人。陈天华目睹清朝的腐败和人民的困苦，立志推翻清政府腐朽统治。他先后参加了华兴会、同盟会的创建，并负责同盟会书记部工作，担任《民报》撰述员。陈天华是辛亥革命时期最杰出的宣传家，他努力写作通俗读物，宣传革命，最著名的为《猛回头》《警世钟》《狮子吼》。1905年12月，陈天华投海自尽，以唤醒国民的觉醒和革命者的团结。姚宏业 (1881～1906)，益阳人，加入华兴会、同盟会，以自杀激励国人。

其二，积极投身政党建设，领导或参与反清革命运动。谭人凤 (1860～1922)，新化人，华兴会、同盟会骨干成员，曾主持东京同盟会本部，与宋教仁等创建中部同盟会于上海。李燮和 (1873～1927)，安化人，首创黄汉会，加入过华兴会、光复会、同盟会，领导上海、

---

① 易永卿、陶用舒：《现代湖南人才群体研究》，湖南人民出版社，2005，第27页。

第四章 士民风骨：资江流域杰出人物的文化基因和历史贡献

江苏起义，六任总司令。[①] 此外，邵阳人石陶钧、洞口人王隆中，都是名重一时的革命者。

其三，积极投身反清战争、反袁护国战争的军事行动。资江流域的杰出代表是蔡锷。蔡锷（1882~1916），原名艮寅，字松坡，邵阳人。蔡锷是时务学堂学生，师从梁启超、唐才常、谭嗣同，曾参加自立军起义。1900年，蔡锷到日本留学，学习军事，著有《军国民篇》，倡"军国民主义"和尚武精神。蔡锷一生做了两件大事，第一件事是领导云南起义，1911年10月30日，蔡锷任起义总指挥，在昆明发动反清起义，宣布云南独立，建立云南都督府，自任都督。蔡锷对云南的治理，成绩斐然。第二件事是发动护国战争，1915年12月12日，袁世凯复辟帝制，21日，蔡锷同唐继尧等宣布云南独立，建立护国军，发动护国战争。蔡锷率第一军入川，与袁军决战于川南，全国各省响应，终于使袁世凯败亡，并使北洋军阀发生分化，保卫了资产阶级民主共和制度，促进了人民觉悟的提高。

（四）现代革命人才群体，为创建中华人民共和国做出贡献

新民主主义革命时期，资江流域的人民群众为了人民解放、民族独立，为了建立新中国，做出卓越的贡献，甚至付出了宝贵的生命。其代表人物主要有袁国平、张昆弟、李聚奎、陈正湘、姚喆、邓克明、曾三、张子清等。

其一，中国共产党杰出的军事人才，战斗经验丰富。如袁国平、李聚奎、陈正湘、姚喆、邓克明等人。袁国平（1906~1941），湖南省邵东县人，出生于一个贫苦家庭。1922年考入湖南省立第一师范学校，1924年加入中国社会主义青年团。1925年10月考入黄埔军校第

[①] 易永卿、陶用舒：《现代湖南人才群体研究》，湖南人民出版社，2005，第41页。

四期政治科。此后,袁国平先后参加了北伐战争、南昌起义、广州起义、五次反围剿作战和红军长征。1935年10月到达陕北,历任西北革命军事委员会后方办事处政治部主任、西北红军大学政治委员等职,为红军培养了大批干部。1937年全面抗战爆发后,袁国平任中共陇东特委书记兼八路军驻陇办事处主任。1938年3月,任新四军政治部主任。1941年1月,新四军军部和皖南部队9000多人在奉命北移时遭到国民党军队包围。军长叶挺被扣押,副军长项英在突围中被叛徒杀害。在万分危急之际,袁国平挺身而出,指挥被打散的一部分部队继续突围北撤。激战中,袁国平身负重伤,为了不拖累部队突围,举枪自尽,兑现了"如果有一百发子弹,要用九十九发射向敌人,最后一发留给自己,决不做俘虏"的诺言。

李聚奎(1904~1995),原名李新喜,湖南安化县兰田西坪村人。1928年参加平江起义,同年加入中国共产党。土地革命战争时期,任中国工农红军第五军排长、中队长、大队长,红三军第三纵队支队长,第九师二十七团团长、师长,红一军团第一师师长,红四方面军第三十一军参谋长。参加了长征。抗日战争时期,任八路军第一二九师三八六旅参谋长,抗日先遣纵队司令员兼政治委员,决死第一纵队副司令员、旅长兼太岳军区第一军分区司令员。解放战争时期,任冀热辽军区参谋长,驻北平"军事调处执行部"中共代表团执行处副处长,西满军区参谋长,东北军区后勤部参谋长兼西线后勤司令员、政治委员,第四野战军后勤部第二部长。中华人民共和国成立后,任东北军区后勤部部长兼政治委员,中国人民解放军后勤学院院长,中华人民共和国石油工业部部长,中国人民解放军原总后勤部政治委员,高等军事学院院长,后勤学院政治委员,中共中央军委顾问。1958年被授予上将军衔。

陈正湘(1911~1993),男,汉族,原名陈逸成,湖南新化人。

第四章 士民风骨：资江流域杰出人物的文化基因和历史贡献

1926年入唐生智部当兵。参加过北伐战争。1930年在新城参加中国工农红军，1931年加入中国共产党。土地革命战争时期，任红一军团第一师一团二营机枪连连长、营长，红一军团第二师五团代团长，十五师四十五团团长，二师四团团长，一师一团团长。参加了长征。抗日战争时期，任八路军一一五师三四三旅六八五团副团长，晋察冀军区第一团团长，第一支队司令员，第四、第十一军分区司令员。解放战争时期，任冀晋军区副司令员。晋察冀第四纵队司令员，第二纵队司令员。中华人民共和国成立后，任中国人民解放军铁道兵团第一副司令员，华北军区副参谋长，原北京军区副司令员。1955年被授予中将军衔。是第四届全国人民代表大会代表，中国人民政治协商会议第三届全国委员会委员，第五届全国委员会常务委员，中国共产党第七次全国代表大会候补代表。

姚喆（1906~1979），生于邵阳城东（今邵阳市郊区鸡笼乡光辉村），仅读了3年私塾，后打柴放牛，耕田种地。1926年，全国农民运动蓬勃发展，姚喆被选为横塘乡农民协会主席。他带领广大农民打土豪分田地，在第二次国内革命战争中，姚喆历任中国工农红军班长、排长、营长、团长、师参谋等职务，参加了艰苦的井冈山保卫战，打长沙、攻赣州，转战湘赣闽，参加了保卫中央苏区的第一、二、三、四、五次反"围剿"。共参加过大小战役200多次，先后五次负伤，多次受到通令嘉奖，中共中央军委曾授予他三级红星勋章。在抗日战争中，姚喆历任旅参谋长，大青山抗日支队参谋长，大青山骑兵支队副司令员、司令员，塞北军分区司令员，绥蒙军区司令等职。1951年6月，姚喆调任二十三兵团副司令员。9月，二十三兵团奉命出兵入朝。1952年1月，姚喆奉命到南京军事学院学习。毕业后，1955年2月，调任南京高级步兵学校第一副校长、校长，9月，被中央军委授予中将军衔。1961年初，姚喆调任武汉军区副司令员。

邓克明（1906~1983），湖南省安化县人，中华人民共和国开国少将。1930年参加中国工农红军，同年加入中国共产党。1934年入中国工农红军大学，1937年入延安抗日军政大学，1943年进中共中央党校学习。参加了中央苏区反"围剿"、长征、山城堡战斗、平型关战斗、辽沈战役、平津战役等。中华人民共和国成立后，历任华南垦殖局副局长，江西省军区副司令员、司令员，福州军区副司令员。1955年被授予少将军衔。

其二，中国共产党党内专业技术人员杰出的代表。曾三（1906~1990），1906年出生于湖南省益阳县新市渡高村。原名曾海云，中国共产党的优秀党员，无产阶级革命家，中国人民解放军无线电通信事业的先驱、新中国档案事业的开拓者和杰出领导人。曾三致力于国家档案事业的开创、建设和发展。他提出了关于中国档案工作管理体制、基本原则和方针任务的意见，主持制定了一系列适合中国国情的档案工作规章制度，创办了中国第一个档案干部专修班、档案工作刊物和档案科研机构，积极倡导建立各级各类档案馆。在曾三的组织领导下，一个自上而下的全国档案工作组织系统、门类齐全的档案馆网络初具规模，使档案工作在国家建设和人民生活中发挥了重要作用。

其三，较早加入中国共产党，为党的事业献出了年轻的生命。张昆弟（1894~1932），出生在湖南益阳县板溪乡龙西村一个贫苦农民家庭。7岁始读私塾，后入益阳高小。1913年考入湖南省立第一师范学校，入学不久，受进步教师杨昌济、徐特立等人的教诲，在校期间，与同班同学蔡和森、于八班就读的毛泽东结为好友，形影不离，经常探讨国家前途和救国救民等大事。1918年4月14日，同毛泽东、蔡和森等人一起创建新民学会，成为该会的重要骨干之一。在留法勤工俭学期间，他多次与李维汉、罗学瓒等新民学会会员联系，发起组

第四章　士民风骨：资江流域杰出人物的文化基因和历史贡献

织"工学励进会"。1920年2月，在巴黎华侨协社召开成立大会上，他被选为干事会的负责人之一。1922年春，张昆弟又由上海来到北京，同时加入中国共产党，被分配到北方劳动组合书记部工作。1922年秋，李大钊为开展北方的工人运动，派了一批共产党员到北方七条铁路上建立工会组织。张昆弟是派往正太铁路工作的"密查员"。1926年春，中共中央调张昆弟任中共山东地方委员会书记。1927年4月，张昆弟转移到天津，任中共北方局和顺直省工委书记。1928年6月18日至7月21日，张昆弟赴莫斯科出席中共第六次代表大会，当选为中央审查委员会候补委员。会后，又列席了共产国际第六次代表大会。1931年5月，南方革命形势逐步发展，张昆弟受党中央委派，以中共中央"工运特派员"身份到湘鄂西苏区指导工人运动。①

张子清（1902~1930），名涛，别号寿山。桃江县板溪乡人。中国工农红军早期著名将领。1912年考入长沙陆军芝芳小学，1920年任岳阳镇守使公署上尉副官。1922年参加平江兵变，失败后潜回家乡组织游击队，进行反军阀的斗争。1924年，张子清奔走于长沙、武汉、上海之间，与郭亮等中国早期革命活动家结成挚友。1925年后加入中国共产党，次年入广州政治讲习班学习，毕业后投身北伐革命战争。同年冬，中共湘区委员会选派他到广州国民革命政府举办的政治讲习所学习。结业后，分配到北伐军宣传队工作。1926年春，随军入湘，党组织派他到常德，在贺龙领导的国民革命军第十五师任连长。随后，黄埔军校第三分校在长沙成立，他又被调到该校任政治教官。后主动放弃去美国留学的机会，毅然到广州，进入毛泽东主办的农民运动讲习所学习，学习结束后，任国民革命军第20军政治连连长，

---

① 中共山东省委党史研究室编著《中共山东编年史》（第2卷），山东人民出版社，2015，第160~161页。

后任第二方面军总指挥部警卫团3营副营长，并随团参加了毛泽东领导的湘赣边界秋收起义。1928年3月中旬，张子清随毛泽东率第一团出发，策应朱德、陈毅领导的湘南起义。帮助朱德、陈毅率领的部队和农军胜利到达井冈山，实现了红军史上具有伟大历史意义的井冈山会师。在草铺湾追击逃敌时，张子清腿部和左脚踝骨中弹负伤，不能行走，由战士龙开富背回砻市。1929年春转移至永新县洞里村焦林寺隐蔽养伤，1930年5月病逝。

（五）文化艺术领域人才的历史贡献

资江流域风景优美的自然环境孕育了众多人才，其中文化艺术领域方面的人才留下的浩瀚的文学艺术作品丰富了人们的精神生活。资江流域人才辈出，有传统考据、舆地学者，书法艺术家，文学大家，历史学家，教育学家等，可谓群星璀璨。

其一，经学、考据、舆地学者成果闪耀。清代资江中游的新化县这方面的学者呈现出家族聚集的特征。清代新化人邹汉勋、邹汉章、邹汉迟三兄弟，都是著名学者，他们对经史、天文、算术、音韵、考据、舆地、历法等都有研究，各有所成，留有一批著作传世。舆地学方面还有邹汉勋之孙邹代钧（1854～1908），是为舆地专家，参与时务学堂工作，编辑《湘学报》，在南学会主讲舆地之学。

其二，家喻户晓的书法大家，其作品得到人们的赞扬。黄自元（1837～1916），安化人，进士，曾任编修、主考，是著名的书法家。黄自元被光绪皇帝赐以"字圣"称号，他写的字成为社会上的通用范本，成为学子考取功名的书法标准。黄自元的书法声名远扬，一时间风光无限。

其三，文学作家、文学批评家的著作远近闻名。樊锥（1872～1906），邵阳人，《湘报》的六位撰述人之一，他的《开诚篇》，是维

第四章 士民风骨：资江流域杰出人物的文化基因和历史贡献

新派的重要代表作。

周立波（1908~1979），益阳县邓石桥乡人，作家、翻译家。1948年12月创作了长篇小说《暴风骤雨》，这是他的代表作，也是我国现代文学史上较早反映农民翻身解放的史诗式的作品。中华人民共和国成立后，先后创作《铁水奔流》《山乡巨变》《山那边人家》等小说。

叶紫（1910~1939），中国现代剧作家、小说家。原名余鹤林，又名余昭明、汤宠。湖南益阳人。代表作有《丰收》《火》。20世纪30年代参加中国左翼作家联盟。

周扬（1908~1989），益阳县新市渡镇人，文学批评家。1940年，周扬先后任鲁迅文学艺术院副院长、院长，为根据地培养了大批革命文艺工作者。

其四，历史学家、教育学家的成果也很丰富。吕振羽（1900~1980），邵阳县金称市镇人，历史学家。他是中国最早运用马克思主义理论和方法研究历史科学的第一批学者。他一生为中国的教育事业和马克思主义史学的发展而辛勤劳动，留下17种史学著作和数百万字的学术论文。[①]

周谷城（1898~1996），益阳市赫山区人，1898年9月13日出生在一个贫苦农民家庭。1942年秋开始，周谷城担任复旦大学教授长达半个多世纪。周谷城是20世纪杰出的革命家和学者。他是爱国民主斗士和杰出的政治活动家，是中国共产党的亲密战友，革命功勋卓著，又治学极广，特别是历史学，以一人之力撰写了《中国通史》和《世界通史》两部著作，成为一代史学名家。[②]

[①] 易永卿、陶用舒：《现代湖南人才群体研究》，湖南人民出版社，2005，第369页。
[②] 易永卿、陶用舒：《现代湖南人才群体研究》，湖南人民出版社，2005，第443页。

刘寿祺（1901～1990），教育家。湖南省武冈县高沙市（今洞口县高沙镇）人。1920年7月，考入湖南省立第一师范。1925年，刘寿祺从第一师范毕业后立志献身教育事业，以极高的热情投入变革旧制度的斗争。1938年春，刘寿祺任教育厅民众训练指导处干事。1942年秋，刘寿祺离开省教育厅。1944年11月，刘寿祺调中央教育部，任专员督学。1946年5月6日，刘寿祺随教育部迁回南京，兼任湖南省工委与南京中共中央办事处和上海南方局的联络工作。1949年7月，南京地下党组织撤离，刘寿祺回到长沙，投入湖南和平解放的斗争。新中国建立后，刘寿祺任湖南省教育厅副厅长，具体主持了全省教育事业的接管工作。1955年，刘寿祺负责湖南师范学院的主要领导工作。

贺绿汀（1903～1999），当代著名音乐家、教育家，湖南邵东九龙岭人。1931年考入上海国立音乐专科学校。早年参加湖南农民运动和广州起义。先后任武昌艺术专科学校教员、明星影片公司音乐科科长、陕甘宁晋绥联防军政治部宣传队音乐教员、延安中央管弦乐团团长、华北文工团团长。半个世纪以来，贺绿汀共创作了三部大合唱曲、二十四首合唱曲、近百首歌曲、六首钢琴曲、六首管弦乐曲、十多部电影音乐及一些秧歌剧音乐和器乐独奏曲，并著有《贺绿汀音乐论文选集》。他的歌曲《游击队歌》《垦春泥》《嘉陵江上》，在抗日战争期间流传海内外，至今仍是音乐会和歌咏活动中的合唱曲目。他的电影配乐在20世纪30年代曾名声大作，他配乐的电影有《风云儿女》《十字街头》《马路天使》等。影片中的插曲《春天里》《四季歌》《天涯歌女》至今仍家喻户晓，久唱不衰。

成仿吾（1897～1984），新化县白溪镇人，著名的革命家、文学家、教育家、翻译家。一生致力于宣传马克思主义，忠诚于党的教育

第四章 士民风骨：资江流域杰出人物的文化基因和历史贡献

事业。从建设陕北公学到建设中国人民大学，奉献了近50年。

资江流域人才璀璨，尤其是近代，人才迭出。俗语说"一方水土养一方人"，资江的水滋润了沿江两岸的居民。这些各行各业的人才是资江流域的重要宝藏。

第五章

风土人文：资江流域水韵风情和民俗文化

资江流域两岸的美丽风光让人流连忘返，这是大自然赠予人类最宝贵的礼物。资江流域的紫鹊界梯田、新化山歌、花瑶民居、安化黑茶及梅山文化吸引了大批游客欣然前往。资江流域有着极具特色的地域文化，沿线的"梅山文化"散发着独特的魅力。

一 资江流域的民居风格与宗祠文化

资江和众多支流日夜流淌着，灌溉滋润了这一片肥沃的土地。人们择水而居，在这片古老的土地上创造了极具特色的地域文化。如资江中游的梅山人，民居风格极具本土特色。梅山人认为世界万物充满了力量和能量，要促进部族的生存发展、繁衍兴盛就要与周围环境保持良好的关系，使自然与人融合为一体。这种观念映射到了当地传统民居的建构上，民居风格强调聚落与周边自然、山川河流间的关系，要求达到人与自然的和谐统一，即"天人合一"。基地位置综合日照、风向、水源、地质等问题加以考虑，民居多建在背风向阳、地势较

第五章　风土人文：资江流域水韵风情和民俗文化

高、无洪水威胁、地质条件稳定的地段。① 直至今日，资江流域依然保留着许多具有特色的民居。

（一）资江流域极具特色的古村落

资江流域的人们沿河聚居，形成了一些极具特色的古村落。其一，有一些古村落的民居为清一色的"干阑式"板屋或纯木框架式结构，如正龙村、楼下村、崇木凼村、宝瑶村等，木质结构的建筑风格淳厚俭朴，给人宁静之感。

娄底市新化县水车镇正龙村，坐落在奉家山系所围成的山坳之中。150多栋古民居建筑藏于海拔800米的正龙村内。居民姓氏以袁、奉、罗、杨等为主，民居为清一色的"干阑式"板屋。紫鹊界梯田，分布在新化县奉家山系中。正龙村的"正龙梯田"，是紫鹊界梯田的核心景区之一。正龙村也是古梅山文化的中心地带。② 正龙村田园风光美不胜收，众多游客流连忘返，正龙村是新化县极具特色的景点之一。2014年，新化县水车镇正龙村荣获中国最美休闲乡村"特色民居村"称号。

楼下村位于娄底市新化县水车镇，古名"沧溪"，因背倚月形山，梯田层层叠叠仿佛通天楼梯，后改成楼下村。板屋曾是娄底市新化县最常见的传统民居形式，也是楼下村的建筑特色之一。板屋为纯木框架式结构，屋顶的瓦脊装饰像牛角，外表大气稳重，内饰精美，房屋可以整体搬迁。板屋的外墙中间镶嵌有白色方框墙壁，白墙一般宽1米，长1.5米左右，由竹片织成。竹子采集简单，重

---

① 中华人民共和国住房和城乡建设部编《中国传统建筑解析与传承　湖南卷》，中国建筑工业出版社，2017，第110~111页。
② 中华人民共和国住房和城乡建设部编《中国传统建筑解析与传承　湖南卷》，中国建筑工业出版社，2017，第249页。

量比木料要轻。制作时在竹片外边刷上石灰,再涂上稀泥,就成了一面白墙。这样建造的民居既省材美观,又满足古时居民辟邪祈福、驱赶妖魔的心理要求。① 楼下村历史悠久,是紫鹊界梯田景区的组成部分。楼下村有一颗千年古樟树远近闻名,村内有古老的"四香书屋",文化底蕴深厚。

邵阳市洞口县罗溪瑶族乡宝瑶村,是湘黔古道的一部分。在这个位于雪峰山腹地的瑶族村寨,至今保留着煮熬茶迎贵客的独特习俗。历史上,湘黔古道使得宝瑶古驿站一度繁华,落脚的客商喝熬茶解乏,此举渐成习俗,流传千年,现已融入当地村民的日常生活。2016年,罗溪熬茶被列为湖南省第四批非物质文化遗产。

资江流域的村落往往相互联结而成为古民居群,建筑与建筑之间铺着青石板路,如西村坊村、易家村、洞市村、浪石村等。如果是在雨天漫步于这些古境悠长的村落,撑把油纸伞,走在青石板路上,别具一番韵味。这些特色村落如今深受游客青睐,是放松心灵的好去处。资江流域部分村落介绍如下。

邵阳新宁县一渡水镇的西村坊村民居是典型的清代早期砖、木结构建筑,其木材、土石均来自当地,砖料、石灰、青瓦等都是就地烧制而成。邵阳西村坊村主要采用清水砖砌筑外墙,搭配小青瓦及马头墙顶线附近的白灰。西村坊民居外观简洁、素雅。民居外墙上的门楣、雕窗装饰,无论是石雕、砖雕还是泥塑,做工都十分精细,给人以良好的印象。② 石板路的街巷、屋顶船台的瓦檐、大门口的石墩、环抱石阶的小溪,西村坊到处都散发着它的魅力。西村坊村的民居院落在清乾隆年间修建,远远望去,气势宏伟。

---

① 柳肃主编《湖南古建筑》,中国建筑工业出版社,2015,第187页。
② 中华人民共和国住房和城乡建设部编《中国传统建筑解析与传承 湖南卷》,中国建筑工业出版社,2017,第1页。

第五章　风土人文：资江流域水韵风情和民俗文化

邵阳县黄亭市镇易家村古村落位于资水河畔，处在郁郁青山之间，该村现保留着70余座明朝嘉靖年间的古民居群，计约2600平方米，40多座古民居仍居住着当地居民，距今有近500年历史了。村里宗祠和民居交相辉映，青瓦民居古香古色，古村小巷别具一番韵味。

洞市村位于湖南省益阳市安化县洞市乡，有一条长达一里地的青石板老街。在"柘湘"公路未通前，这里曾是"前乡"到"后乡"、新化到安化的必经要道。据传，从明清至新中国成立后的数百年里，这里商贾云集，店铺如林，作坊遍布。运输商品的"竹排"首尾相接长达里许，"德盛隆""瑞福祥"商号的稠木柜台油光发亮，气派十足。贺家祠堂庄严肃穆，气派非凡。如今漫步于洞市老街，仍然可以感受到洞市村昔日的繁华景象。

湖南邵阳武冈双牌乡浪石村，中国古楹联第一村。楹联文化遍及神州各地，浪石村集中保留着完好的石刻古楹联。还保留着明末清初时期始建的建筑88座，总面积1万多平方米，保存完整的55座。浪石古民居群具有典型的湘中地域特色，布局精巧，每一排房屋之间为青石板铺就的巷子，即使下雨天行走也不会湿鞋。村里保留石刻楹联41副，这些楹联的书法字体多样，甚至一副联中就有行、草、楷三种字体。浪石村是探寻楹联文化的好去处。

(二) 资江流域具有代表性的民居建筑风格

资江沿岸商贸繁华，人才辈出，大户望族众多，同族聚居，形成自然村落，一个村落往往就是一个家族，如安化县三怡堂、清白堂、荫家堂等。资江流域的居民家族观念浓厚，其修建的古建筑群气势宏伟，择要介绍如下。

其一，有的古民居建筑群是由在外经商多年的商人回乡兴建的。

这类民居外观精美，内饰豪华。

荫家堂位于湖南邵东县杨桥乡清水村，始建于清道光三年（1823）。它规模庞大，共计108间正屋，又被当地人称为"一百零八间"。荫家堂属于封建社会典型的深宅大院，极具特色，历经百年其整体结构仍保存完整，古风依旧。荫家堂是封建社会末期由商家大户所建造的深宅大院，它见证了该地区富商的荣耀浮沉，反映了时代的沧桑变化。荫家堂老屋坐北朝南，为二层砖木结构，采用"外庭院内天井"的格局。正前方为开阔院落，建筑内部北高南低，天井院落为纵横轴线布局，天井相互并排，从而构成纵四进、横连十一排的平面布局形式。轴线上的堂屋为老屋装饰的重点所在，院内戏台雕刻精致美观，封火山墙翘角高昂，并以彩画进行装饰，极具南方民居特色。[1] 荫家堂规模宏大，年代久远，现为全国重点文物保护单位。

其二，有的古民居建筑群依山傍水，风景宜人，小而精致。

刘敦桢，建筑学、建筑史学家，中国建筑教育及中国古建筑的开拓者之一。刘敦桢故居位于邵阳新宁县城，由前后两进四合院组成，第一进有客厅与书塾和东侧仓楼等，因信奉"左青龙，右白虎，青龙高于白虎"的传统，谷仓上加建有并无实际需要的楼房五间。第二进北屋五间，东西屋各三间。为满足举行庆典活动的需要，北屋堂前墙退后少许，宅内有大小院落8个，大院子辟了果园、菜园、晒场，小院子则种花养草，环境十分宜人。[2]

其三，有的古民居建筑则是迎合开采资江流域矿产资源的人们的

---

[1] 中华人民共和国住房和城乡建设部编《中国传统建筑解析与传承 湖南卷》，中国建筑工业出版社，2017，第275~279页。
[2] 中华人民共和国住房和城乡建设部编《中国传统建筑解析与传承 湖南卷》，中国建筑工业出版社，2017，第114页。

居住需求而陆续兴建而成的,房间功能注重实用性,聚居在此的人员密集。

雅居坑古建筑位于邵阳市新邵县太芝庙镇龙山村境内的大龙山深处。雅居坑古建筑造型与布局有点像中国南方地区的围楼,整座建筑坐北朝南,由中间正楼和左右楼房的三座四合院楼,组成一个整体的院落群。从入口的记事石碑上得知,雅居坑古建筑始建于清道光年间,后来经历过多次扩建,总建筑面积3200平方米。雅居坑最著名的还是青砖木结构的三层围楼,楼内四面相互连通中间留有长方形天井,每层楼每户房屋都设有走廊相连,两端都有楼梯供上下连接,住在这里的人告知,这座三层围楼大小共有一百余间房间,鼎盛时期可同时容纳两百多人居住。雅居坑古建筑的存在与清代时期此地发现有金属矿有关,后来本地陈氏家族接手掌管此地的矿业生意,生意做得风生水起,于是大兴土木招募工人,雅居坑就此应运而生。雅居坑既可供自己家人居住,又可以安置大批工作人员。雅居坑古建筑的结构和布局,在当年可谓精致,门窗都可体现精美的雕刻工艺,走廊栏杆全为实木结构,结实紧凑,每户大门的锁片都是用纯铜打造,上面刻画有栩栩如生的花纹,令人叹为观止,对研究当地清代晚期居民建筑与湖南锑矿开采历史,具有珍贵实物史料价值。

(三)资江流域十分盛行的宗祠文化

祠堂又叫宗庙、宗祠、家庙,是我国古代宗族为祭祀祖先而专门修建的一种氏族公共建筑,是我国古代建筑中一个特有的门类。宗祠文化是资江流域非常有特色的文化。资江流域的宗祠文化十分盛行,境内各地宗祠数量众多,其中邵阳市洞口县素有"天下宗祠"的美称,遗存上百座明清古宗祠,被誉为"中国宗祠文化之都"。洞口县宗祠均依山傍水而建。宗祠建筑装饰采用石刻、木雕、泥塑、彩绘等各种形式，不拘一格，匠心独运，反映了资江流域汉族人民的风俗礼仪。宗祠建筑一般坐落在村落中风景最优美的位置。

其一，资江流域修建年份在清朝乾隆、嘉庆年间的宗祠，大多采用左右对称布局，井然有序，在空间配置上，主从有别，符合礼教伦常秩序。宗祠内部石刻、木雕内容丰富，美轮美奂，具有典型的时代特征和浓郁的乡土本色。

曾八支祠位于邵阳洞口县高沙镇红鹅村，始建于清乾隆七年（1742），同治七年（1868）至十二年重修。建筑占地面积6426平方米，建筑面积4260平方米，前后五进，面阔64米，通进深100余米，三路五进十六院，中轴线上依次为门楼阁楼、前厅、过廊、中（礼）堂、寝堂、宗圣祠，两侧有钟鼓楼、走马楼及东西厢房，不包括原曾有的后花园。曾八支祠是湖南省最大的宗祠，现在也是湖南省规模最大的民间综合性博物馆——中国孝文化博物馆和高沙文史博物馆，高沙曾氏宗祠的前、左、右三个方位按八卦方位布置了三口水塘，祠堂在牌楼立柱、大门、侧门外等均有石刻楹联，祠内还收藏了多副其他宗祠或名胜的石刻楹联，工作人员将高沙镇内及其附近已被毁坏又无力复修的石刻楹联或名胜的石牌楼搬迁到曾氏宗祠之内，使之得到更好的保护与传承。

萧氏宗祠位于洞口县城城区西南平溪江中的伏龙洲上，始建于清嘉庆三年（1798），四面环水，风景迷人。萧氏宗祠为砖木结构四合院，坐北朝南，前后五进，中轴线上的部分依次是大门、戏楼、中堂、寝堂、阁楼、聚义堂，两侧为厢房、钟鼓楼及其他附属建筑。祠前并联三座砖石结构牌楼门，上面饰有龙凤、八仙、山水、花鸟等泥塑和彩绘。最有特色的中门为四柱五楼，门楣镂雕双凤和三龙戏水，

第五章　风土人文：资江流域水韵风情和民俗文化

门匾阴刻"萧氏宗祠",上题隶书"兰陵会馆",左右侧门为四柱三楼,各开半圆形顶门。祠内石雕、木刻内容丰富,工艺精湛,具有较高的历史、艺术、科学价值。

曾八支祠与萧氏宗祠均属于明三路式平面布局形式,宗祠平面明显分三路,中间一路为主轴线,左右两路为走马廊、厢房等,其明显特征是中堂(礼堂、厅堂)、寝堂(祖先堂)与两侧厢房之间由天井隔开,通过走廊相连。钟鼓楼的位置在纵轴线上处于左右两路厢房与中轴线之间。[1]

其二,资江流域修建时间在清朝光绪、宣统年间和民国早期的宗祠,在建筑风格上为中西合璧式样。宗祠内部的石雕工艺更加精湛,是资江流域工艺水平的集中展示。

贺家祠堂(贺氏宗祠)位于湖南省安化县洞市老街,是安化洞市及周边贺姓人家于清光绪年间集资构建的家族宗祠,占地约600平方米。据贺氏族谱记载,贺氏宗祠始建于清乾隆三年(1738),距今约两百八十年。起初只修缮里侧一栋,原称诚公祠,道光年间扩建成现在的规模,更名为贺氏宗祠。贺氏宗祠是安化境内保存最完整的宗祠建筑之一。该建筑端庄轩敞,典雅大方,周边山水环绕,围墙灰砖青瓦,墙沿白底彩绘,侧墙由两两对应的品字形马头墙组成,高低错落有序,稳重端庄。整座建筑从造型和颜色到绘画设计,匠心独具,与古梅山洞市自然环境浑然一体,十分和谐。贺氏宗祠是古梅山安化境内保存最完整且兼具文物和美学价值的徽派建筑。细看正门石雕,门梁二龙戏珠,龙纹清晰精美,龙形栩栩如生。门联为:"梅岭云开诸峰挺秀,镜湖月朗万泒长流。"这十六字,将写景、寓意、抒情巧妙

---

[1] 中华人民共和国住房和城乡建设部编《中国传统建筑解析与传承　湖南卷》,中国建筑工业出版社,2017,第110~111页。

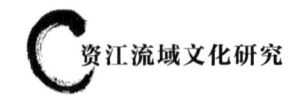

结合，诗情画意跃然而出。

位于洞口县竹市镇曲塘村的杨氏宗祠，建于1914年。整个建筑完全是中西结合的风格，"西学为体，中学为用"一个时代曲折的变迁就在这乡间的一座祠堂呈现。杨氏宗祠的建筑反映了这一时期特有的艺术特点，但在装饰纹样的内容上，还是以传统文化内容为核心，1938年秋，国民党中央陆军军官学校第二分校由武昌迁至湖南武冈，简称"黄埔军校武冈分校"，其曲塘分部就设于此。[①]

邵阳市洞口县石江镇金塘村的杨氏宗祠，始建于清宣统二年（1910），以其风格独具、精美绝伦的石雕装饰艺术而闻名，极具民族传统特色。金塘杨氏宗祠为晚清建筑，据说宗祠内的各类石雕是由族内15个石雕高手，历5年之久雕刻而成的。整个祠堂的建筑面积不到21000平方米，在规模上不算大，祠内94根屋柱的石质底座上，全部雕满了各种精美的图案纹饰。[②]底座石刻上的各种石雕动物像栩栩如生，代表了清末时期湖南地区石雕艺术的最高水平。

李氏宗祠位于冷水江市中联乡福元村，系明清古建筑，是娄底市文物保护单位。李氏宗祠建于清光绪二十六年（1900），二进式砖木结构，建筑设计精美，飞檐流角，雕梁画栋。整座祠宇高墙雄立，从选基到用料、结构布局，都非常考究，有"湘中第一祠"之美誉。李氏宗祠坐西朝东，依山而建，主体建筑坐落在凤凰山下，前为牌楼，中为天井，后为正堂，两边是厢房，是一种四合院的布局方式。主楼三层，建筑面积800平方米，是冷水江市现存最大和

---

① 柳肃主编《湖南古建筑》，中国建筑工业出版社，2015，第141~142页。
② 胡彬彬：《湖湘建筑》，湖南教育出版社，2013，第70~72页。

第五章 风土人文：资江流域水韵风情和民俗文化

唯一搭有戏台的古祠，同时也是娄底市迄今为止保存最为完整的古祠。①

萧氏荣庵公祠，位于桃江县大栗港镇黄栗洑村洞门湾组，现为黄栗洑小学所在地。该祠建于清光绪二十九年（1903）十一月，座东南，朝西北，依山傍水，整个公祠占地面积约为1800平方米，建筑面积约为1000平方米，前厅已被拆除，二进享堂和三进寝殿及两边厢房保存完整，歇山顶是木结构，全用楮、杉木及其他耐腐木料建成。萧氏荣庵公祠是萧氏子孙祭祀祖先和教育后代的场所，其结构紧凑，功能齐全，布局合理，是益阳市保存较完整的古建筑之一，享堂、寝殿具有湖南地方（山区）建筑的特点。萧氏荣庵公祠建筑构件就地取材，所用材料较为简单，整座建筑外形美观，木构件制作精细，各种构件雕刻形象逼真，建筑质量高，柱身为整木圆角方形，为典型山区建筑风格。

民居样式是一个地域人文历史的直接体现，资江流域的古村落、古建筑、古宗祠是湖湘文化的重要组成部分。

二 资江流域民俗差异及生活方式特色

俗语说"十里不同风，百里不同俗"，湖南各地民俗的地区差异较大，资江流域千百年来居住于此的人们形成了自己独特的生活方式。

（一）岁时节令等民俗的差异化

二十四节气是人们日常生活中非常重要的部分，几千年来普遍为

---

① 中华人民共和国住房和城乡建设部编《中国传统建筑解析与传承 湖南卷》，中国建筑工业出版社，2017，第254页。

123

人们所遵循。岁时节令的差异可以反映出各种独特的生活方式，是民间生活差异的集中体现。湖南虽然在岁时习俗方面有较大的共性，但也不难看出地域不同的个性。资江流域的岁时节令别具特色，充满地域风情。

一年之计在于春，旧时重农，对"起春"十分重视。每逢立春，昔日地方官常举行迎春仪式，以示与民同耕，仪式很隆重，地方官员沐浴后，穿上素衣，不坐轿不骑马，步行到郊外，聚集乡民，摆桌上供，烧香跪拜，以求一年五谷丰登。至清末、民国时期，地方官员主持举办隆重的迎春、起春仪式已不多见。[1]

农历二月十五日为花朝节，时俗以此日为百花生日，旧有祭花神之习。安化县江南、东坪、梅城等地在此日为女儿穿耳，佩戴耳环。民间还有择此日为家中男子"订婚"或"结婚"日期的。踏青节（上巳）农历三月三日为踏青节，旧俗到河边春游，为"曲水流觞"之宴。城乡居民多于此日以地菜煮蛋，谓"吃了地菜蛋，石头可踩烂"。意为健壮少病。立春后第五个"戊日"称"春社"，系古人祭祀土神节日。人死后第一年，亲属戚友于社前三日起要到坟上悬挂纸钱和彩灯，名曰"挂社"，也有连续三年挂社的。清明是传统扫墓节日。城乡居民多于清明前三日，到祖先坟地，清除杂草荆棘，挂上纸钱，叫"挂青"或"挂山"。旧俗同宗子孙于清明日在公屋会餐，谓之吃"清明酒"。新中国成立后，资江流域一些地区清明节组织青少年敬谒革命烈士陵墓或英雄纪念碑活动。庆祝四月八日浴佛节的活动，沅、澧流域远不如湘、资流域普遍，而且作为浴佛节重要内容的乌饭，西部地区几乎没有。

立夏是夏季的开始。这一天，吃糯米粉做的"立夏坨子"，谚有

---

[1] 湖南省地方志编纂委员会编《湖南省志·民俗志》，五洲传播出版社，2005，第34页。

"吃了立夏坨,石板都踩破"之语。农民占岁,认为立夏有雨,预兆夏季雨水调匀,丰收有望,否则是干旱年成。故农谚有"立夏不下,犁耙高挂"和"立夏不落,犁耙高搁"之语。端午节是中国传统重要节日,资水流域只有平原河谷地带才有竞渡习俗,南部丘陵山区一般没有这一类民俗活动。

腊月二十四日过小年全省相当普遍,但具体的庆祝时间存在明显的区域性差异,湘、资流域大多数地方在小年的当夜,仅少数地方是在小年的前夕或次夕。

有些民俗在不同的县内也有所差异。还有的风俗,在不同的乡村之间也有细微的差别。①

(二)以本地宗教为主体的民间信仰

民间信仰是一个地方的人民的精神寄托和情感纽带,资江流域的梅山教历史悠久,影响深远。

梅山教现存于古梅山峒区域(主要指湖南省安化县、新化县)民间,影响波及周边地域,是一种自然神、祖先、英雄神相交融的多神信仰宗派,是深受道教正一派影响的介于自然宗教与人为宗教之间的准宗教。② 最初的梅山教,指的是宋时开梅山前,定居在古梅山峒区域的居民(主要是苗族和瑶族)所信仰的本土宗教。

元末明初的"江西填湖广,湖广填川滇"的移民运动把移民们自身原来的道教信仰(南方的正一派)带了进来。最初的梅山教,在融合了部分道教仪轨、神仙及部分佛教、儒教的信仰特点后,逐渐形成了今"新梅山教"。新梅山教信奉的神灵、民族和氏族的祖先、英雄

---

① 湖南省地方志编纂委员会编《湖南省志·民俗志》,五洲传播出版社,2005,第7页。
② 任宗权:《道教手印研究》,宗教文化出版社,2013,第399页。

主要有张五郎、三峒梅山（神）、三峒仙娘、东山老人、南山小妹等。"三峒梅山"，民谚云：上峒梅山，赶山打猎；中峒梅山，掮棚放鸭；下峒梅山，打鱼摸虾（一作"上峒梅山，赶山打猎；中峒梅山，放牛赶鸭；下峒梅山，点兵发猖"）。"三峒仙娘"，是指古梅山峒区域桃源仙洞系列中的三宵娘娘。

梅山教信仰是道教信仰与民间民俗信仰结合的产物，是中华民族文化中的宝贵财富。梅山教深受资水流域安化、新化等地当地居民的欢迎。

（三）古朴而多样的娱乐方式

资江流域的人们娱乐方式丰富多样，极具地域色彩。资江流域的人们在重要节日和节庆活动时，喜欢有多人参加的模仿动物特性的舞蹈，如舞虾、舞龙、舞牛、舞马等，舞蹈者动作欢快，伴随着喜庆的配乐，给人们带来节日的欢乐。资江流域人民群众的娱乐生活丰富，益阳地区是花鼓戏发祥地之一。流行花鼓戏、唱民歌、皮影戏等多种娱乐方式。

其一，带有动物特性的舞蹈。益阳一带的巨虾舞，虾体长10多丈，参舞者往往逾百，实为国内罕见。猫虎形状相似，故猫舞又称"虎舞"，流行于桃江县。表演时，由一儿童扮"虎"，身着虎皮纹衣裤，头戴虎盔；另一成年男子扮"武士"，手持钢叉，"虎"由钢叉导引，每逢入户，即翻跟斗跃入堂屋，而后尽情翻舞，或随叉跳跃，或依叉伏地；周围则由另一部分人表演拳、刀、枪、棒，各显身手。两者相互配合，十分热闹。到表演结束武士举叉指向门外，"虎"即伏叉上，"武士"托着跨出大门，以示伏"虎"取胜。[①]

[①] 湖南省益阳地区地方志编纂委员会编《益阳地区志》，新华出版社，1997，第610页。

第五章　风土人文：资江流域水韵风情和民俗文化

益阳地区舞竹马亦称"竹马灯""灯船""马灯舞""跑马舞""跑马灯"。流行于资江流域益阳一带。《崔东壁先生行略》："元夜、端阳俗有灯船之戏。"竹马用竹篾编制成马头、马身，用纱布缝在马头、马身上，内可点蜡烛。马身中间留空穴，可立扮演者。马头挂着一朵鲜艳的红花，马颈吊响铃，将竹马用绳巧妙地挂在舞马者身上，马身四周用彩布悬地围着，舞马者一手拉缰，一手拿其他道具，行跑马步，很像骑士。

益阳亦有舞牛的习俗。这种活动亦称"春牛舞""耍春牛"。舞春牛与舞猫相似，由一人扮演刷牛人，两人舞牛。牛头用竹篾编制，用色纸糊成，长脸大鼻，双角两耳突出，眼睛炯炯有神。用布缝制成衣裤作牛身，上绘牛毛花纹，活动自如。其基本动作来自农事活动，经过提炼加工成舞蹈动作，如"引牛""牵牛""瞧牛""喂牛""打牛""吆牛""驯牛""弓拖步""朝天步""卧牛"等。其音乐常用民间小调"闹春花"和"八板子"做伴奏。曲调流畅，节奏明快，表达出了耍春牛时人们朴实欢乐的情绪。牛是农家宝，有的还唱"春牛调"，把牛称颂一番，祈求风调雨顺，五谷丰登等。[①]

舞龙亦是民间常有的习俗，资江流域的邵阳邵东市的坝上张家长龙舞就很有名气。这一传统活动始于清道光二十二年（1842）春，张氏宗祠落成之时，遵照中国民间习俗规定定制108节青龙（象征民间的108个好汉），庆典之时组织族民舞龙庆祝，至今已有近二百年的历史。

其二，戏曲民歌是农村生活特性的折射。资水流域益阳地区流行地花鼓。地花鼓的曲调大多是由民间山歌小调演变而成，音乐以

[①] 赵玉燕、吴曙光：《湖南民俗文化》，湖南师范大学出版社，2010，第366~367页。

锣鼓打击乐、大筒、唢呐为主，其表演形式可分对子花鼓、双花鼓和群花鼓等。对子花鼓是一丑一旦，双花鼓为两丑一旦或两旦一丑，群花鼓有五丑五旦或十丑十旦等。表演节目有"小放牛""捉泥鳅""扯萝卜菜""补缸"等。舞蹈动作源于生活，渗透着浓郁的乡土气息。在表演风格上小丑活泼洒脱，小旦含蓄端庄。地花鼓常与龙灯相伴演出，俗称"龙灯花鼓"或"围龙花鼓"。人们常在节日、婚庆、寿诞时接地花鼓到家欢庆。春节期间地花鼓队伍遍及城乡，成群结队沿门演唱，主家则放鞭炮相迎，并赠送红包、茶点、香烟。①

另如益阳地区广泛流行的弹词、地花鼓、三棒鼓、花鼓座唱，以及桃江县马迹塘一带的"扎故事"，益阳县兰溪执林桥的"端阳山歌会"等，均具地方特色。益阳素有"花鼓窝子"之称，为省内花鼓戏发祥地之一。自清代中叶开始，经200余年的发展演变，花鼓戏现已形成一个具有独特风格的剧种。班社、剧团遍及全区城乡，男女老少多能哼唱。生长于资江流域境内的花鼓戏艺人何冬保、胡华松、蔡教章、郭玉铗等，自成流派。经几十年的努力，在继承发扬传统剧目和创作新剧目上，均取得显著成绩。新中国成立后，戏剧活动更有长足的发展，进京献艺，剧本公开发表，剧目被拍成电影，一部分演员的唱腔被制成音像带出版发行，多年来热度不减。②

唱插秧歌是插田时的特有风俗。民间有"插田不唱歌，禾少稗子多"的谚语。插田时，田垄间歌声阵阵，十分悦耳动听。唱插秧歌以开秧门和关秧门时最为隆重。旧时，大户人家插秧，专门请歌师唱插

---

① 赵玉燕、吴曙光：《湖南民俗文化》，湖南师范大学出版社，2010，第349页。
② 湖南省益阳地区地方志编纂委员会编《益阳地区志》，新华出版社，1997，第572页。

第五章 风土人文：资江流域水韵风情和民俗文化

秧歌。通常，请歌手二人，插秧时在田垄间，一人打鼓，一人敲锣，对唱春歌。插秧歌常用"高腔"唱法，声调高亢，旋律跳跃，唱词明快。一般，先唱请神一类的古歌，祈求神灵保佑主家丰收。而后再唱保收、爱情及其他题材的民间曲目，如常德流传的《保收歌》《上安化》，湘乡流传的《一年胜过十年春》，湘中地区流传的《我郎唱得万般歌》等。同时，歌师还会依传统曲调，即兴编唱一些恭维、祝福主家的唱词。唱插秧歌的形式并不局限于此，很多时候，歌师在田埂上领唱，插田者在田里边插秧边跟着唱；有的则是插田者兴致高涨自发而唱，以歌引歌；有的是一人领头众人唱和；有的是插田完毕，插田者和邻居里舍到主家唱。家家户户男女老幼都喜欢听，也喜欢唱插秧歌。民间以为，插秧歌唱得越热闹，主家当年年成会越兴旺。插秧歌题材广泛，内容丰富，曲调高亢优美，唱词朴实清新。无论是颂神古歌或是现编现唱的歌，大都憧憬丰收，表现劳动、智慧和爱情等，纯朴通俗又不失诙谐风趣。除插秧歌外，民间还流传不少有关插田的民谣。[1]

皮影戏是一种用灯光把兽皮或纸板做成的人物剪影照射在白色的银幕上以表演故事的戏剧形式，又称灯影戏、影戏、影子戏。表演者在幕后操纵剪影、演唱，并配以音乐。资水流域的益阳岳家桥镇是湖南出名的"皮影戏之乡"。皮影戏一般以"花鼓戏"来演绎历史传奇或民间故事。皮影戏不但在平常人家喜庆时演出，还在一些特殊场合下演出，因而带有较重的神秘色彩，如天旱时"祭天"、生小孩"做三朝"、母猪下猪崽前等。[2]

资江流域人们的精神生活丰富，戏曲、民歌、舞蹈等众多娱乐方

---

[1] 湖南省地方志编纂委员会编《湖南省志·民俗志》，五洲传播出版社，2005，第71页。
[2] 赵玉燕、吴曙光：《湖南民俗文化》，湖南师范大学出版社，2010，第358页。

式既能达到交友的目的又能放松身心，锻炼身体，这些娱乐方式都极具地方特色，形成了独特风格。

（四）饱含梅山文化特色的饮食风俗

资江流域水流充沛，物产丰富，在资江流域生活的人们生活富裕，有着独特的饮食生活风俗。

资江流域和全国各地一样都有饮茶的习俗。资江流域境内饮茶的习俗源于古俗，人们多以凉茶为常备饮料。饮茶的习俗在中国流行甚广，如来客，必先以开水泡热茶相敬。节日和宾客临门时无不置茶水相待。资江流域境内居民每遇客人进屋，不论亲疏，必先奉热茶一杯，以显尊重、知礼。资江流域的饮食习惯特征明显，如制作精细、用料广泛、油重色浓等。

资江流域的饮食习俗和其他地方有一些不同的特点。

其一，资江流域的人们除了喝清茶以外，喜欢在茶里面加入不同的配料，形成不同风味的茶饮品，令人着迷。比如有芝麻豆子茶、擂茶、甜酒茶等。

资江流域有地域特色的饮食习俗有喝芝麻豆子茶、擂茶和煮茶。不少人用开水泡茶叶，并加姜、盐和芝麻、豆子，故称姜盐、芝麻、豆子茶。

在桃江、安化两县，喝擂茶早已成俗，几乎家家户户备有陶制擂钵、擂钵架、擂茶棒（长约5尺的油茶木）。做擂茶时，先将茶叶擂烂，次放芝麻、生姜、花生米，均擂成糊糊状，再用白糖开水调制而成，像豆浆、似乳汁，喝起来清凉可口，滋味甘醇，四季可饮，尤以夏季为盛。有客来时，用大碗盛满，客随喝随添，客人喝得越多，主人越是高兴。这是接待常客。若有稀客来，一边喝擂茶，一边还摆上自制的茶食，如油炸红薯片、炒黄豆、炸巧果皮、爆米花、酸刀豆、辣椒萝卜等。20世纪80年代后,夏季喝擂茶的习惯在益阳其他城镇居民中,也日渐流行。亦有个体户专卖擂茶者。

甜酒茶俗称"煮茶"。逢节气、婚礼,或办"三朝酒"、寿酒时,境内民众习惯用甜酒冲蛋以待客。也有的在甜酒中煮红枣、荔枝、桂圆,再加鸡蛋的。后者主要用于招待贵客。桃江县及南县西部厂窖、武圣宫一带,也有用荷包蛋待客的。这些习俗均沿袭至今。①

其二,资江流域饮食所选用的辣椒品种各有讲究,如邵阳宝庆朝天椒就赫赫有名。在辣味的烘托下资江流域一些菜品别具风味。如邵阳地区武冈铜鹅、猪血丸子,娄底新化的三合汤、益阳的酱板鸭,深受众多食客的喜爱和追捧。

武冈铜鹅早在明代嘉靖年间就被列为贡品,被誉为"世之名鹅"。它与宁乡猪和湘莲被称作为湖南"三宝"。武冈地处丘陵,境内溪流密布,水草茂盛,具有铜鹅生长、繁殖的最佳生态环境,民间有"青草换铜鹅"之说。武冈人独具匠心,能将铜鹅加工出多种不同风味的佳肴,如铜鹅全席、爆炒鹅杂、辣炒鹅肉、血浆鹅、米粉鹅、清蒸鹅、盐水鹅、烤鹅,以及卤鹅爪鹅翅和卤鹅肝等,每道菜都有其独特的口味,令人一饱口福。②

猪血丸子,亦称血粑,是邵阳的传统食品,始于清康熙年间,民间历代相传,至今已有好几百年的历史。

猪血丸子的主要原料是豆腐,先用纱布将豆腐中的水分滤干,然后将豆腐捏碎,再将新鲜猪肉切成肉丁或条状,拌以适量猪血、盐、辣椒粉、五香粉及少许麻油、香油、味精、芝麻等佐料,搅拌均匀后,做成馒头大小椭圆形状的丸子,放在太阳下晒几天,再挂

---

① 湖南省益阳地区地方志编纂委员会编《益阳地区志》,新华出版社,1997,第754页。
② 赵玉燕、吴曙光:《湖南民俗文化》,湖南师范大学出版社,2010,第89页。

在柴火灶上让烟火熏干，烟熏的时间越长，腊香味越浓。也有做一铁架，架下用火炉焚烧锯木屑、糠皮、谷壳或木炭熏烤的，此种熏法特别讲究火候，不能过急过猛，否则口味不佳。丸子熏干后即可食用。猪血丸子色、香、味俱佳，腊辣可口，增进食欲，且易于保存，几个月不会变质，携带方便，煮熟切成片即可食用，是宴客时一道开胃的冷盘。

三合汤是梅山传统的地方名菜，在娄底市及周边地区的饭店或夜宵摊上常见，深受众多人的青睐。品尝三合汤不仅可大饱口舌之福，而且可以领略一下梅山文化的深厚和神奇。三合汤选料相当讲究，最好要用水牛牯的牛血，厚实牛肚及黄牛牯里脊肉为主料。牛肉要横切，牛肚梅山人吃法奇特：呷黑不呷白。杀牛开膛后，取出牛肚，炒前几分钟将其洗净，若去黑皮，甜味鲜味全无。牛肉、牛肚猛火热油翻炒后，加入米酒酿、生姜、红椒粉后出锅。牛血稍炒，久炒则不嫩。最后三者合之。加沸水烹煮成汤，配山胡椒、酱油等调味。于是，味辣、汤沸、味道鲜美的三合汤就出炉了。据史料记载，南宋景炎二年（1277）3月，新化张虎起兵抗元，统帅威猛剽悍的梅山骑兵，长驱直入，所向披靡。一举收复新化、安化、益阳、宁乡等县，后遭元朝重兵残酷镇压，张虎兵败被俘不屈而死。元人为防梅山骑兵东山再起，在梅山地区大肆杀马，杀完马之后杀牛。由此梅山也产生了杀牛的牛市和饮食三合汤的饮食习惯，三合汤经过几百年而传到今天，独具风味。

酱板鸭是一道湖南益阳的特色名菜。选材为本地特有的水鸭，经三十多种名贵中药浸泡，经过风干、烤制等15道工序精制而成，成品色泽深红，皮肉酥香，酱香浓郁。产品香、辣、甘、麻、咸、酥、绵适中，具有醇香可口、色香俱全、低脂不腻、回味无穷、食用方便的特点。

第五章　风土人文：资江流域水韵风情和民俗文化

（五）作为水文化标签的船运文化

新中国成立以前，资水滩多浪急，水运繁忙，资江两岸的人们依靠资水河运与外界沟通，从洞庭湖区运进大米、布匹、百货等，运出去资江流域的煤、土纸、茶叶、竹子等货物。资江是沿岸居民赖以生存的水资源和运输通道。沿水聚居的人们，将船只作为交通工具，开始建造码头。之后，随着集市的繁荣，货运已然成为一个资江流域沿线居民的经济支柱。

资水滩多险峻，有72处险滩，其中湖南省娄底市新化县境内就有险滩53处。在古代新化，资江河流被横岩阻挡，常常使来往船只沉没，给行人带来危险。在清同治年间的《新化县志》中有记载："资水发源绥宁，下达洞庭。左岸突峙，横岩阻截河流者数十丈，右岸盘踞石洲如月形，俗以其嶙峋历碌，呼为满天星，中仅一线容舟，汹涌澎湃，犹复迂回虽通，每遇水涨风旋，舟触辄沉破，不及救援。操楫者，戒为畏途，非一日也。康雍朝有将横岩鑿去三四丈，说者谓伤地脉，触雷威事，遂中止，亦未记。"[①]　"后人又建江神庙于平溪，并设救生船，但滩险如故，江水为害久矣，咸丰十年（1860），邑侯、郡伯等人捐修三载之就，将所谓满天星另开一洪，坚不可破者，烧以松火；软而可攻者，施以斧锤；大而虽举者，掘其旁而掩之；使低小而可移者，迁其处而驱之使远，筑堤以防其决。"[②]

资江流域山高谷深，森林茂密，遍地都是参天大树，在没有公路的年代里，资水两岸的人们靠河运与外界沟通，形成了船运文化。资水船运中，有鳅船、摇橹船、洞驳子、毛板船等船种。当时资水的船

[①]〔清〕关培钧修、刘洪泽纂《新化县志》卷三，清同治十一年（1872）刻本。
[②]〔清〕关培钧修、刘洪泽纂《新化县志》卷三，清同治十一年（1872）刻本。

运以邵阳、冷水江、新化、安化、益阳等地的码头为中心，摇橹船主要在资水两岸作摆渡船。鳅船可载40吨，航路以邵阳至新化再至益阳为主。洞驳子船可载5吨，两人即可操作，这种船大都行驶在新化至邵阳的河段。

资江流域无公路时期，运煤主要靠水运，其中毛板船是运煤主要工具，一只船可载120吨以上的煤，最多的可达200吨。毛板船的航路主要是邵阳（宝庆）到长沙或汉口。毛板船要在汛期时才能起航，风险大，一船煤运到汉口，可获超出成本5倍的利润。毛板船与普通船的外形是一样的，由敞口船舱、四根桡橹、桅帆等组成，船舱由四个挡板分开五格，很简陋。只是造船用的木料粗大，用马钉（一种外形似大括号的大铁钉）钉好粗木板后不加整修，在板与板的缝隙处抹些桐油石灰浆防漏，船表不上桐油，船体很毛糙，所以叫作毛板船。毛板船造船木料主要是用刚锯开的松树毛木板，因它仅用马钉钉制而成，不如鳅船、摇橹船、洞驳子结实，一旦不慎碰上礁石即碎裂，俗语以"蛋壳"比之。但漫山松树，材源较广，制作简易，造船时间极短，造价低廉，装运量大，毛板船便大量出现。当时造毛板船的主要基地是新宁、武冈、邵阳。因新化境内产煤，船造好后放空到新化县的沙塘湾（现在冷水江市内）、北塔底、大洋江，再装煤而下。每只毛板船只运煤一次，是"一次性使用"，不必返航。船到达目的地后，船体拆下的木板与煤一同销售，因松木耐水浸，敲掉船身上的马钉，船板还是新木板，色泽没变，还散发着淡淡的松木香，所以销路很畅，渐渐在汉口形成了一种新行业——船板拆旧业。船板拆旧业盛行于清光绪十六年（1890）湖广总督张之洞兴建汉阳铁厂之际。毛板船商用毛板船运煤来汉阳供应给铁厂，卖煤后就卖船。经煤商呈报汉阳县批准，在月湖堤河沿设立湘邵帮毛板公所，由公所司事人员凭卖煤税票代客卖船。一些在汉的湘邵籍人凭同乡关系，专以卖船拆板为生。1946

年，成立汉阳县毛板同业公会，会员73户，其中汉阳武圣庙河沿有50户，其余分布在汉口朱家巷、宝庆码头一带。①

(六) 展现资水悠久历史的码头文化

资江流域繁忙的货运线路，促进了沿岸宝庆、益阳城市的商业繁华，刺激码头经济快速发展，形成了码头文化。

其一，宝庆府码头是资江流域皮毛、煤炭、百货的集散地。

清代的湖南宝庆府（今邵阳），位于资江河畔，下辖今新宁、冷水江、新化、邵阳、武冈等诸多县市，是集商业、手工业于一体的城镇，又是湘西南土特产、手工艺品的集散地，境内盛产的土纸等手工艺品和玉兰片、龙牙百合、薏米、茶叶、煤等土特产，通过资江运用木帆船、毛板船销售于省内外，再运进洋布、绸缎、钟表、书画，也运进瓷器、海味、糖、盐等货物。从明末清初起这里就有了沿资、邵二水的北门、东门（柴）、河街（盐）三个码头。随着物资集散增多，又新增辟了临津门、保宁街（金记）两个码头。民国初期，多了关门口的米码头。20世纪40年代中期，城市用煤量增大，在高庙潭附近又有了泥湾码头。到新中国成立前，邵阳市共有八个码头。值得一提的是，毛板船商人崛起后，他们积累资金，开始向外发展，一些暴富了的船老板或船工便在汉口置业定居，由毛板船商改为坐商，逐渐形成了汉口的宝庆街。清咸丰年间，为加强湘商在汉口的凝聚力，宝庆府在汉口的商人，在宝庆街建起了"宝庆五属同乡会"会馆，并在会馆附近汉水出江处建起自己的专用码头——宝庆码头。汉口人称这里的人为"宝庆帮"。"宝庆帮"是当时汉口最有实力的一支湘商队伍。

---

① 伍弱文：《毛板船：资江上的湘商传奇》，《传承》2009年第9期。

资江流域文化研究

邵阳昔为宝庆府首邑,滨资江为城,百业纷呈,主要物产为竹木、纸张、茶、铁、烟叶、蓝靛、煤炭等,行销资江流域及汉口、九江、上海。全县商业类型,共有30余种。以皮毛业为例,许多大商号形成于此。邵阳四境皮毛产量多,湘西、贵州等地商贩亦肩挑牛皮来此贩卖,历为西南各省兽皮集中地之一。主销上海、汉口、广州等地。其中鸭毛一项,每年输出1000担。长沙华新、华泰羽绒公司,亦常派人在此收购。该业以谭记庄开业最早,从清道光三十年(1850)起,曾垄断该业50余年。谭记庄于清光绪三十年(1904),将各类品种的皮毛运销汉口,总值20多万银圆,人称"皮毛大王"。民国时期邵阳其他行业著名商号还有永顺盐号、益丰花纱号、仁义福绸庄、瑞丰绸庄、德和丰盐号、大新昌百货店等,此外,餐饮、笔墨等行业中也不乏名商号。[1]

其二,益阳码头是资江流域竹木、副食品的集散地。资江流域另一个重要城市益阳,益阳城区自东关至接龙堤街口,长7.5公里,人烟稠密、店铺比肩,是益阳最繁华的商业区。1943年,益阳县打造了这处水运码头。改造后的大码头,论其宽,是其他码头的五六倍;论其大,当时沿河八十多座码头恐无出其右者。该码头建成后,立即就成了益阳的主要港口和水上客运中心。在水运繁盛的年代,大码头是船排云集、物资集散的重地。

资水流域的山岭众多,盛产竹木,流域内益阳地区更是以竹木闻名,"惟材木鱼米,旧称饶足"。[2] 民国时期,资水流域的武冈、新宁、邵阳、新化、安化等地外销竹木,取道资水至益阳集散,继入洞庭,转运至汉口。民国时期的《益阳县志稿》:"本县输出之

---

[1] 欧阳晓东、陈先枢编著《湖南老商号》,湖南文艺出版社,2010,第55~56页。
[2] 〔清〕方为霖修《益阳县志·物产》,清嘉庆二十五年(1820)刻本。

第五章　风土人文：资江流域水韵风情和民俗文化

货，以竹木为第一。每年落地竹木约值二百万元，出境竹木约值二百五十万元。竹木商人，分五埠、四溪，均以湖北鹦鹉洲为集中销售地。"

民国时期，著名的商铺有天赐福南货号、有成斋南货店、福昌药号、同福百货店等。益阳商业更具其地方特点，与益阳土特产品的产销紧密联系在一起。如竹制品，1927年前，益阳经营竹器者达千余家，生产竹床、竹椅、篾丝、缆纤、竹黄等，产品除销往本地及滨湖各县外，还销往长沙、桃江、安化、湘潭及湖北省武汉市等地。沿河两岸，筑起的作坊店铺，鳞次栉比，益阳竹艺工人占城区人口3%，竹器品种繁多，顾客络绎不绝，因而益阳有"竹器城"之称，但并未出现相关的大商号。又如松花皮蛋，益阳松花皮蛋有200多年历史。进入民国后，成批销往汉口及全国各地及东南亚一带，年销量600多万枚。1930年成立味蛋业同业公会，计24户，年加工皮蛋二三百万枚。1933年有皮蛋行十数家，销往汉口的皮蛋价值达90万元，其中最大的蛋行商家是张益顺、陈福星、张兴发、尹星福、姚远兴、高源茂、葛福泰、向万茂、漆洪发等。[1]

益阳等地是毛板船货物的转运站和停靠处。益阳的千家洲、青龙洲、萝卜洲下三个收购点和加工厂，专营上游运来的煤炭、矿石、木材、药材、土纸等，再将木材加工成更大的毛板船装载货物运往下游。记录毛板船商故事的长篇湘商史诗《资水滩歌》流传下来。[2]

三　资江流域的人文遗存

资水航道滩多水险，素有"滩河"之称。明宣德六年（1431），

---

[1] 欧阳晓东、陈先枢编著《湖南老商号》，湖南文艺出版社，2010，第56~57页。
[2] 伍弱文：《毛板船：资江上的湘商传奇》，《传承》2009年第9期。

邵阳知县何永芳以"宝庆贡赋，自运至京，滩多险恶，行舟多碎"，[1]奏准改行折色，宝庆始免漕运之劳。明嘉靖三十二年（1553），桃江武潭乡绅莫钱峰捐资开凿资水滩石，以利航行。清代中期开始，以墟场和市镇为节点，以道路和水系为纽带的乡村集市贸易网络逐步形成。资水流域市镇19个：油溪市、白溪市、苏溪镇、澧溪市、渠江市、探溪市、淹溪市、毗溪市、马髻市、东平市、桥口市、酉州市、江南市、边江市、小淹市、敷溪市、金鸡市、鲊浦市、舒塘市。[2]众多市镇，留下了众多的人文遗存。

（一）资江上游流域的文化遗存

资江上游的邵阳，山川毓秀、文化底蕴深厚，境内有众多历史遗产、人文遗存。

其一，依水而建的古城和古街区历史悠久。邵阳城北临资江，东靠邵水，交通便利，周边建有双清亭与北塔等，以供登临眺望。从清光绪三十三年（1907）《邵阳县乡土志》邵阳山脉大略图中可见，邵阳城位于资、邵二水汇流处，周边山川拱卫。邵水为资水支流，资水为长江支流，两者于此处交汇，护卫城池。[3]邵阳古城墙始建于汉，为土筑城垣，宋代以后改用砖石筑墙。清道光年间，邵阳（清称宝庆）有城门5座、炮台12座、层楼7座，城墙周长1311丈，"有大街二，曰城街、县街，商业繁盛"。[4]直到今天，邵阳古城门临津门、丰庆门尚存，位于邵阳市大祥区资江之滨，北曰丰庆门、西北曰临津门，保存基本完好。另在犀牛塘、溪外湾各有一段城墙尚存于今，总

---

[1] 〔明〕陆柬纂修《宝庆府志》，明隆庆元年（1567）刻本。
[2] 蒋响元：《湖南古代交通史》，人民交通出版社，2020，第425页。
[3] 王树声编著《中国城市人居环境历史图典》（湖南卷），科学出版社，2015，第120页。
[4] 〔清〕黄宅中、张镇南、邓显鹤编纂《宝庆府志》卷九十二《礼书六》，邵州濂溪书院刊行，清道光二十五年至二十九年（1845~1849）刻本。

第五章　风土人文：资江流域水韵风情和民俗文化

长约1000米，为宋、明、清时期砌体；另存城墙基1000余米，被列为省级保护单位。

邵阳市内老街较多，如著名的回栏街，原名回澜街，位于邵阳市双清区，谓此处可闻资江回旋之波澜的声音，故名。此街北接昭陵西路，南通跃进路而达东风路。1938年11月12日，长沙"文夕大火"后，奉周恩来指示，中共湖南省工委迁到邵阳驻在回栏街欧阳院子，领导全省党的地下工作和抗日救亡运动。

在大信街与遥临巷之间，有一小巷，名洙泗巷。此巷虽窄，仅容二人擦身而过，但名气甚大。因其一侧，有一堵高大的朱红色长墙，几乎与小巷齐并，墙内即是供奉孔子的文庙，亦即宝庆学宫所在地。邵阳因自古教育发达，名人辈出，故有"潇湘洙泗"之称。

从清嘉庆二十二年（1817）《武冈州志》城图可以看出，武冈州城南临赧水（资江），中贯渠江，城内地势南部较平缓，北部起伏较大。城池东南顺应赧水流向，北部依地势起伏而建，故整体呈不规则状。[1] 渠水将山川的灵动注入城内，渠水的曲折影响了武冈的民居空间格局，城内构筑起了一条士民生活与城市人文相融合的公共景观廊道。武冈位于湖南省的西南部，是湘西南地区的中心城市，为湘桂门户，素有黔巫要地之称，因往来客商较多，故建筑众多。留下的古建筑主要以硬山式为主，封火山墙鳞次栉比，内部穿斗式木屋架，以木间壁作为围护结构，建筑1~2层，居民主要居住在一层。封火山墙一般装饰性很强，建筑花窗雕饰精美，建筑外侧主要采用灰塑，具有较强的防御型特征，建筑内部采用装饰精美的木窗，显示出较强的装饰性和内向性。[2]

---

[1]〔清〕许邵宗修，〔清〕邓显鹤纂《武冈州志》卷十四《疆域志》序，清嘉庆二十二年（1817）刻本。
[2] 柳肃主编《湖南古建筑》，中国建筑工业出版社，2015，第27页。

其二，古亭、古塔、古桥、古堂，古朴雅致。资水上游区域古亭较多，著名的有双清亭，始建于宋，位于资邵二水汇合处。清代邑人王玮在《重修双清亭记》中载，"去郡东二里许，踞砥柱矶巅下，为资邵二水所汇"[1]。双清亭位于资水南岸砥柱矶上。《大明一统志》谓资、邵二水汇流其下，故名。"双清秋月"为古邵阳十二景之一，有"云带钟声穿树去，月移塔影过江来"之句。双清亭之外亭名亭外亭，立悬崖，临清潭，与北塔隔江对峙，交相辉映。历代屡毁屡修。为纯木结构，两边飞檐如白鹤展翅。

北塔位于邵阳市资水北岸，与双清亭隔水相望。北塔与东塔、猴子塔并称"邵阳三塔"。明万历十年（1582）建成。北塔为省级文物保护单位。邵阳北塔位于邵阳市北塔区，资、邵二水汇流处的北岸，全国重点文物保护单位。明万历元年动工，万历十年由知府胡梗主持竣工。邵阳北塔为楼阁式砖塔，平面八角形，7层总高37米。各层收分较多，造型庄重。

凌云塔位于武冈市城北东1.5公里的迎春亭附近，濒临赧水西岸，俗称东塔。建于清道光九年（1829）。塔高36.2米，七级，内有两径直达塔顶。因塔壮丽挺拔，"绝似青云一枝笔"，故称凌云塔。

洞口文昌塔始建于清同治元年（1862），以青砖构成，七级八面，高42.66米，围长37.32米，脚深6米。造型雄伟壮丽，结构复杂严谨，内设螺旋式梯级行人走道，穹庐式圈顶，檐面和中心内壁均有彩面装饰。顶部盖似铁顶，飞檐翘角，四周八个斗角悬八只铜铃，清风徐起，铃声悦耳。塔顶有常青树数株，如冠似盖，把塔点缀得十分壮

---

[1] 〔清〕王玮：《重建双清亭记》，《邵阳县志》卷三十七《艺文》，清嘉庆二十五年（1820）刻本。

第五章　风土人文：资江流域水韵风情和民俗文化

观。进门石柱上刻有一联："碧水环流地疑蓬岛，青云直上人在琼霄。"内壁有增生、显庆、松川等人的题诗。[1]

古桥方面，著名的有东关桥、木瓜桥。东关桥在邵阳旧城东门口，为跨越邵水之桥，是连接东风路和红旗路的跨河桥。东关桥亦名青龙桥，旧时亦为街名。唐乾宁元年（894）始建木桥，后毁于水。南宋宝庆二年（1226）建石桥，筑五墩，中置铁柱，中墩铸一铁犀镇水。初名跃龙，后改称青龙桥。桥头有石联云：两岸翠屏山城秀，一条碧江水光寒。清道光《宝庆府志》称东关桥，俗谓"龙桥铁犀"，为古邵阳十二景之一。

木瓜桥又叫红军桥，位于武冈城西南15公里邓元泰木瓜村东，跨赧水（资水），东西走向，与同名村的小街西端相连，是连接木瓜村与沙洲坪的交通要道。桥两端砌青砖牌楼墙，门洞大敞，门额上面是泥塑榜书"木瓜桥"这3个斗大的字。门联楷书"木叶落亭前，际资水秋深，夜雨横飞圃树；瓜田连岸畔，看平原草绿，朝烟遥接板云"。木瓜桥全长44米，桥面宽4.7米，四墩五拱，墩上叠木，拱间架木，逐层往上出跳，木以上石板加重压固，构成12排木架长廊，桥两侧还建有供人歇息的坐板，工整又闲适。[2]

庙堂建筑方面，有名的是水府庙、中山堂。水府庙位于邵阳市双清区双清路西端资、邵二水汇合处，亦为路片名。明万历年间为祀河神而建，后毁。清高光《宝庆府志》："水府庙在河街，道光二十六年（1846）重修。"水府庙结构为纯木结构，重檐六角，阁式建筑。1978年水府庙修整一新。登楼远眺，"神滩晚渡""双清胜览"等胜

---

[1] 中华人民共和国住房和城乡建设部编《中国传统建筑解析与传承　湖南卷》，中国建筑工业出版社，2017，第113~114页。
[2] 中华人民共和国住房和城乡建设部编《中国传统建筑解析与传承　湖南卷》，中国建筑工业出版社，2017，第112页。

景尽收眼底。水府庙为省级文物保护单位。

中山堂是黄埔军校第二分校旧址,这是一栋具有极大历史意义的建筑,保存在武冈市第二中学内。抗日战争时期,中央陆军军官学校武汉分校迁至武冈,从1938年到1945年一共在这里办学7年,招收了6期学员,毕业学员2.3万多名,是办学时间最长、毕业学员最多的黄埔分校之一,培养了一大批抗日志士。学校的中山堂建筑风格是当时典型的中式风格,系砖木结构单檐庑殿顶建筑,建筑平面布局由正厅、左右厢房、花园等组成,占地约1300平方米。因地势南高北低,故正面看是两层楼,但背面可见三层,并且背面设有开放式通廊与竖向连通的楼梯,建筑四角也各有一个攒尖顶角楼。[1]

(二)资江中游流域的文化遗存

资江中游流域主要是娄底市的冷水江市地区、新化县,以及益阳市的安化等地区,资江流域文化底蕴深厚,故而人文遗存众多。

其一,造型独特的风雨桥。安化县位于湖南中部偏北的资江中游地区。宋神宗熙宁五年(1072),收复梅山,置安化县。安化以"归安德化"之义而得名。境内古迹众多。安化县是山区县,地势西南高东北低,山区盛产木材,境内水系众多,故而风雨桥也众多。安化风雨桥建筑就地取材,各种风雨桥以木构廊屋的建筑形式遍布村野,与青山绿水相映成趣,构成乡村环境中一道亮丽而独特的风景线。风雨桥在古梅山时期是马帮文化的重要物质载体,它是马队歇息停留的重要场所。

新化也属古梅山地区,其桥与安化风雨桥类似。如龙潭风雨桥,

---

[1] 中华人民共和国住房和城乡建设部编《中国传统建筑解析与传承 湖南卷》,中国建筑工业出版社,2017,第312~313页。

第五章　风土人文：资江流域水韵风情和民俗文化

在新化县城东北约 70 公里的雪峰山系南侧，地处温塘镇龙潭村与田坪镇大同村之间，油溪河流经桥下汇入资江。龙潭桥建于清咸丰八年（1858），全长 58 米，宽 5 米，为石墩悬臂式木廊风雨桥，系就地取石材、木材而建。龙潭桥造型精巧，结构奇特，桥身外侧是悬臂式瓦檐，水平宽 2 尺有余，形同双翼，斜面的小青瓦檐与桥顶瓦檐高低错落，每当大雨滂沱时，50 多米长的水帘，顺瓦缝直泻桥下，击水生花，蔚为大观。2002 年，该桥被公布为湖南省省级文物保护单位。①

其二，塔阁馆堂展示了不同时期的资水历史和风情。新化文昌塔位于新化县洋溪镇新化五中校园内，塔始建于清乾隆四十九年（1784），重修于清光绪十四年（1888），系四合院式，占地面积 520 平方米，砖木结构，坐北朝南，正中楼阁式三层，八角，置彩色宝顶。塔路一层南开前门，北开后门通天井，门楣上有精美"廻澜"二字。两旁有对联"日月光华瞻圣教，山川灵淑蔚人文"，充分表达了前人建塔的真实意趣。院内四壁有碑文四块，主要记述士林乡绅创办三乡社学，会文讲学及修塔之事。②

安化小淹镇的文澜塔，为清朝两江总督陶澍回乡所建，主要为彰显梅山地区悠久的历史、崇文尚武的传统。安化大福镇的孔土塔彰显清朝年间大福地区的昌盛文风，文人雅士都视书稿为神圣之物，即使废弃之书也应该在固定的场所进行销毁，由此修建全土筑结构的塔专做焚烧书稿之用。③

新化县"水晶阁"位于城墙南楼之上，建自明永乐初年。因

---

① 中华人民共和国住房和城乡建设部编《中国传统建筑解析与传承　湖南卷》，中国建筑工业出版社，2017，第 263 页。
② 湖南省文物局编《湖南文化遗产图典》，岳麓书社，2008，第 234 页。
③ 中华人民共和国住房和城乡建设部编《中国传统建筑解析与传承　湖南卷》，中国建筑工业出版社，2017，第 261 页。

城市常发生火灾，故"建阁祀水神以镇之"。清嘉庆末年，有人将水晶阁漆成红黑色，丹碧辉煌，好似赤霞于天际，并将题有凌烟两字的匾额悬于其上。道光二十年，水晶阁被烧毁，数月后重建。道光二十七年、同治九年又经过多次补修，可见其人文意义的重要性。①

锡矿山展览馆位于娄底市冷水江市锡矿山闪星锑业有限公司北炼厂内。该馆始建于1948年，系原锡矿山工程处办公楼。1949年初，地下中共锡矿山总支委员会在这里成立并开展工作，在这里发展党员，领导波澜曲折的护矿解放斗争。2006年，锡矿山闪星锑业公司斥资建设"锡矿山展览馆"。该馆面积达800平方米，历时2年建成，为湖南省首家最大的企业展览馆，集红色旅游和工业示范旅游于一体，地域特色浓郁，保存史料翔实珍贵。

（三）资江下游流域的文化遗存

益阳是资江下游流域的重要城市，据清《同治益阳县志》记载，其"东跨沅湘，西据梅山，南奄沩宁，北连汉寿"②。《同治益阳县志》印有《益阳资江十景全图》，包括西湾春望、碧津晓渡、庆州渔唱、裴亭云树、白鹿晚钟、甘垒夜月、关濑惊湍、志溪帆落、会龙栖霞、十洲分涨。③资江两岸的自然风景和人文遗存交相辉映，生活于此，可谓十分惬意。

其一，益阳众多的儒、释遗存及兵事遗迹反映资江两岸的历史变

---

① 王树声编著《中国城市人居环境历史图典》（湖南卷），科学出版社，2015，第203～204页。
② 〔清〕姚念杨、〔清〕吕懋恒修，〔清〕赵裴哲纂《同治益阳县志》卷一《地舆志》，清同治十三年（1874）刻本。
③ 〔清〕姚念杨、〔清〕吕懋恒修，〔清〕赵裴哲纂《同治益阳县志》卷二《地舆志》，清同治十三年（1874）刻本。

第五章　风土人文：资江流域水韵风情和民俗文化

迁。天问台位居桃江县城凤凰山顶，坐落在桃花江汇入资江的入口处。一山独矗，两江相拥，山势雄伟，古树参天，是一处壮丽的自然景观。相传楚国伟大的爱国诗人屈原，因遭受楚怀王和顷襄王的不公对待，曾怀着满腔悲愤被流放到此。凤凰山是屈原作《天问》的地方，故名"天问台"。如今，凤凰山还留着几处与屈原相关的古迹。当年居住在此地的屈原，直抒胸臆，写下了一首《天问》名篇。后人在山上曾建有一座雕龙画凤的天问阁，后来天问阁毁于火，只留下了一块"古天问阁遗址"的石碑。凤凰山峭壁上今人题有"天问台"三字。在天问台下的资江岸边，有一块形如飞鸟的盘石伸向江中，磐石上倚峭壁，下临深潭，传说处在流放中的屈原，常来石上垂钓，借钓消愁，所以后人称之为"屈子钓台"；这里还有"天问石"之说，相传忧国忧民的屈大夫，当年常伫立在这块石头上，对天长叹，问天不已，发泄自己对楚朝廷的愤懑和忧思。

龟台山位于益阳市区东部资水南岸，山如龟背，故名。传为东汉末年吴将鲁肃屯兵处。北麓有古迹斗魁塔，于清乾隆四十九年（1784）建。

白鹿寺位于益阳市资江南岸，资江大桥南端东侧。唐元和年间高僧广慧主持修建。清《同治益阳县志》载，唐宰相裴休讲学于此，"有白鹿衔花出听"，故名。寺内有古钟，周围松柏挺拔，历为益阳名胜。"白鹿晚钟"昔为资江十景之一。

裴公亭在白鹿寺之北资江大桥桥头公园内。相传唐宰相裴休晚年左迁荆南节度使时曾结庐读书于此，并大倡佛学，后人为之建亭。明天启四年（1624）曾重修，清道光二十七年（1847）裴公亭毁。1927年由地方募资重建，1972年因修资江大桥拆迁，1982年复建。[①]

[①] 欧阳晓东、陈先枢等编著《湖南老街》，湖南文艺出版社，2012，第4页。

三台塔位于益阳市区东部资水北岸，与江南斗魁塔遥遥相对。明万历三十八年（1610）建三台阁。清乾隆四十八年（1783）改建为塔。塔内有石刻。登塔远眺，可观赏资水烟波。[①]

跃龙塔位于益阳市桃江县凤凰山半腰临江处，有一座花岗石砌成的七层八面宝塔，高25.5米，名跃龙塔。跃龙塔塔身为古代檐式建筑、造型优美、结构严谨、端庄古朴。塔内石碑题记："大清乾隆时，桃花江市人，公置塔基，道光十四年甲午夏各里绅耆公建。"清《同治益阳县志》载："清道光十四年，由邹化良、周代炳、刘铖、夏德森、潘时倜、徐庚兵等倡建。"跃龙塔亭亭卓立，气势不凡。登上塔顶，可遥望浮邱之雄，俯视资水之秀。跃龙塔与天问台遗址、屈子钓台在凤凰山连成一体，构成桃花江镇又一独特景观。

其二，益阳大码头、牧师楼见证了近代资江两岸水运贸易和中西文化交流。

大码头位于益阳市资阳区西路中段，因临近资水北岸而得名。旧时这一带正街称"二堡"，贸易兴旺，今商铺鳞次栉比，是益阳市最繁华的商业区。益阳古镇的原闹市中心是在下游十里外的南门口，由于大码头的形成，商业闹市中心西移，两地连成一条长街，下游南门口的闹市区也相得益彰，形成了一条长达十五里的繁华商业长街。[②]

牧师楼位于益阳市五马坊。1904年，挪威牧师袁明道在五马坊购置了一栋公馆，并将其修改成教堂，并陆续建造了女子学校等建筑，作为益阳信义会的中心地。现存的牧师楼，是一栋极具特色的建筑，

[①] 欧阳晓东、陈先枢等编著《湖南老街》，湖南文艺出版社，2012，第429页。
[②] 欧阳晓东、陈先枢等编著《湖南老街》，湖南文艺出版社，2012，第423页。

以一种典型的欧洲别墅住宅形式出现。这栋牧师楼隐约向我们展现着中西方建筑文化的交融。①

四 资江流域的非遗传承

湖南是一个非物质文化遗产资源大省。千百年来，汉族与土家族、苗族、侗族、瑶族等少数民族共同生活在这片土地上，用歌声传承文化，用服饰记载历史，用舞蹈渲染生命，融各地文明，纳百家之长，最终形成了一批精深博大、丰富多彩且具有浓郁湖南特色的非物质文化遗产，构成了绚丽多彩的湖南"非遗画卷"。资水流域，文化底蕴丰富，非物质文化遗产也是如此。资江流域的非物质文化遗产大致包括民间文学、传统音乐、民间舞蹈、传统戏剧、曲艺、传统体育、游艺与杂技、民间美术、传统技艺、传统医药、民俗等几大类。

（一）特色鲜明、源远流长的民间文艺

第一，资江流域民间传说较多，以益阳安化县梅王传说流传最广。

晚唐时期，安化、新化等县统称梅山，聚居着苗族、瑶族。公元886年，梅山成为独立王国，产生了独特的梅山文化。梅王传说是其突出代表。扶汉阳自己不称王，而当地民众称他为扶王，又称梅王。他领导苗族和瑶族人民反对朝廷镇压和封锁，守土护民，抗敌牺牲，做出了重要贡献，留下了许多动人的传说。梅王的传说实际上与历史上发生的真实故事有关。

---

① 中华人民共和国住房和城乡建设部编《中国传统建筑解析与传承 湖南卷》，中国建筑工业出版社，2017，第300~301页。

资江流域文化研究

梅王传说是在真实事件的基础上添以神秘色彩而发展形成的,它体现了民族团结的精神。汉族人民的儿子扶汉阳为少数民族谋生存而牺牲,梅山人民不忘梅王的恩情,他的故事和传说仍在代代相传。2008年,梅王传说被确定为湖南省第二批非物质文化遗产名录项目。①

第二,资江流域传统音乐和舞蹈非常有特色,较为著名的有新化山歌、石马江号子、七江炭花舞等。

新化山歌是梅山文化的重要内容,源远流长的新化山歌是汉、瑶、苗等多民族文化融合的产物,它起源于先秦,兴盛于唐宋,经明清传承至今,长久不衰。传统的新化山歌按内容可分为劳动歌、时政歌、仪式歌、陶情歌等。新化山歌全面而生动地反映了梅山地区的民俗和文化传统,是研究和了解湖湘文化及梅山文化的重要材料。②2008年,新化山歌被确定为第二批国家级非物质文化遗产名录项目。

石马江号子是产生于生产劳动中,集民间音乐、民间舞蹈和劳动技艺为一体且三者不可分离的一种劳动号子。石马江号子主要流传在新邵县迎光、龙溪铺、巨口铺、小塘、新田铺的石马江流域一带,新邵东南部、隆回高坪一带亦有分布。石马江号子与著名的梅山文化有着密切的渊源关系,起源于梅山的祭祀音乐。石马江号子在演唱风格上粗犷泼辣,激越诙谐,具有原始的野性美。2008年,石马江号子被确定为湖南省第二批非物质文化遗产名录项目。③

七江炭花舞是一种古朴优美、刚柔相济、以打击乐为伴奏的民俗

---

① 湖南省文化厅编《湖南省非物质文化遗产名录》(三),湖南人民出版社,2009,第102页。
② 王文章主编《第二批国家级非物质文化遗产名录图典》第1册,文化艺术出版社,2017,第126页。
③ 湖南省文化厅编《湖南省非物质文化遗产名录》(三),湖南人民出版社,2009,第259页。

舞蹈，是梅山文化中独特的传统舞蹈艺术。一般由两人表演，舞龙灯时，七江炭花舞在前开路。炭花舞主要流传于隆回县七江乡。七江炭花舞历史悠久，由古梅山先祖夜里狩猎时照明的火把发展而来，后又结合了照鱼用的炭灯，是梅山地区渔猎文化的活化石。七江炭花舞道具简单，演员少，不受表演场地限制，舞蹈动作刚柔相济，千变万化，观赏性强，随时随地可表演，是梅山人的一道文化"家常菜"。2008年，七江炭花舞被确定为湖南省第二批非物质文化遗产名录项目。[1]

第三，资江流域的戏曲形式多种多样，是百姓喜闻乐见的艺术表演形式。其中较为有特色的有邵阳布袋戏、武冈丝弦、益阳弹词等。

邵阳布袋戏现存于湖南邵阳县九公桥镇白竹村燕窝岭。邵阳布袋戏系口传心授。其表演方式和表演技巧为一个艺人一副戏担，不管大戏小戏、文戏武戏，生旦净末丑，吹打弹唱耍，全靠艺人一个人手、脚、口、舌并用，十指灵活调度。以武打戏、鬼怪戏、滑稽戏居多。音乐以祁剧唱腔为主，风格清新、古朴、纯真，自成流派。邵阳布袋戏的基本特征是神秘、精致、新奇、简便而富于流动性。2006年，邵阳县布袋戏被确定为第一批国家级非物质文化遗产名录项目。[2]

武冈丝弦是一种民间曲艺，主要流传于以武冈为中心的邵阳、隆回、洞口、城步、新宁等资江流域，是湖南曲艺的一个独具特色的重要组成部分。武冈丝弦曲调柔腻、委婉，辞藻雅致、抒情轻快。多数表现封建时代女子哀怨情感，也有风趣、诙谐的内容。武冈丝弦形成于明代，经艺人不断地总结加工，形成了独特的艺术风格，并被广为传唱。[3]

---

[1] 湖南省文化厅编《湖南省非物质文化遗产名录》（三），湖南人民出版社，2009，第403页。
[2] 湖南省文化厅编《湖南省非物质文化遗产名录》（三），湖南人民出版社，2009，第767~769页。
[3] 王文章主编《第三批国家级非物质文化遗产名录图典》下，文化艺术出版社，2012，第718页。

益阳弹词是湖南民间说唱艺术中别具一格的曲艺形式，也是益阳的主要曲艺曲种。益阳弹词的演唱，有坐唱与站唱两种形式。坐唱可设置一书桌，于书桌前沿围挂桌围，演唱者位于桌后；也可不设置书桌，就座于凳椅上直接面对听众演出。演出曲目以长篇故事为主。站唱则不需桌凳，无论是舞台上还是车间、院坝演唱都适用。演唱曲目多为小段或选自长篇的精彩片段，也有小型的中心宣传作品。自清嘉庆十五年（1810）形成以来，益阳弹词经过200多年的传承和发展，在湖南文化中占有重要地位。2008年，益阳弹词被确定为湖南省第二批非物质文化遗产名录项目。[1]

第四，资江流域民间美术多姿多彩，包括桃花江剪纸、洞口木雕、邵阳羽毛画等多种表现形式。

桃花江流域的民间剪纸艺术自古传承至今，有着悠久的历史。清朝时期，以桃花江镇为中心出现了用剪纸形式制作的漏板印花板，人们将染料漏印到布匹上，形成美丽的图案。清末各种剪纸作品融入民众生活。民国时期，桃花江民间剪纸增加了人物造型图案。桃花江剪纸的人物面部造型上有进行了夸张处理的眼睛，因为眼睛最能传神。"锯齿形""月牙形""漩涡形"是桃花江民间剪纸艺术的常用手法。这种夸张手法体现了桃江人的审美心理和对美的追求。

洞口是民间传统雕刻艺术之乡，木雕艺人众多，能师高匠代有人出，传承谱系错综复杂。洞口木雕的题材内容极其广泛，较常见的是以春、夏、秋、冬四季的山水及植物花草、飞禽走兽、飞象、云纹来衬托人物或神仙鬼怪、灵异故事等，这在湘西南民居、寺庙、祠堂等建筑的格扇门窗主题画幅中是运用最多的。此外，龙、凤、狮子、麒

---

[1] 湖南省文化厅编《湖南省非物质文化遗产名录》（三），湖南人民出版社，2009，第829~835页。

麟等吉祥鸟兽图案也在木雕图案中到处可见。2008年，洞口木雕被确定为湖南省第二批非物质文化遗产名录项目。①

邵阳羽毛画是用天然羽毛纯手工制作的民间工艺美术品，制品为各类羽毛画壁挂、挂屏、摆件、座屏、立屏、饰品、玩具等。邵阳羽毛画以山水风光、人物画为主体，具有内容丰富、题材广泛、形式多样、造型生动、色彩鲜艳、做工精细等特点。2008年，邵阳羽毛画被确定为湖南省第二批非物质文化遗产名录项目。②

（二）传统体育、游艺与杂技独具匠心、流传广泛

资江流域境内传统文体活动十分丰富，这些活动跟武术结合甚密，老百姓习惯把武术作为强身健体的重要民间娱乐活动。如大成拳、回族武术、梅山武术等。

大成拳源自古老的宝庆梅山洪拳。民国时期，大成拳在邵阳各县广泛流传。大成拳主要由站桩、试力、摩擦步、推手、发力、试声、实作七步功法组成，具有养生健身、技击及观赏性三大作用。大成拳虽无程序化的套路和固定招式，但在表演中可随心所欲，顺其自然，一招一式，力量圆整浑厚，动作飘逸潇洒。2008年，大成拳被确定为湖南省第二批非物质文化遗产名录项目。③

桃花江回族武术流传于鲊埠回族乡一代，属阿里清真派，动作简洁，古朴纯真，内外兼修，刚柔相济，能快能慢，善顾善打，古朴无华，具有鲜明的民族特色，是中华武术不可多得的珍宝。桃花江回族武

---

① 湖南省文化厅编《湖南省非物质文化遗产名录》（三），湖南人民出版社，2009，第1010页。
② 湖南省文化厅编《湖南省非物质文化遗产名录》（三），湖南人民出版社，2009，第1052～1054页。
③ 湖南省文化厅编《湖南省非物质文化遗产名录》（三），湖南人民出版社，2009，第942～946页。

术兴起于明中叶,成熟于清代、民国年间,新中国成立后得到进一步发展,在东南亚地区广泛流传,具有很高的历史价值、文化价值、外交价值、社会价值和民族艺术价值,对研究中华武术、弘扬民族文化、加强民族团结、推动外交事业具有重要意义。2015年,益阳桃江县鲊埠回族乡回民武术成功入选益阳市级非物质文化遗产代表性项目名录。

梅山武术是中国长江中游湘、鄂、渝、黔、桂一带保存较完整的一种复杂的体育文化。它以古朴、纯真、典雅、威猛的形象和防身、健体的功能融会在民俗、礼仪表演等活动之中,并广泛流传于民间,为民众所喜爱,影响着这一区域文明的发展进程。梅山武术套路短小精悍,动作朴实,一招一式,直来直去,手法多变,多拳法,善用掌,分为徒手拳术和器械套路两大类。在早期的梅山武术中,蚩尤被认为是梅山武术的创始人。宋神宗熙宁五年(1072)梅山开邑建县后,梅山武术有三位代表性传承人物,分别是被后人尊称为上、中、下三峒峒主的符天赐、李天华、赵天祥。晚清时期,梅山武术发展至顶峰。民国时期,梅山武术得到继续发展,新化县城成立了国术馆,经常举办培训班和擂台比武。

资江下游益阳的杂技项目广为流传,较为有特色的有虾子起拱,独具水乡特色。虾子起拱这一传统文化项目流行于益阳赫山区一带,俗称"耍虾子",既是一种独具洞庭湖水乡特色和竹乡特色的民间杂耍形式,又是一种强身健体的体育与竞技项目。益阳"耍虾子"有"香火虾""对虾""大虾起拱"三种形式。作为杂耍与传统体育竞技项目,益阳虾子起拱的表演十分独特,一般需30~60人操作,有时多达上百人,多在街道墟场、地坪与多种杂耍项目同时进行。2008年,益阳虾子起拱被确定为湖南省第二批非物质文化遗产名录项目。[1]

---

[1] 湖南省文化厅编《湖南省非物质文化遗产名录》(三),湖南人民出版社,2009,第901~902页。

第五章 风土人文：资江流域水韵风情和民俗文化

（三）传统技艺、传统民俗影响深远

资江流域的传统制作工艺享誉南北，如益阳凉席制作工艺、武冈卤菜制作工艺等。

益阳水竹凉席是一种用特殊竹材——水竹剖篾制成的凉席，又称"贡席"。民间俗称"水竹篾簟子"，现有十多个品种。由于制作工艺精巧，益阳水竹凉席"明如玉、平如水、软如帛"，精美异常，享誉古今，驰名中外。水竹凉席从砍竹、下料、破篾、拉丝、蒸煮到编织、锁边，要经过十三道工序，而且全是手工操作。特别是篾丝经过蒸煮处理，凉席柔软不易折断，不生竹粉虫。如果爱惜使用，一块水竹凉席可用二三十年。

武冈卤菜历史悠久，源远流长。武冈卤菜系列食品做工考究，风味独特，以十几种本地的中草药为原料制成卤汁，选武冈铜鹅及本地的肉、豆制品为原料，采用精致配方和特殊工艺，经卤水浸泡等多道工序制作而成，其成品色美味香，口感独特，有健脾开胃、养颜护肤等功效。曾是皇家贡品，地方用于抵交税赋。武冈卤菜品种繁多，主要有卤禽制品、卤肉制品、卤豆制品三大类。武冈卤菜制品既可登宴席的大雅之堂，又可作为休闲食品之用。2008年，武冈卤菜制作技艺被确定为湖南省第二批非物质文化遗产。[1]

资江流域的传统民俗多与祭祀相关，如新宁八峒瑶族跳鼓坛、白仓高跷等。

新宁八峒瑶族跳鼓坛是新宁县八峒瑶族的一种最为重要的祭祀活动，俗称"打鼓堂，庆盘王"，又称"盘王节"。每年的农历十月十六，相传是瑶族祖先盘王的诞辰，时值丰收季节，为纪念盘王"伐木

---

[1] 湖南省文化厅编《湖南省非物质文化遗产名录》（三），湖南人民出版社，2009，第1231页。

见山，垦地造田"的业绩，八峒瑶族人民饮水思源隆重庆祝。"八峒瑶族跳鼓坛"源于瑶族人民的社会生活，用歌、舞、乐、傩戏的形式反映瑶族人民的生活习俗，体现和传承着该民族的文化传统，具有重要的历史价值。2006年，八峒瑶族跳鼓坛被确定为湖南省第一批非物质文化遗产名录项目。①

白仓高跷是流传于邵阳县白仓镇、五峰铺镇、塘田市镇等城乡及周边地区的民间游艺、杂技民俗活动。表演者以戏剧化的形式在高跷上表演舞狮、耍龙，以"高""险""奇"的特点吸引观众，具有浓郁的乡土气息。白仓高跷起源于清朝咸丰年间，据地方志记载，当时白仓连遭旱涝灾害，瘟疫横行，为祈求平安，人们以踩高跷、舞狮、舞龙、等形式来祭拜神灵，消除灾难。白仓高跷是集民间戏曲和民间竞技于一体的民间艺术，其表演节目非常丰富，有高跷舞狮、舞龙、耍大刀、土地戏狮、寿仙财神、阔佬娶亲、西天取经、八仙过海等。2008年，白仓高跷被确定为湖南省第二批非物质文化遗产名录项目。②

---

① 湖南省文化厅编《湖南省非物质文化遗产名录》（三），湖南人民出版社，2009，第1425～1427页。
② 湖南省文化厅编《湖南省非物质文化遗产名录》（三），湖南人民出版社，2009，第1491～1493页。

第六章

传承创新：资江流域水利建设、文化保护和发展

资江流域水能资源蕴藏量丰富，为了经济发展和人民生产，资江流域沿线建立了多所水库、水电站和治水工程，这些水利工程和枢纽为资江流域农村生态建设奠定了良好的基础，也提供了绿色能源，促进了资江流域经济的发展。资江流域有着丰富的自然资源和文化资源，也为我们新时代促进文化旅游大发展大开发提供了坚实的基础。

一 资江水利枢纽建设与经济发展

资水在湖南境内流经3市12县，流域面积达2.8万平方公里。以资江西源赧水起至入湖口，一路纳入5公里以上的溪流有700余条，其中70公里以上的有蓼江、平溪、辰溪、邵水、石马江、大洋江、渠江、敷溪、泗里河等，这就形成了丰富的水利资源。资水的另一特点，是流域区落差大。西源茅坪坳附近在海拔500米以上，武冈附近水面海拔约310米，邵阳水面海拔降至206米，桃江马迹塘水面海拔只有54米，至益阳约28米。从西河源到尾闾全部落差为472米。如此大的水位差，有利于建库蓄水发电、防洪和灌溉。[1]

---

[1] 匡达人、陶国祥：《山川奇胜话资江》，《水利天地》1991年第4期。

资江流域文化研究

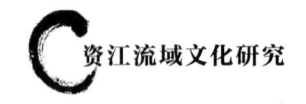

（一）资江上游流域以灌溉为主的水利枢纽建设，促进了农业经济的发展

资江上游流域的水利工程主要以灌溉为主，兼顾防洪、交通、城市供水，促进了当地农业经济的发展和人民生活水平的提高。资江上游流域的水利工程择要介绍如下。

蓼水灌区位于洞口县南部，西抵雪峰山东麓，北至平溪河，南至蓼水河，东临蓼水河与平溪河汇合处，为一狭长的三角地带，灌溉洞口县八个乡镇及一个国有农场，设计灌溉面积186970亩。干流全长92公里，流域面积1141平方公里。①

堡口水利水电枢纽工程管理站（原名堡口电站），位于湖南省邵阳市新宁县清江桥乡境内，资水一级支流夫夷水下段，为河床径流式水电站。该水利枢纽始建于1991年，1994年首台机组发电，1995年三台机组全部投产发电。这是一座以发电为主，兼顾防洪、灌溉、交通等各项功能的中型水利水电工程，设计灌溉农田面积2.33万亩，实际灌溉农田面积1.5万亩；电站设计装机3×4000千瓦，2015年经增效扩容装机改造，扩容至3×4400千瓦；原设计蓄水位275米，现蓄水位273米。该水利工程属于日调节水库，多年平均发电量3700千瓦时。电站周边风景秀丽，上下游河道水质常年保持在地表水Ⅱ类以上标准。

木瓜山水库位于隆回县大水田乡境内，资江二级支流西洋江上游，坝址控制流域面积140平方公里。正常蓄水位487.4米，正常库容5525万立方米。木瓜山水库是一座以灌溉为主，兼防洪、发电等综合效益的中型水库。

---

① 《水文》，洞口县人民政府网站，2016年2月24日。

第六章 传承创新：资江流域水利建设、文化保护和发展

晒谷滩水电站位于湖南省邵阳市新邵县酿溪镇与新田铺镇之间。水库正常蓄水位207米，总容量18500立方米，装机容量42兆瓦，多年平均发电量1.56亿千瓦时。工程以发电为主，兼有灌溉、航运、旅游等功能。晒谷滩电站建成后，库区平均水深6米左右，可常年通航，改善了上游航道，有利于上游航运业的发展。

神滩渡水电站是一个位于邵阳市大祥区城南乡神滩村的水电站，神滩渡工程是一个以城市供水为主，兼顾发电、改善航道等效益的综合利用工程，属典型的低水头径流式工程。水库正常蓄水位215米，正常蓄水位时库容4220万立方米，电站装机容量为33兆瓦，多年平均发电量1.1879亿千瓦时。

（二）资江中游流域以发电为主的水利枢纽建设，提供了清洁能源

资江中游地势落差大，水利资源丰富，各段建立了各级别的水利枢纽，以发电为主，兼顾灌溉、防洪。这些水利枢纽可以产出大量的低碳电能，这为湖南省通过清洁能源转型来实现气候目标起到了重要作用，也促进了当地和湖南省其他地区经济的发展。

筱溪水电站位于资水干流中游湖南省邵阳市新邵县坪上镇筱溪村，2004年动工修建，2008年竣工投产。其坝线位于龙口溪峡谷出口段，筱溪河入口上游0.7公里处。坝址下距冷水江市市区16公里，距新化县城45公里，上距新邵县城44公里，距邵阳市58公里。工程坝址控制流域面积15843平方公里，占全流域面积的56.5%，坝址多年平均流量409米^3/秒。该工程为《资水流域规划报告》（1995年）中资水干流柘溪上游段的第四个梯级，下接浪石滩电站库尾，上与晒谷滩电站尾水衔接，是一个以发电为主，兼顾航运等的综合性水电工程。该水电站正常蓄水位198米，装机容量13.5万千瓦，年发电量5.04亿千瓦时，相应库容9860万立方米，死水位196米，相应库容

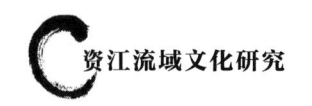

8326万立方米，调节库容1534万立方米，通过开闭闸门的孔数和开度控制下泄，库水位一般维持在198米。①

浪石滩水电站位于资水干流中游娄底市冷水江市主城区大湾里，2008年竣工投产。上距筱溪水电站坝址18.02公里，下距柘溪水电站160公里。工程坝址控制流域面积16250平方公里，占全流域面积的58%，坝址多年平均流量409米³/秒。工程下接柘溪水电站库尾，上与筱溪水电站尾水相接。是一个以发电为主，兼顾航运和美化城市等功能的Ⅲ等中型水利枢纽工程。工程正常蓄水位175米，相应库容0.226亿立方米，水库有日调节能力，日调节库容444万立方米，电站装机3台/36兆瓦，保证出力5.5兆瓦，多年平均发电量1.46亿千瓦时。水库调度的基本原则是在确保水电站大坝安全的前提下，合理处理发电与航运等之间的关系，充分利用水力资源，使整个工程获得最大效益。该电站航运基荷流量同保证流量为96米³/秒，枯水期或枯水日，当流量小于等于96米³/秒时，不承担调峰任务，当流量大于96米³/秒时，与航运基荷流量的差值可位于腰峰荷位置，汛期可位于腰基荷位置运行。当入库流量小于或等于机组过流量731.7米³/秒时，库水位维持正常蓄水位175米，闸门关闭；当入库流量大于731.7米³/秒时，流量大于731.7米³/秒的部分通过开闸下泄，库水位维持在175米；当流量大于4380米³/秒且小于4860米³/秒时，通过开闸下泄，船闸停航；当流量大于4860米³/秒时，闸门全部开启，自由泄洪。②

柘溪水电站位于益阳市安化县境内的资水中游大溶塘峡谷，上距浪石滩水电站160公里，坝址以上控制流域面积22640平方公里，占

---

① 长江年鉴编纂委员会编《长江年鉴2008》，长江出版社，2008，第260页。
② 长江年鉴编纂委员会编《长江年鉴2008》，长江出版社，2008，第257页。

第六章 传承创新：资江流域水利建设、文化保护和发展

资水流域面积的80.7%。工程于1958年动工，1962年第一台机组投产。柘溪水电站以发电为主，兼有防洪、航运与灌溉等综合效益。水库正常蓄水位167.3米，防洪限制水位160.3～163.3米，防洪高水位168.3米，死水位150.3米，水库总库容35.7亿立方米，防洪库容7.0～10.5亿立方米，兴利调节库容17.8亿立方米，库容系数0.094，具有不完全年调节性能（柘溪水库水位系85黄海高程，下同）。电站原设计装机容量447.5兆瓦，保证出力127.2兆瓦，多年平均发电量21.46亿千瓦时，装机利用小时4800小时，水量利用率80%。通过分期分级控制蓄水位和洪水预报调度措施，下游防洪标准由原来的约6年一遇提高到约20年一遇，水库调洪削峰效果明显。柘溪水电站是湖南最早建设的一座大型水电站。柘溪水电站为湖南省工农业生产提供了强大电力，为资水下游90多万亩农田、100万人口调节供水流量，减轻了水灾的威胁和损失；为水库区改善了航运条件，提供了水产资源，也造就了秀丽的人工湖旅游风景区。[1]

车田江水库位于湖南省新化县油溪河上游，枢纽地处新化县温塘镇境内，跨温塘镇和涟源县古塘镇两地。大坝位于温塘镇车田江管区（原属田坪镇车田江乡）。大坝控制集雨面积85平方公里，总库容1.275亿立方米，设计灌溉面积10.53万亩，是一座以灌溉为主，兼顾发电、防洪、养殖等功能的大型水利工程。工程于1972年11月动工兴建，1977年10月竣工，1978年开始蓄水运行。[2] 坝顶高程496.75米，最大坝高68.85米。车田江水系发源于冷水江市锡矿山办事处高峰村盖头山，18条小河在这里汇聚，它位于油溪河上游，是油溪河的源头，油溪河是资江的支流，水库地处多页岩地带，有奇特的

---

[1] 中共湖南省委党史委编著《湖南五十年大事记述》，湖南人民出版社，2000，第133页。
[2] 袁炎长：《创业致富金点子》，四川科学技术出版社，2012，第19页。

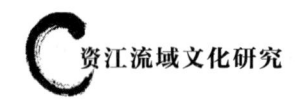

页岩风光。

廖家坪水库位于湖南省益阳市安化县清塘铺镇，1970年动工修建，1981年基本建成。水库控制集雨面积142.8平方公里，总库容4330万立方米，属坞工重力坝，高程57米，是区内最高坞工坝。共设计渠道27条，计301公里，有渡槽、倒虹吸管、隧洞等主要建筑物119处，其他小型建筑315处。受益农田5万亩。同时利用渠道跌水，兴建小型电站3座，总装机容量4150千瓦，年发电量1670万千瓦时。是一座以灌溉为主，兼顾防洪、发电、养鱼等功能的中型水库。经湖南省水电厅评议，廖家坪水库是湖南省内区水利工程中一项能够带来综合效益且发挥最好的设计之一。廖家坪水库1985年获湖南省建设委员会优秀设计二等奖。[①]

(三) 资江下游流域以溪河治理为主的水利枢纽建设，避免洪涝灾害

桃花江水库是资水下游较大的水利工程，位于湖南省桃江县松木塘镇境内，在桃花江镇南35公里，桃花江森林公园南侧。建于1966年。桃花江水库依岩修建。桃花江水库又称桃花湖，为桃花江源头。方圆万余亩水面，蓄水量达7000万立方米。如今这里已被开发成旅游胜地。是一座以防洪为主，兼顾灌溉、发电、养殖和旅游等的水库。承雨面积42平方米，总库容5569万立方米。桃花江水库建成后，减轻了洪水危害。

资江尾闾最大的溪河治理工程是烂泥湖撇洪工程。该工程属于湘、资两水尾闾平湖水网地带抗洪工程，1974年开始动工，至1978年总体完工。后随着工业化、城镇化的快速推进，河道功能连年退

---

① 湖南省益阳地区地方志编纂委员会编《益阳地区志》，新华出版社，1997，第572页。

第六章　传承创新：资江流域水利建设、文化保护和发展

化，入河污染物也逐年增加，直到现在这个资水尾闾工程一直不断地在被优化。1974~1978年进行的烂泥湖撇洪工程属于一项综合性水利工程，主体工程主要是四个部分：撇洪河、电排站、新河大闸（大路坪节制闸）及烂泥湖围垦。撇洪河，上起益阳县罗家咀，下迄望城乔口出湘江，全长36.7公里，其中益阳县开挖30.67公里。沿河劈开29座山丘，拦跨25条溪河，填筑79处山塘，越5处沼泽地。电排站，于侍郎桥和小河口各建1座中型电力排水站，排涝受益面积26万亩，控制面积428.3平方公里。新河大闸，建于撇洪河中段大路坪，1975年7月竣工，属多功能大型节制闸，可控蓄、灌溉；闸面的公路桥可通行载重60吨车辆；闸北岸建小型水电站1座。此外还围垦湖田26345亩。[①]烂泥湖撇洪总体工程建成后，基本解除了烂泥湖垸洪灾威胁，奠定了赫山区全国粮食生产先进县的基础，在农业灌溉、生活供水、水力发电等方面发挥了重要作用。

二　新时期资江流域文化的保护、开发和利用

资江流域有着丰富的自然资源和浓厚的文化底蕴，资江流域较为出名的有安化茶文化、梅山文化、竹文化等。怎样对资江流域优秀的传统文化进行传承、保护、开发和利用是我们需要关注的重要问题。

（一）资江流域传统民俗文化的保护和传承

古朴神秘的梅山文化是资江流域重要的文化呈现，极具土韵风

---

① 湖南省益阳地区地方志编纂委员会编《益阳地区志》，新华出版社，1997，第1031~1032页。

情，吸引着众多游客探寻。当然，在开发利用的同时，我们更要注意传承和保护。

梅山傩戏，是湖南省古老的传统民俗文化，是梅山文化的组成部分。梅山文化是一种非常神秘的文化，梅山山歌、傩戏，原始古朴。梅山傩戏是大梅山地区民间举行祈福、求子、驱邪等傩事活动时的娱神和自娱戏剧，在梅山地区已流传数千年，主要由本土土著巫傩师以家传和师传传承至今。梅山傩戏表演的主要是修路、架桥、披荆斩棘、开天辟地的故事，目的是为傩事主家招财、纳福、祛灾、祛病。梅山傩戏真实地记录了梅山人民的生命意识及生存状况，剧目丰富，表演形式和内容丰富多彩，动作粗犷，语言幽默诙谐，俏皮风趣，唱腔高亢又优美婉转，自成体系，是我国傩戏艺术中的一枝奇葩。2008年，梅山傩戏被确定为湖南省第二批非物质文化遗产名录项目。[1]

梅山武术，是流传于湖南省新化县的传统武术流派，国家级非物质文化遗产之一。

新中国成立之后，梅山武术作为"增强人民体质"的传统体育项目而得到发展。梅山武术转为娱乐性表演与竞技项目，武术套路得到完善，涌现出了梅山武术学者陈永辉、杨志华、陈勤，梅山武术传人陈利武、刘明军、陈朝阳等。2014年11月11日，梅山武术经中华人民共和国国务院批准被列入第四批国家级非物质文化遗产名录。古梅山人信奉梅山教，梅山人许多的风俗习惯都来自对梅山教的信仰。据传，古梅山洞主符天赐、李天华、赵天祥武艺高强，狩猎本领高，死后被奉为梅山祖师。以后的猎人进山，必先拜祖师，求其保佑平安。梅山教没有成文的宗旨教义，主要利用符咒授徒，苦练钯、棍、刀、剑等武术，以枪法、剑法及配制弩药为主，借以

---

[1] 湖南省文化厅编《湖南省非物质文化遗产名录》（三），湖南人民出版社，2009，第754页。

第六章　传承创新：资江流域水利建设、文化保护和发展

制服猛兽和敌人。在梅山武术套路中，一些武术动作仍然保持着梅山教的渊源。如在梅山叉和流星锤的套路中，结束动作就叫"朝天三炷香"，喻以驱邪逐魔，慰藉人类的灵魂，构成了宗教形态的梅山武术活动。

资江流域有一部分人提倡梅山原始崇拜，崇拜山林间的万事万物。湖南山岭繁多，深林密处，野生动物很多，自古以来，狩猎之风颇浓。上峒梅山的山林狩猎之人在进山狩猎前要举行"安梅山"的原始巫术仪式。在堂屋左侧设梅山坛位，供有木雕倒立张五郎神像，贴有"玉皇老君梅山四山九狼五猖之神位"的神榜。平日经常上香点灯，每月初一、十五要祭茶、酒、肉，在家或做客吃任何东西都要先敬梅山，出门回家都要吹三声竹哨。"安梅山"要用三块石头或三块瓦片架在猪、牛踏不到的僻静地方，或安在岔路口的古树下，表示梅山神在此。狩猎行事时，先占 13 卦，如果全是阳卦，表示诸路神仙都到齐，可以出门。祈神保佑不被猛兽吃，不被毒蛇咬，不坠岩河，脚不遭刺。猎人到了山上，如果发现野兽脚迹，要扯三根茅草挽个疙瘩，放到三岔路口，拿块小石压上，这叫"封山"。还有的猎人进山之后，随手折一根树枝，向这个山扫一下，向那个山扫一下，再绕自己所在的山头扫个圈，然后盘腿而坐，口念咒语，名为"下法"。传说这样做了，野兽就会"迷"路，不会逃走。猎获后，要吹三声竹哨，用猎首和内脏祭梅山。[①] 从这种古老的原始崇拜也可以看出，梅山地域崇山峻岭的地理环境。

资水流域村寨山民们还有顶礼膜拜"风水树"的习俗。人们笃信，山脉的走向，水流的去势，决定当地人的祸福。然而山川形势总会有缺陷，本着得水为佳，藏风为美的原则，风水先生就会建议

[①] 赵玉燕、吴曙光：《湖南民俗文化》，湖南师范大学出版社，2010，第 28~29 页。

修桥、建塔、造鼓楼、竖凉亭等来弥补风水上的不足之处，并需在屋前栽"垫脚林"，在屋后植"龙座林"，在山梁的活口处栽挡风林，以免好风水被吹散，并在水井边、风雨桥头及坟墓、土地庙、庵堂、寺院、道观等处遍栽常绿乔木。风水树枯枝不许剔，败叶不许捡，只能让它腐烂成为自身的养料。要是谁砍伐风水树，便会受到严厉处罚。① 这种膜拜"风水树"风俗实际体现了先民保护生态环境的理念。

(二) 资江流域茶、竹文化的挖掘、开发和利用

资江流域内的安化县茶叶文化和益阳地区的竹文化颇有名气，当地开发了一系列与茶艺、竹艺相关的产品。

安化县位于湘中，处雪峰山脉北段，土地总面积4900平方公里，山地占81.9%。境内群峰叠翠，土质肥沃，溪河网布，是个山清水秀、风景优美之地。② 湘中茶区的安化松针、益阳茯砖、安化千两茶、益阳竹峰等名茶皆出于此。

清代乾隆进士、刑部右侍郎王昶（1725~1806），品尝安化芽茶后诗兴大发，填《琐窗寒》词，以赞安化茶，词曰：断浦凝云，孤笛吹叶，吟肩微耸。江潮欲退，留得楚天云重。又随风收帆围鼓，登登已破船窗梦。只征鸿队外，依稀如见，珠帘画栋。遥空，飞花送。问庐岳苍寒，悬流早冻。西林钟动，圆月清光未纵。听潇潇、吹遍残芦，此时拥鼻谁人共。喜多情，雀舌贻来，香茗资夜供。③

明清时期，闻名中外的"茶叶之路"，其中有一条就是以安化为起点，经湘潭或益阳，顺湘水或资水入洞庭，循江至汉口。溯汉水至

---

① 赵玉燕、吴曙光：《湖南民俗文化》，湖南师范大学出版社，2010，第44~45页。
② 陈先枢、汤青峰、朱海燕：《湖南茶文化》，中南大学出版社，2009，第68页。
③ 陈先枢、汤青峰、朱海燕：《湖南茶文化》，中南大学出版社，2009，第41~42页。

第六章 传承创新：资江流域水利建设、文化保护和发展

襄阳北上，纵贯河南、山西、河北、内蒙古，穿越沙漠戈壁，经乌兰巴托抵恰克图。再在俄罗斯境内延伸，经乌兰乌德、伊尔库茨克、图伦、克拉斯诺亚斯克、新西伯利亚、鄂木茨克、秋明、叶卡捷琳堡、昆古尔、喀山、下诺夫哥罗镇、莫斯科，抵达终点圣彼得堡。这条经过自然条件恶劣区域、专为茶叶贸易开辟的通道，就是享誉后世的"茶叶之路"，也是继"丝绸之路"后又一横跨欧亚大陆的商贸通道。资江作为"茶叶之路"的起始段，发挥了重要的商贸运输作用，促进了安化当地的经济发展。

安化在宋熙宁五年（1072）建县以前已有产茶记载，唐杨晔《膳夫经手录》说潭州茶中有（益）阳团茶和渠江薄片，曾销往湖北江陵、襄阳一带。明代万历二十三年（1595）朝廷将黑茶"天尖""贡尖"定为官茶，清道光年间定为贡茶。安化黑茶自明代万历二十三年定为官茶后，成为茶马交易的主体茶，道光年间销量3600~4000吨；元末明初，安化开始生产绿茶（烘青），明洪武二十四年（1391）规定湖南贡茶140斤，其中独列安化"贡芽茶"22斤，后来称为"四保贡茶"。清道光年间曾任安徽、江苏巡抚、两江总督的安化人陶澍写了多篇有关茶叶的诗词，说安化芙蓉山有仙茶，品质佳。写于嘉庆二十年（1815）的四首安化茶诗讲到茶的缘由、安化茶采制、安化茶的命运，并强调安化茶品质、功效和历史地位。清咸丰时，安化功夫红茶在国内外享有盛名，1915年在巴拿马万国博览会上荣获金质奖章。当时全县沿资江上起渠江，下至夫溪，沿岸约100公里范围内各埠茶行多达300余家，呈现出一片茶乡的繁华景象。以上史实，说明安化境内茶树分布多，自然生长茂盛，并且在9世纪时，安化茶叶已有相当的产量，能够批量外销，而且品质很好，其开始生产的时期自然更早。安化是红茶之乡、黑茶之乡、砖茶之乡和针形茶诞生之地，是过去湖南省制定功夫红毛茶标准样和黑毛茶标准样必选之地，在湖

南省内和国内具有重要的地位。①

黑茶创始于明嘉靖三年（1524）前后的益阳安化县。这一时期湖南有不少黑茶私贩在汉川参与茶马交易，自明代万历年间后，湖南黑茶被大批官运至西北易马，后来逐步成为茶马交易的主流茶之一。

茯砖茶原产陕西的泾阳县，是用湖南省安化"甘引"茶原料制成的，称"泾阳砖"。茯砖茶的生产至今已有三百多年历史。近代湖南安化白沙溪茶厂经过反复试验，1951年终于在安化成功就地加工茯砖茶。现在茯砖茶集中生产于湖南益阳和临湘两个茶厂，年产量约2万吨，产品名称改为湖南益阳茯砖。

黑砖茶是20世纪30年代安化创制的新产品，砖面压有"湖南省砖茶厂压制"八个字，又称"八字砖"。1987年获商业部优质产品证书，1988年获全国首届食品博览会银奖。②

1959年，为向国庆十周年献礼，安化茶叶试验站的工作人员发明了独具一格的名茶——安化松针。20世纪60年代初邹传慧、李传真参与试验，进一步完善了工艺，使安化松针与高桥银峰、君山银针同为湖南省的三大名茶。该产品是中国四大特种绿茶中针形绿茶的代表，问世后多次获得省部级"名茶"称号。③安化松针极为精巧，外形细直秀丽，色泽翠绿如松，紧细圆直似针，白毫显露、匀整；内质香气馥郁，滋味甘醇，汤色彻亮，叶底嫩匀，品质独具风格。1994年8月获乌兰巴托国际商工贸博览会金奖；2005年7月荣获第六届"中茶杯"优质奖；2005年10月被评为湖南十大名茶之一。④安化松针的出现丰富了湖南茶叶的品种，作为湖南名茶的代表，扩大了湖南茶

---

① 陈先枢、汤青峰、朱海燕：《经典湖湘系列丛书：湘茶》，湖南科学技术出版社，2012，第43页。
② 陈先枢、汤青峰、朱海燕：《湖南茶文化》，中南大学出版社，2009，第100~101页。
③ 施兆鹏、刘仲华主编《湖南十大名茶》，中国农业出版社，2007，第192页。
④ 陈先枢、汤青峰、朱海燕：《湖南茶文化》，中南大学出版社，2009，第69~70页。

第六章 传承创新：资江流域水利建设、文化保护和发展

叶的知名度。

安化茶文化是资江流域引人入胜的一张文化名牌，安化的茶深受人民群众的欢迎。

资江下游的益阳地区，竹艺文化颇为盛行，益阳小郁竹艺是湖南省益阳市优秀的传统工艺，是国家级非物质文化遗产项目之一。益阳人民很早就懂得利用竹子来制作各种器具，也懂得利用竹子来美化生活。长沙马王堆汉墓中出土的竹器，据专家考证便是出自益阳，已有2000余年的历史。益阳小郁竹艺有文字记载的历史始于明初，据《益阳市志》记载："早在明代初年，益阳竹器即成行业，从业者遍布城乡各地，产品街头巷尾随处可见。"[1] 在清代，益阳是驰名江南的"竹器之城"，其中水竹凉席、小郁竹器特别有名。小郁竹艺是一种采用直径5公分以下的刚（麻）竹为骨架，以毛竹为部件加工成各种器具的民间传统手工制作工艺。主要由选料、下料、烧油、郁制等30多道工序组成。所谓"郁"的含义有二：一是指结构方式而言，产品的立柱竹由横向竹围箍结构而成，在纵横交接处，需将横向竹子挖出大半，形成郁口，再经火烤使之软化，迅速围郁而成；二是指竹材在火中烧烤将其纤维软化，再在外力的作用下，使其弯曲变形，从而达到制作要求所需的形状。[2] 小郁竹艺产品结构方正、美观大方，符合人们的审美情趣。这些优点广泛地被木制、铁制家具及装修行业借鉴。产品经久耐用，越用越红，越用越光滑，所以竹乡人民广泛地利用竹子来制作各种器具，竹器几乎涵盖了人们生产生活的方方面面。[3]

益阳竹艺产品远销欧美、东南亚等十多个国家，在国内外享有盛

---

[1] 湖南省文化厅编《湖南省非物质文化遗产名录》（三），湖南人民出版社，2009，第1155页。
[2] 湖南省文化厅编《湖南省非物质文化遗产名录》（三），湖南人民出版社，2009，第1157页。
[3] 湖南省文化厅编《湖南省非物质文化遗产名录》（三），湖南人民出版社，2009，第1163页。

名。竹业生产在不断地发展,1977年竹制产品出口达40多万美元,从1963年以来益阳竹业先后派出17名竹艺技术人员赴几内亚、加纳、伊朗等国传授竹艺技术,其精湛的技艺,获得了国内外的一致好评。2006年小郁竹艺被列入了湖南省首批非物质文化遗产保护名录。2012年入选第三批国家非物质文化遗产保护名录。

益阳境内土质肥沃,雨量充沛,气候适宜,所以竹类资源极为丰富,各种竹子蓄积量达15亿株,有方圆5平方公里的成片竹林31处,在全国排在第二位,1995年被国家林业局命名为"楠竹之乡"。[①] 竹子除了其实用价值外,精神价值也很大,能激发人们的创作潜能,其"虚心有节、刚直不阿、品味高雅"等优秀品质影响着整个民族,形成独特的竹文化,为丰富中华民族文化多样性和形成中华民族高尚的人文品格做出了重要贡献。[②]

(三)资江流域印刷技术文化的推广和发展

资江流域的新化县印刷技术文化极负盛名,全国各地的复印及印刷行业市场大都为新化人垄断。拥有140万人口的新化县有10多万人从事复印相关行业,每十个新化人就有一个人在复印店工作。新化文印产业是湖南省委、省政府大力推动的千亿产业集群。当前,新化有20万余文印人,在全国600多个城市,拥有6万余家文印店、2000余家耗材经营企业、3000余家复印机再制造企业,形成了包括从产品研发、生产、销售、维修、回收再造,到图文店、数码快印、广告制作等终端服务在内的完整产业链条,占据全国文印市场份额的70%,产值高达880多亿元。2019年,新化县洋溪镇还被纳入湖南省特色产

---

① 袁凤丽等编著《益阳历史文化丛书·人文遗韵》,岳麓书社,2008,第67页。
② 湖南省文化厅编《湖南省非物质文化遗产名录》(三),湖南人民出版社,2009,第1164页。

业小镇，配套专项扶持政策。① 目前，新化正在建设文印科技产业园，含复印机耗材生产、复印机再制造、文创产品印刷、文印展区、交易中心、仓储物流中心等方面，年产值可达150亿元，以此形成规模效应，实现集聚发展，印刷技术文化正加以推广和发展，未来的新化可朝着中国文印之都发展。新化人在事业上的成功不仅仅为家乡带来了巨额财富，更对整个中国文印产业产生了深远影响。

（四）资江流域文化旅游业的大发展和大繁荣

资江流域有丰富的自然资源，也有历史悠久的文化资源，还有近现代民主革命资源，这些资源奠定了发展繁荣旅游文化事业的坚实基础。

其一，资江流域的自然风光秀美，旅游资源丰富。

资江流域的自然风光美不胜收，这里只简略介绍几处，如白水洞景区、资江风光带景区、会龙山景区及浮邱山景区等。

新邵白水洞凤凰谷核心景区地处严塘镇大坝村。环山林木繁茂，郁郁葱葱，山峦起伏、峡谷幽深，溪涧流水潺潺。是集旅游观光、度假休闲、娱乐健身为一体，环境优雅，气候宜人的旅游休闲度假景区。

新邵资江风光带景区。资江是新邵的母亲河，干流由南向北贯穿全境。境内的资江素有"小三峡"之称，沿江群山耸立，崖危岩翠，奇峰异石，千姿百态，急流险滩，别具魅力。沿途景点有赛双清、将军石、护江石林、石门献翠、清溪滩、铜柱滩、水洞岩、岩鹰石、金猴迎客、海豹出江、蛇形山、骆驼峰等，被秀美资江串成一串，交相辉映，相得益彰，极具旅游观赏价值。

---

① 李青：《依托文印小镇多方施策，打造文印千亿产业链条》，《湖南日报》，2019年11月26日。

会龙山，益阳古十景之一。会龙山坐落在湖南省益阳市市区西部会龙路，资水南岸。东依螺丝顶，西靠凤形山，四周峰峦簇拥，似群龙聚会江边，故名会龙山，现辟为会龙公园。它蜿蜒临水，远望如龙骧首，因而得名。

浮邱山位于益阳桃江县，是益阳的佛教、道教圣地，人称"小南岳"。山岭起伏，峰峦突起，浮邱山有48面峰，常年云遮雾绕，远望若浮游之态，因此而得名。

其二，资江流域红色旅游景区众多，吸引众多游客瞻仰和悼念。

资江流域的人民群众在新民主主义革命时期抛头颅洒热血，留下了众多可歌可泣的事迹。资江流域红色旅游景区较多，如新宁县宛旦平烈士故居红色旅游景区、丰堆仑革命旧址、金家堤湖南农村第一个党支部、锡矿山展览馆等。

新宁县宛旦平烈士故居红色旅游景区坐落在新宁县金石镇宛旦平村。景区包括游客接待中心、工农红军第八军参谋长宛旦平烈士故居、新宁县革命烈士纪念馆、历史人物陈列馆、现代名人事迹展览馆、新宁县廉政文化教育室、纪念广场、烈士陵园、烈士纪念碑等。

丰堆仑革命旧址位于资阳区长春经济开发区南丰村，是市级文物保护单位，原为廖氏支祠。1922年建成，早期的共产党人以此为据点，秘密开展地下革命活动。1938年在此创办教育学校，此后该校成为中共常益中心县委的重要联系点，是革命先辈高文华、帅孟奇、廖连山等人推动抗日救亡运动的重要场所，有"益阳抗大"的美誉。2019年，丰堆仑革命旧址被列为湖南省第十批省级文物保护单位。

金家堤湖南农村第一个党支部位于湖南省益阳市赫山区八字哨镇金家堤村。金家堤村曾是一个默默无闻的小乡村，1924年6月，欧阳笛渔、欧阳泽和夏曦创建了中共金家堤支部，这是湖南农村第一个党支部。从此，三湘大地点燃了农村党建的星星之火。

第六章 传承创新：资江流域水利建设、文化保护和发展

其三，资江流域人文景观秀美，充满风情。

在文化旅游大发展大融合的背景之下，资江流域各市、县凭借优质的旅游资源纷纷打造各种旅游路线，深得游客的喜爱。

邵阳市近期打造的十大文旅融合特色小镇有不少在资江流域境内，如新宁崀山丹霞小镇、武冈迎春亭荷塘小镇、新邵坪上大同小镇、洞口高沙孝善小镇、隆回滩头艺术小镇、邵阳县金江体育小镇等，吸引了大批游客前往。

安化茶马古道是国家4A级旅游景区，茶马古道风景区位于湖南省益阳市安化县境内，距离益阳市区150公里。素以南方最后一支马帮和最完整的茶马古道遗存著称于世，这里保留了原生态的高山民居风光和峡谷风光，也成就了不同民族和不同文化的融合壮举，这里远离尘嚣，秀美独特，故被称为"高山之城，茶马遗风"。

附 录

一 传说故事

1. 舜帝赐名"崀山"的传说①

舜帝是中华民族共同的始祖之一,是远古"三皇五帝"之一。《史记》载"天下明德,皆自虞舜始",故舜帝是中华道德文化的鼻祖,是推动历史发展的里程碑式人物。相传舜帝晚年巡游访问民情,一面视察,一面观山看景,不知不觉到了江南。一日,舜帝一行循着一条江河南行,渐渐地进入崇山峻岭之中。放眼望去,跌宕起伏的赤红峰丛,波澜壮阔,蔚为大观。奇峰异石,泉水飞泻,幽幽森林,都透着灵气。远处江水清澈,令人心旷神怡。再回首看山,只见石或如将军,或似老虎;峰或像骆驼,或类辣椒。舜帝望着这奇山秀水,慨然叹道:"此山景观绝无仅有,是我一生中所见最美丽的风景。"舜帝忙命随行人员寻找当地人询问这山叫什么名字。随行者回来告诉舜帝:听当地人讲,这山没有名字。舜帝即兴说道:"此山之良也!崀山,崀山。"于是位于湖南省西南部的新宁县的这一座山就叫崀山,

---

① 主要据红网新宁站、中国崀山网有关新宁县民间传说整理。

而这"崀"字相传也就是舜帝专门为崀山创造的汉字,现在就专指湖南的这座山。

2. 屈原作《天问》于凤凰山的传说①

清《一统志》载:"凤凰山,在益阳县西65里的桃花江,传为屈原作《天问》处。于此渡江,而行吟泽畔,即《楚辞》《涉江》处也。"

屈原,芈姓,屈氏,名平,字原,是战国时代楚国伟大的爱国主义诗人、政治家。屈原少年时就受过良好的教育,博闻强识,志向远大。因遭贵族排挤诽谤,先后被流放至汉北和江南。

相传屈原被放逐江南时,曾居住于益阳桃江。在这块土地上,他有时穿行于深山密林之中,听老猿哀啼;有时徘徊于江河岸边,行吟泽畔。生活上的艰辛和精神上的苦闷使他彷徨、憔悴、日益苍老。一天,屈原坐着小船,沿资水而下。船过桃花江口,见资江南岸山上,绿荫如盖,紫烟缭绕,山上鼓响锣鸣,铳声震耳。屈原伫立船头,问船夫这山叫什么山,为何这般热闹,船夫说:"这山叫桃谷山,是一块风水宝地。山上有座楚先王的宗庙,每年春秋两季,楚王都要派人前来祭祀,今年是太卜郑詹尹前来主祭。老百姓听说他会占卜,能预知人生祸福,都在隆重欢迎参拜。"屈原听后,沉思良久。船夫劝他上山占卜,屈原本不相信卜卦先知,但禁不住船夫的好心相劝,同时还想向郑詹尹打听一下京都的情况,就跟着船夫上岸登山。宗庙坐落在桃谷山半山腰,规模宏大,但因年久失修,明显衰落残破。屈原沿着两旁古枫林立的石梯,直到大殿前庭。郑太卜见是三闾大夫屈原,下坛迎客,请进后堂,恭恭敬敬地说:"大夫光临,有何指教?"屈原

---

① 主要资料来源:徐丽华主编《桃江历史文化丛书 山水风物卷》,湖南人民出版社,2016,第3~5页;万成主编《桃江历史文化丛书 历史人文卷》,湖南人民出版社,2016,第261~267页。

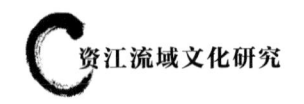

拱手答道:"我有许多疑团,无法自解,特来请教,以开茅塞。"太卜合手拿出龟壳,摆下蓍草,排了八卦,请屈原提问。

屈原说:"我求一卜,我是忠君爱国好,还是卖国求荣好?我是忠言直谏好,还是阿谀奉承好?我是贪赃得贿好,还是廉洁奉公好?我是辛劳为民好,还是苟且偷生好?我是天马行空好,还是随波逐流好?两种不同的行为,到底哪是祸、哪是福,哪是凶、哪是吉?哪些行为应该舍弃,哪些行为应该发扬?朝廷为什么这么黑白不分?为什么唯命是从的青云直上,贪得无厌的黄袍加身,而忠君爱国的横遭放逐,廉洁奉公的反受贬谪?为什么嫉贤妒能的飞扬跋扈,而德高望重的退隐深山?"屈原连珠炮似的求卜,问得太卜哑口无言,呆若木鸡。他抱歉地对屈原说:"大夫疑问,小官实难回答,只能上问青天,下访民众。天是万能之神,可能能够回答,民众为载舟之水,可能会有答案。"屈原返到前庭。只见两厢墙壁上刻有许多图画,便独自观赏起来。画中有天象、地理、山脉河流等自然景物,有三皇五帝等的肖像,有许多神灵鬼怪画像和民间传说。内容广泛丰富,人物栩栩如生。屈原看得入神,忘记下山,直到船夫上山叫他,才恋恋不舍地上船。后索性不再往他处去,来山上庙中住宿。老百姓知道他是楚国灵均大夫,箪食壶浆,慰问拜访。屈原在桃谷山顶往返徘徊,太卜不能回答的问题,刺激得他心里如有一团火,他仰望苍天,真的高声发问起来……屈原的一个个问题,像一团团烈火,一支支利箭,问得天帝瞠目结舌,心慌意乱,惊叫天将紧关南天门,派云神、雨师、风伯播云起雨刮风,阻止屈原提问。霎时,日月无光,天昏地暗,风狂雨骤,电闪雷鸣。屈原的帽子被吹掉了,头发被吹乱了,长袍被淋湿了,嗓子喊哑了,脚站酸了。可他毫不畏惧,仰天长啸,继续提问。天庭震荡,大地微倾。一对金凤凰飞过山顶,见此情景,听此声音,为屈原精神所感动,展开美丽的翅膀为屈原挡风遮雨。为感谢凤凰对屈原的帮助，老百姓改称桃谷山凤凰山，还修建了凤凰庙、天问阁以为纪念。

3. 梅山张五郎古洲学法[①]

很久以前，梅山地区有个年轻小伙子，名叫张五郎，他看到人们常遭水旱灾害及毒蛇猛兽的侵害，加之瘟疫流行，人们生活极其困苦，心中非常不忍，就立下为民除害、造福众生的志愿。为此，他不畏千难万险，来到古洲向太上老君学法。谁知太上老君不想将法术告诉张五郎，而是出了许多难题来为难他。而太上老君的女儿姬姬却对张五郎心生爱意，帮助他化解难题并传艺于他。

张五郎到达古洲的第一天，太上老君给了张五郎一把木斧头，要他在一天之内把对面山上的数千棵古树砍倒。张五郎砍了半天，只伤了一棵树的一点粗皮。正当张五郎垂头丧气的时候，太上老君的女儿姬姬来送饭，偷偷地告诉了张五郎"五雷掌法"，只一眨眼工夫，就把山上的古树砍倒了。

第二天，太上老君又交给张五郎一把木锄头，要他将砍倒树的那座山全部挖过来，种上三担六斗芝麻。张五郎拿着木锄头挖了半天，丝毫不见有进展。正当他发愁的时候，姬姬又来送饭了，又偷偷地教会了他"五雷火法"，只听得"轰隆"一声，满山着火，仅一眨眼工夫，山上的树木和杂柴乱草全部烧光。接着，又用"五雷掌法"呼风唤雨，将烧得滚烫的山地浇得冰凉；接着，又用"赶山法"唤来满山野猪，把山地拱过来，然后种上芝麻。

第三天，太上老君吩咐张五郎将昨天播种的芝麻全部捡回来。张五郎走到山上一看，只见满山的芝麻已生长、开花、结籽、成熟，等

[①] 参见刘伟顺《从〈张五郎古洲学法〉的故事看梅山地区原始先民的生活画面》，《邵阳学院学报》（社会科学版）2009年第2期；毛攀云、钟巧灵《表象·深描·祭祀——梅山张五郎信仰的文化阐释》，《湖南人文科技学院学报》2014年第5期。

待收割。张五郎收了半天，还只开了个头，正当他发愁的时候，姬姬又来送饭，偷偷地教会了张五郎"罗雀法"，唤来山中百鸟，帮助他收芝麻。不到一顿饭的工夫，一座山的芝麻就被收完了。一连三天，张五郎从姬姬那里学到了不少的法术，圆满地完成了太上老君交给他的任务。

到了第四天，太上老君对张五郎说："这几天来你太辛苦了，今天我带你到古州各地去玩玩吧。"姬姬知道了，就偷偷地送给张五郎三样东西，并说："你要是遇到蛇，就把这块围裙拿出来打开；要是遇上了蝎子蜈蚣，就把这个鸡蛋拿出来踩破；要是遇上虎豹，就把这个弓拿出来晃一下。"张五郎记住了，就同太上老君一起去游玩。

走到一座竹山前，太上老君用手一招，忽见满地都是青蛇，张五郎赶紧拿出围裙打开来一晃，满地的青蛇都变成了一动不动的竹竿儿。又走了一阵，走到一座蕨茅山边，太上老君又用手招了招，只见满山遍野都是蜈蚣和蝎子，火速地向张五郎爬过来。张五郎赶紧从身上取出鸡蛋踩破了，里面跳出了一只大公鸡，"喔！喔！喔！"地叫了几声，满山的蜈蚣、蝎子都不见了。他们又接着往前走，走到一座石山边，太上老君又用手一招，只见满山遍野都是虎豹猛兽。张五郎又赶紧从身上摸出一把弓来晃了晃，那些虎豹猛兽又都不见了。太上老君见自己的法术都被张五郎破除了，无心再斗，就领着他回家了。

张五郎开始在太上老君那儿学法，最后是与太上老君斗法，太上老君见自己的一招一式都被张五郎破了，已无心同他再斗，就对张五郎说："小伙子，你的法术已经很高了，不必再学，明天你就回去吧。"张五郎出来已很久了，也很想回家，于是满口答应了。当张五郎回到卧室里时，姬姬就悄悄地溜进了他房里，张五郎告诉她，明天就要回梅山去。姬姬说："你明天走的时候，我爹送给你的礼物你都莫要，只要大门背后的那把旧雨伞，但要到了家里才能打开，在路上

附 录

千万不要打开来看。"张五郎连日来得到姬姬很多帮助,知道其中必有奥妙,就把姬姬的话牢记在心中。

第二天张五郎吃了早饭准备回家,太上老君真的打发他许多礼物。但是,张五郎都没要,只向太上老君要了大门背后的那把旧雨伞。张五郎拿着旧雨伞,只觉得身轻如燕,一路上逢山过山,逢水过水,非常顺利。不几时,就回到了梅山地区的边界上。这时,张五郎心情一高兴,就想打开旧雨伞来看一看,了解里面到底有什么秘密。不料,刚把伞张开,一位姑娘就从伞里钻了出来。张五郎定睛一看,这个大姑娘不是别人,正是太上老君的女儿姬姬,这一下真把张五郎喜坏了。可是,姬姬姑娘却满脸忧愁地嗔怪道:"教你不要在半路上打开伞,你偏不听,把伞打开了,看你还在笑,只怕很快就要遭祸了呢。"说话间,只听得空中"嗖!嗖!嗖!"地响,说时迟,那时快,只见姬姬头一偏,顺手往空中一抓,一把飞刀被她抓住了。原来这时太上老君正在闭目养神,突然心中"咯噔,咯噔"地跳,捏指一算,发现女儿姬姬同张五郎私奔了。不由得怒从心起,放出飞刀来追杀。姬姬知道这把刀见血之后自动飞回。于是,抓来一只野鸡,在鸡脖子上抹一下,飞刀见血,又"嗖,嗖,嗖"地飞回去了。太上老君把飞刀接在手里一验,知道不是人血,又把飞刀放出去。这次又被姬姬接住了,她知道躲不过,只好用飞刀划破手指,血染刀口,将飞刀放回去。太上老君接过飞刀再次检验,发现是人血,以为追杀成功,就没再放飞刀了。姬姬同张五郎等了一会,不见太上老君再来追杀,才继续上路,并顺利地回到张五郎家乡——梅山。

姬姬同张五郎成家后,将太上老君的十八般武艺和百种法术,全部教给张五郎。由于张五郎的武艺和法术高强,梅山地区推举他为首领。姬姬为张五郎生下三个儿子,她教大儿子专门上山打猎,教二儿子专门放养鸡鸭,教三儿子专门下河打鱼。这三个儿子后来都封了王，分别为上峒梅山张大王，中峒梅山李大王，下峒梅山赵大王。所以在梅山地区有上峒梅山上山打猎，中峒梅山搞棚放鸭，下峒梅山捞鱼摸虾的传统。

张五郎神像最具特色的是他的倒立，民间对此有许多说法。一说是老君放出大脑壳南蛇来追，五郎倒挂路旁篱笆桩上躲蛇；一说是五郎练法将头砍下，翻个筋斗去接，正好被一个妇女拦住讨水，结果把头接反了；一说是五郎当上梅山法主后，在姬姬面前摆男人架子，被姬姬施"定身法"倒立；一说是五郎在狩猎中为救猎户而与虎搏斗，与虎同摔山崖，五郎倒挂树上而死，死后上天，被封为猎神，于是猎户们依据倒挂树上的五郎情形而塑造了倒立的五郎神像。

4. 桃花江的传说[①]

桃花江原名杨柳溪，又叫獭溪，是资水东岸的一条支流，发源于桃江与宁乡两县交界的城墙山，经桃江境内的关山口、石中江等地，流入资水。这里有个流传下来的神奇的传说。

杨柳溪流到子良岩下，岩下有一眼泉水井，久旱不干，久雨不溢，常年清澈如镜，泉水清凉甘甜。这井正好就在溪旁。很久很久以前，有一年的二月十二日，百花仙子聚会欢度花节。喝得醉醺醺的桃花仙姑驾着一朵粉红色的祥云在空中遨游，尽情地欣赏人间美景。她轻悠悠地飘到了子良岩的上空，忽然间，一道强光射来，使她眼花缭乱，醉意全消。定神一看，原来是子良岩下的这口泉水像镜子似的把光线射到天空。她连忙降落云头，站立井旁，反复观看井水映照的自己的身影，越看越舍不得离去。看着看着，忍不住蹲下身子，捧起清凉的井水洗了洗脸，还把她的罗帕放在井里漂洗。这样一来，井水沾

[①] 胡翠英采录《桃花江》，见湖南省文学艺术界联合会编《湖南民间故事集成》（一），湖南文艺出版社，2009。

附 录

染了仙气，不停地向上翻腾，一下子，这水花化成了满井鲜艳的桃花。满井的桃花随着井水漂出井口流到溪里，把溪水映成了桃红色。这些桃花顺流而下，依在两岸，便长出一棵棵桃树，年年开花，岁岁结果，连溪水也发出一股仙气。

溪畔的东山港有个叫臣秀枝的姑娘，单眼皮，塌鼻梁，一脸的黑麻子，奇丑无比，但她为人厚道，心地善良，好施仁义，对父母十分孝顺，对长辈非常尊敬。可是这么一个好姑娘只是由于长得难看，到十九岁竟没有一个媒人登门说亲。本村有个叫杨斗才的花花公子，仗着父亲在朝廷做官的势，在乡间寻花问柳，无恶不作。他每次看见臣秀枝都要吐一口唾沫，还说："丑八怪，一世没有男人爱，要是霸蛮送给我，倒要找我一千贯。"臣秀枝自知容貌丑陋，更经不起这般奚落，便失去了生活的勇气，在一个雾蒙蒙的清晨，她跪到杨柳溪边，望着东去的溪水，一头栽入深潭。她还没有沉到潭底，就被一朵巨大的桃花托出水面，抛到岸上。她全身湿漉漉的，感到有一阵阵轻微的酸痛，觉得头脑清醒了许多，埋怨自己不该抛下年迈的父母和幼小的弟妹独自离去，她打定主意终身不嫁，与父母相依为命。回到村里，乡亲们都惊异地看着她，进得家门，她喊爹娘，爹娘都很奇怪，哪来的这么一个天仙般漂亮的姑娘？怕莫是迷失了路，投错了门，认错了人吧？听口音、看身段却与秀枝一样。经爹妈一番盘问，秀枝才将她在杨柳溪的一段奇遇全部告诉给双亲。母亲连忙给她拿来了铜镜，她对着铜镜一瞧，当真不敢相信镜中人就是她自己，还羞得一个月不敢走出家门。

杨斗才得知这一奇闻，偷偷地跑到秀枝家看了一回，传闻果真不假，昔日的丑八怪变得像桃花仙子，他便起了歹心，几次以重金相许托媒人到臣家求婚。为了使自己能够与秀枝相配，杨斗才也来到了杨柳溪里洗澡，想洗掉他身上的脏东西。谁知他一下水，立即成了一只水獭，化成了一块黑乎乎的怪石，从此永远趴在桃花江里。"獭溪"便因此而得名。杨柳溪里有桃花仙水的消息很快传遍了方圆百里。很多人怀着虔诚的心情来到溪边喝水，到溪里洗澡，善良的人个个都呈现出桃花般颜色。杨柳溪从此就被人们称为桃江。

5. 安化茯砖茶的故事①

相传东汉时，和帝刘肇为安定西北边塞，使人民免受兵荒战乱之苦，与西域各城建立了交往关系。和帝曾经多次派班超率队运货到西域通商。

有一年的六月，班超带领布商和茶商赶着数十辆马车，在军校的护送下，浩浩荡荡，沿着张骞开辟的丝绸之路向西进发。商队西出帝都洛阳半月以后，一天中午，在前不着村、后不着店的荒山野岭，遇到了一场暴雨，运载的货物都被淋湿。雨过天晴后，丝绸布匹被风一吹就干，可是茶叶要晒干没有三两天是不行的，茶商怕耽误了赶路的日期，只吹干了茶叶表面的水分，就重新包装打点跟着队伍前进了。

进了河西走廊，车队在一望无际的戈壁沙滩上行走，烈日灼人，气温很高。经过一个多月的长途跋涉，来到了酒泉地带。有一天黄昏，车队准备在驿站休息，护队的军校发现附近的戈壁滩上有一堆人在围观什么。为了安全起见，立刻催马向前看个究竟，只见两个牧民捂着肚子在地上滚来滚去，痛苦的喊叫声使人心碎，额头上汗如雨下。听围观者介绍，这是戈壁草原上的不治之症，因为牧民们终年食的都是牛羊肉和奶类食品，由于脂肪多，不易消化，肚子鼓鼓胀胀，每年都有不少牧民死于这种病。

---

① 安化王太运讲述，吴尚平采录《茯茶砖》，选自湖南省文学艺术界联合会编《湖南民间故事集成》（一），湖南文艺出版社，2009。选入本附录篇略有删改。

附　录

　　班超听到军校的禀报，立即传令把患病的牧民抬回驿站诊治，经过检查，医生确诊为消化不良症。由于离开洛阳的时间太长，治肚子痛的药物已经用完，医生思来想去，想到了茶叶。据史书记载，茶叶有清神醒脑、促进消化之功能，不妨试试看，医生把自己的想法向班超禀报。

　　班超一听，认为茶叶反正不会坏事，于是命令医生一试。医生奉命去取茶叶，打开篓子一看，只见茶叶上密密麻麻长出了许多黄色的小斑点。他犹豫了，这长黄霉（后人研究，这叫谢瓦氏曲霉，是一种有益的霉菌）的茶叶能吃吗？但救人要紧，试总比不试好。于是抓了两把发黄霉的茶叶放到锅子里一熬，给生病的牧民每人灌了一大碗。过了片刻，患者觉得舒服多了。又接着喝了两碗，肚子里几个鼓胀的硬块渐渐消失了。他们两人站起来，向班超与医生磕头致谢，并问是什么灵丹妙药使他们起死回生。班超答道，这是楚地运来的茶叶。

　　两位牧民道谢毕，立即跳上马，连夜把汉族商人用茶叶救他们性命的事告诉了部落首领。第二天一大早，班超的队伍还未启程，部落首领就带了厚礼来酬谢，并用重金买下了这批茶叶。楚地茶叶能治病的消息像长了翅膀，一传十、十传百地传开了。渐渐地，戈壁草原的牧民都喜欢饮用这种"发黄霉"的茶了。

　　到后来，那位茶商的后代在陕西泾阳等地开办茶庄。再后来，茶商从湖南安化将茶叶蒸软，运到泾阳，再以木盒为模，用棍棒槌紧，制作成茯茶砖，然后进烘房烘烤，让其生长黄霉，再装箱销往西北边疆各地。

6. 益阳水竹凉席的传说[①]

　　很久以前，湖南益阳一带，荒无人烟。因此，许多外地人都纷纷

---

① 益阳王篾匠讲述，朱付华采录《水竹凉席》，选自湖南省文学艺术界联合会编《湖南民间故事集成》（一），湖南文艺出版社，2009。

迁到益阳开荒种地。湖北省有一个叫沈知进的青年也带着父母迁到益阳。不料这里好一点的地方都被几家财主占光了，他只好在志溪河边的野竹林里安了家。长途跋涉，加上水土不服，沈知进的父母相继病逝。沈知进就靠砍柴卖菜谋生。

志溪河附近有个大财主，见沈知进年轻力壮便雇了他去砍柴种菜。有一天，沈知进到山上砍柴回来，见路旁有一株一尺多高的小树，青枝绿叶，心里很喜欢，便用柴刀将它挖回去栽在财主家的菜地旁边。不久，那株小树竟开出了一朵朵深红色的花。花香扑鼻，长得十分好看，引来不少看花的人。

那财主有一女，生得十分美貌。她听到这消息后，也带着丫鬟前来赏花。时间一长，小姐见沈知进一表人才，又聪明勤劳，不觉动了春心。一天，小姐向沈知进倾吐了爱慕之情，当即两人海誓山盟，订下了终身。不料，这事被大财主知道了，他一面令人将沈知进毒打一顿赶出门去，一面将小姐锁在楼上，不准下楼。小姐见沈知进被赶走，心中又恼又气，茶不思，饭不想，整天躺在床上。那时正是六月，天气热得异常，小姐忽然长了一身怪疮，百医无效。财主见了，十分着急，便贴出榜文，征召治病的能人。并许诺：能治好小姐病者，有妻的送白银五十两，无妻的以小姐相许。

一天，沈知进正在竹林砍柴，忽见一个人朝他走来，那人两耳齐肩，面如红玉，走近沈知进后说："我乃蜀主刘备，原以织草席为生。见你勤劳忠厚，特来帮助你。你屋后的小竹，名叫水竹。你可将它破成篾，织成篾垫，送给小姐垫下，她的病定能好转，这样你们就可结成夫妻。"说完又详细告诉了沈知进破篾织垫的方法。沈知进正要谢恩，那人却早已不知去向。沈知进忙砍了一担竹子挑回家去，按那人所教，一天一夜就织成了一铺水竹凉席。他织好凉席，便去财主门前揭下了榜文。小姐自从垫上了沈知进送来的水竹凉席，未出三天，病情便大有好转，不到半月，就完全康复了。可是那财主还是不让小姐与沈知进成婚，连银子也不给，就将他推出了大门。

小姐原指望病好之后与沈知进成亲，不想又落得这个结局，顿时气昏在床下。醒来后只知道哭。她哭呀，哭呀，眼泪把凉席染得黄灿灿的。一天，丫鬟忽然发现凉席上有一小片红斑，她仔细一看，原来是小姐眼中流出来的鲜血。丫鬟吓得连忙报告了财主。财主听了，气得将小姐赶了出去。

小姐带着那床凉席，到沈知进的茅屋里，与沈知进成了亲。夫妻两人以织水竹凉席为生。渐渐地，沈知进织水竹凉席的名声便传开了。

后来，当朝皇帝也长了这种怪疮，皇上派人来要沈知进织一床凉席，送到京里。不几天，皇帝的病也好了。于是皇帝把水竹凉席定为贡品。从此，水竹凉席便名扬天下。

7. 陶澍为榨油坊写对联[①]

陶澍的父亲名必诠，秉性刚直，不喜欢攀附权贵，乡亲们也特别敬重他。学馆附近有个榨油坊，榨油坊老板逢年过节，都要请陶先生写副对联，贴在大门上凑凑热闹。

这年除夕，油榨坊老板照例买了红纸，请陶先生写对联。不巧，陶先生有事外出，他把红纸往书案上一放，对陶澍说："你爹回来后，请他赶快写好，我等会儿来拿。"

榨油坊老板走后，等了许久，还不见父亲回来，陶澍便学着父亲的样子，写了起来，对联是：榨响如雷，惊动满天星斗；油光似月，照遍万里乾坤。横批是：开张宏发。

[①] 安化吴竟成讲述，廖子季采录《陶澍写春联》，见湖南省文学艺术界联合会编《湖南民间故事集成》（一），湖南文艺出版社，2009。

刚刚写好，榨油坊老板便来拿对联了。陶澍朝书案上一指："给您写好了，快拿去贴上吧！"榨油坊老板是个一字不识的人，拿了便走。

大年初一，陶必铨照例到榨油坊出行，抬头一看，只见门楣上贴着新写的对联，对联上的字虽然写得不怎么出色，但对联对仗工整，口气很大，不同凡响，他大吃一惊。他一进门便问："门口这副对联是谁写的？"

榨油坊老板说："还不是请您写的！莫不是三十吃醉了酒，昨天写的对联就不记得了？"陶先生摸不着头脑，回到家里，询问陶澍："昨天有客人来吗？"

"没有。"

"隔壁榨油坊里的对联是谁写的？"

"我写的。"

"你是从哪本书上抄来的，还是别的地方捡的？"

"都不是的，是我自己想出来的。"

陶先生听了暗暗高兴，但他还不相信自己的儿子有了这样的才学。三年后的一个夜晚，陶澍从外地求学回来，跟着父亲去河边乘凉，陶先生立在石拱桥上，望着自己倒映在河水中的影子，感慨万千，朗声吟道："独立桥头，人影不随流水去。"

陶澍随即应对："孤眠旅邸，梦魂常在故乡游。"

陶必铨这才相信陶澍确实有了较深的诗词根基。

8. 魏源陪妻回门的传说[①]

魏源是老邵阳县金潭（今属隆回）人。邵阳有个风俗，结婚后第

---

① 原题《魏源的传说》。选自邵阳市地方志编纂委员会《邵阳市志》第六册，湖南人民出版社，1997，第725~726页。

附 录

三天，丈夫要陪新娘子回娘家，叫作"回门"。新娘子初到男家，拜堂之后，男家亲戚朋友都来闹新房，考验新娘子，让大家嬉笑，以加强婚礼的欢乐气氛。新娘回门，女家的亲戚朋友想出各种办法对男方进行"报复"，使新郎"狼狈不堪"。其中一种方式叫作"打红"，由新娘婚前的男女朋友在自己手掌心涂满丹红色银朱，待岳父母引新郎出面时，群众一哄而上，向新郎脸上抹去，把他搞成个"红脸关公"，要逗得大家开怀大笑才肯罢休。

魏源是个有名的读书人，回门那天，岳父把他安顿在生着火炉的书楼上。他看见书架上有一部《春秋公羊传》，便顺手拿下翻看，谁知一读就入了迷。岳母端来一方烤糍粑，一盘白糖，见他看书专心，便把东西放在书案上的墨盘旁边，要他边吃边看。过了半个时辰，岳母又来招拂，见女婿仍然没吃，便亲手撕了一块糍粑，在盘子上蘸了些白糖，送到他口里。魏源确实饿了，便左手执书，右手拿起糍粑向前面蘸糖，吃得津津有味。岳母退到门外，心里十分高兴。

魏源读《公羊传》，越读越入神，伸往盘中蘸糖的手，慢慢地角度不准确了，竟伸到墨盘中去了。他用糍粑一次又一次地把一大盘的墨汁都蘸干了，几次将饱蘸墨汁的糍粑，蹭在嘴角两边，当墨汁从嘴角下流的时候，他又下意识地往上抹，这样反复多次，搞得满脸都是墨。本来要做"红脸关公"的，这时候却变成了一个"黑脸包公"，可是他自己一点也不知道。

正在这时候，楼下吵着要"打红"的人来了，他们跟着满脸笑容的岳母，一窝蜂地拥上楼来。魏源猛地从《公羊传》的沉醉中惊醒过来，站起身回礼，一脸墨汁，黑乎乎的，把几十双伸过来"打红"的手都吓得缩了回去，一下子全场鸦雀无声。当大家看了桌案上带墨汁的糍粑碎屑，糖盘和墨盘并排放着的狼藉现场，又看到魏源的样子，爆发出满屋笑声。

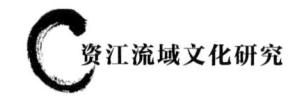

9. 新化伍氏兄弟勇除巨盗[①]

新化素多精武功拳击的人，尤以黄杨山（今横阳）伍姓最为有名。清末民初，有伍姓兄弟俩，以卖艺为业，云游广西一带。有一年岁末回乡，身边各带银百余两，走到湖南地界，住在一家姓林的伙铺里。

林老板是新宁人，因与之攀谈。林老板说："两位乡亲，如果早来一日，就不必在此延捱时日了。"伍氏兄弟不解，询问缘故。林说："昨天刚有一大伙客人通过前面界岭，不等几天，就不能约集到众多客人了！"伍氏兄弟更为疑惑，问："为何要聚众过岭呢？"林老板惊诧地说："两位乡亲难道不知道前面界岭近来为一伙巨盗所盘踞，专门抢劫行人，为首的叫黄大麻子，有一身好本领，几十人难以近前，他手下的人，个个剽悍凶勇，所以往来行人，非结集数百人不敢过岭。"

伍氏兄弟听罢，相视而笑。大伍说："这没什么了不起，我兄弟俩，也颇懂武艺！"林老板不信，说："乡亲莫讲大话，光是黄大麻子的旋风飞剑，怕两位也难抵挡，何况他手下还有数十名盗匪哩！"伍氏兄弟表示坚信自己的武艺。林老板请一显身手，兄弟俩点头应允。大伍见厅堂中有一杂木方桌，极其坚实，便将其反铺于地，并拢五指往桌板上一戳，桌板瞬间戳出一个大洞，手指戳进了地面。

林老板惊讶不已，说："老大本领过人，但不知令弟如何？"小伍闻言，便走出门外，见阶下有块一百多斤重的大石头，半陷于泥土中，便一手将石头掀起，立于地上，骤然以一足踢去，只见巨石腾空

[①] 选编自新化县志编纂委员会编《新化县志》"杂录"，湖南出版社，1996，第1257~1258页。

而起，飞越阶前一口亩余方塘，落地时仍旋转不已。林老板大为赞许，连声说："兄弟俩有此等神功绝技，可去！可去！"

这时，又来了一位姓金的卖漆客，亦颇有胆艺，表示愿与之同行。伍氏兄弟二人便将身上银两交金氏携带，装扮成主仆模样，一道闯岭。途中，三人共商智取的计策。伙铺距界岭三四十里。傍晚时分，赶至半岭。忽听林中"哦哦"作响，闪出盗匪十数人，皆持刀瞠目怒视。三人装作惊惶失措，伏地乞求饶命。众盗厉声说："拿钱来就饶尔等性命，不然，送你们到枉死城去！"说完，举刀欲砍。二伍令金解囊献银，众盗见其银两已尽，便扬长而去。三人蹑手蹑脚地跟随众盗前行。不一会，走至一处，只见大树遮合，细草茵茵，帐幕横撑，早有一伙人在那里聚集，见三人随至，厉声喝道："你们跟着来干什么？难道以为老子不忍杀死你们吗？"三人故作惊恐，叩头哀告："小人等离家千里，一年死活挣得这等钱财。大王一定要拿去充饷，也该给小人留点盘缠。如大王不怜悯同情，反正小人有家难归，宁可死于大王刀下。"

众盗见三人纠缠，欲举刀砍杀。中有一大汉，满脸麻斑，像笋壳一般，以目止之，众匪个个俯首。三人知此汉即盗首黄大麻子。不久，众盗约三十余人，集于幕外，围聚酗酒吃肉。饮酒间，一盗时时以一目视三人，并以手牵黄大麻子衣襟，意欲杀之，黄大麻子未允。一会，此盗又向黄示意，黄愤怒道："不必大惊小怪，败我兴头，他们自己会走的！"言毕，倾杯豪饮，不久乃醉。三人装作乞食的样子，徐徐向前。稍近，大伍飞掌往黄大麻子头刴去，黄应掌坠倒。小伍则靠近其他盗匪，飞足急蹴，足起处，盗徒纷纷远仆。金某亦拾起器械相助，顷刻间击毙匪盗十余人，剩下的都伏地求饶。伍氏兄弟等三人急入匪穴，拿回被抢的金银，踏上了返回新化的归途。

二 经典文选

1. 邵陵作①

〔唐〕张谓

尝闻虞帝苦忧人,只为苍生不为身。
已道一朝辞北阙,何须五月更南巡。
昔时文武皆销铄,今日精灵常寂寞。
斑竹年来笋自生,白蘋春尽花空落。
遥望零陵见旧丘,苍梧云起至今愁。
惟馀帝子千行泪,添作潇湘万里流。

2. 梅山歌②

〔宋〕章惇

开梅山,开梅山,梅山万仞摩星躔。扪萝鸟道十步九曲折,时有僵木横崖巅。肩摩直下视南岳,回首蜀道犹平川。人家迤逦见板屋,火耕硗确多畲田。穿堂之鼓堂壁悬,两头击鼓歌声传。长藤酌酒跪而饮,何物爽口盐为先。白巾裹髻衣错结,野花山果青垂肩。如今丁口渐繁息,世界虽异如桃源。熙宁天子圣虑远,命将传檄令开边。给牛贷种使开垦,植桑种稻输缗钱。不持寸刃得地一千里,王道荡荡尧为

---

① 张谓(? ~约778),唐河内(今河南泌阳县)人,曾为潭州(治所在长沙)刺史。此诗引用虞舜"忧人"事迹,表达了诗人"只为苍生不为身"的心忧天下的精神。本诗选自《唐宋人寓湘诗文集》(一),岳麓书社,2013,第57页。
② 章惇(1035~1106),宋建州浦城(今属福建)人。神宗熙宁年间曾历湖南、湖北察访使,奉谕开梅山,分立新化、安化二县。此诗歌对于了解梅山历史文化有一定价值。本文选自〔清〕厉鹗辑撰《宋诗纪事》(上)卷二十二,上海古籍出版社,1983,第545~546页。

天。大开庠序明礼教，抚柔新俗咸无专。小臣作诗备雅乐，梅山之崖诗可镌。此诗可勒不可泯，颂声千古长潺潺。

3. 茱萸江竹枝词[①]

〔清〕陶澍

石门潭下水盈盈，石门潭上石如城。
同去打鱼同打桨，月明摇到马家坪。

山从马辔望壶头，帆转随山挂复收。
买得鳊鱼长一尺，泊船先赛伏波侯。

前滩岭岈接后滩，船来滩心湾复湾。
忙杀长年惊杀客，回头只有白鸥闲。

才交谷雨见旗枪，安排火炕打包箱。
芙蓉山顶多女伴，采得仙茶带露香。

麂眼篱笆苦竹编，人家住在翠微颠。
饱得春来好乡味，笋儿生角蕨如拳。

江南江北树丛丛，比邻都似瀼西东。
来朝牛脊初分雨，同上天门祀社公。

[①] 陶澍（1779~1839），湖南安化人，清代经世派主要代表人物，道光朝重臣。从茶乡走出去的陶澍，最熟悉资江情形，此诗歌描写的是资江（茱萸江）人的生活情形。本诗选自《陶澍集》（下），岳麓书社，1998，第590~591页。

长镵短锸上山坡，白云深处有山歌。
棕树做衣蒲做笠，生来不解羡纨罗。

岩檐低亚雪惊风，芋薯收拾稻粱充。
多挖树根干晒日，大家围火说年丰。

黄茅缚屋顶尖尖，新剥杉皮盖屋檐。
怪得村翁眉一寸，卧窗高挂是松髯。

香炉山上隐风雷，香炉山下白云堆。
看郎一似山云样，蚤晨飞去晚飞回。

4. 资水①

〔清〕彭开勋

茱萸江水绿，流过益阳城。
绕阁春波细，移船夜雨生。
人家依竹树，物产聚香粳。
质朴居民意，翻嫌薄俗情。

5. 资水滩歌②

说唱滩来且唱滩，宝庆果然不平凡。且看三门在水地，一门旱地雁门关。婆婆岩上把鹰打，小溪就把姜来担。小木滩来出红枣，抬头

---

① 彭开勋，字勤彝，清湖南宁乡人，其《南楚诗纪》，专咏三湘风物，初刊于道光年间。"茱萸江"一名"资水"。本诗选自《南楚诗纪》，岳麓书社，2011，第50页。
② 苏养吾、杨锡山演唱，苏武生、周少尧于1986年5月采录于新化县荣华乡、琅塘镇。选自湖南省文学艺术界联合会编《湖南歌谣集成》（一），湖南文艺出版社，2009，第103页。此歌唱的是资江沿途的自然景观、风土人情、历史传说和地方特产，可谓历史记忆。

望见枞树滩。麻溪哪见担麻卖，沙罐出在沙塘湾。猫儿扑地老鼠石，炉埠果然好煤炭。开船有个三篙半，老鼠港里锡矿山。仙溪姑娘三仙会，鲸鱼滩下竹林湾。新化开船磨盘滩，宝塔对着塔山湾。袁家山里出萝卜，车把溪对天子山。礼溪有个成进士，潘洋有个御史官。烟田滩下槽船地，龙溪脚下清水滩。火烧滩下纤难扯，盛产桐油是神湾。毛篙滩下千篙石，探溪有只狮子山。杨泗庙里把神祝，卦打三巡三门滩。鲤鱼穿腮现手段，花花绿绿是榨滩。益阳开船往汉口，抬头望见鳊鱼山。魏公庙里把神敬，王庄对门犀牛湾。南京港有癞子石，岳州有个提金山。城陵矶下金河老，擂鼓三通过五关。鹦鹉洲前抬头看，望见武昌确非凡。洞宾神仙把楼坐，黄鹤楼下有蛇山。汉口穿心八十里，不知街上几多宽。有钱汉口真好耍，无钱真使汉子难。

6.《海国图志》原序（节选）[①]

〔清〕魏源

《海国图志》六十卷，何所据？一据前两广总督林尚书所译西夷之《四洲志》，再据历代史志及明以来岛志，及近日夷图、夷语，钩稽贯串，创榛辟莽，前驱先路。大都东南洋、西南洋增于原书者十之八，大、小西洋、北洋、外大西洋增于原书者十之六。又图以经之，表以纬之，博参群议以发挥之。

何以异于昔人海图之书？曰：彼皆以中土人谭西洋，此则以西洋人谭西洋也。

是书何以作？曰：为以夷攻夷而作，为以夷款夷而作，为师夷长技以制夷而作。

《易》曰："爱恶相攻而吉凶生，远近相取而悔吝生，情伪相感

---

① 魏源全集编辑委员会编《魏源全集》第四册《海国图志》，岳麓书社，2011，第1~3页。

而利害生。"故同一御敌，而知其形与不知其形，利害相百焉；同一款敌，而知其情与不知其情，利害相百焉。古之驭外夷者，诹以敌形，形同几席；诹以敌情，情同寝馈。

然则执此书即可驭外夷乎？曰：唯唯，否否！此兵机也，非兵本也；有形之兵也，非无形之兵也。明臣有言："欲平海上之倭患，先平人心之积患。"人心之积患如之何？非水，非火，非刃，非金，非沿海之奸民，非吸烟贩烟之莠民。故君子读《云汉》《车攻》，先于《常武》《江汉》，而知二《雅》诗人之所发愤；玩卦爻内外消息，而知大《易》作者之所忧患。愤与忧，天道所以倾否而之泰也，人心所以违寐而之觉也，人才所以革虚而之实也。

昔准噶尔跳踉于康熙、雍正之两朝，而电扫于乾隆之中叶。夷烟流毒，罪万准夷。吾皇仁勤，上符列祖。天时人事，倚伏相乘。何患攘剔之无期，何患奋武之无会？此凡有血气者所宜愤悱，凡有耳目心知者所宜讲画也。去伪、去饰、去畏难、去养痈、去营窟，而人心之寐患祛，其一；以实事程实功，以实功程实事，艾三年而蓄之，网临渊而结之，毋冯河，毋画饼，则人材之虚患祛，其二。寐患去而天日昌，虚患去而风雷行。《传》曰：孰荒于门，孰治于田；四海既均，越裳是臣。叙《海国图志》。

7. 猛回头① （节选）

陈天华

大地沉沦几百秋，烽烟滚滚血横流。

伤心细数当时事，同种何人雪耻仇？

---

① 陈天华（1875~1905），湖南新化人。其一生救亡图存，宣传革命。《猛回头》写于1903年夏，本篇选取其韵文起首部分。见刘晴波、彭国兴编，饶怀民补订《陈天华集》，湖南人民出版社，2008，第21~22页。

8. 我湖南一变,则中国随之矣[①](节选)

蔡锷

夫湖南僻在中国之南方,政教学术,大抵取索于中原,而非己有矣。则湖南者,亦犹罗马之英、法,可谓能有新机耳。特湖南省也,英、法国也,同异之间,如是而已。今以萨摩喻湖南,夫抑不无影响耶!虽然,以人地壮广众盛论,综湖南全部,可以敌日本,而其膏沃殷富且无论。然则萨摩何足况湖南?其士之伟博壮烈,又何足比湖南?吾甚羞湖南有兹誉,近于以孩提之智慧,矜奖成人之呆蠢而偶变者也。然则今或以湖南之一县,而代表其有萨人之风,殆犹之可也。不然,而其毋以为荣,且毋乃滋恶。虽然,名亦实不易副矣。今且无论湖南之一县,不足以配萨摩也,然吾即恐吾湘全部之人才,犹未足以妄冀萨人士。何则?彼日本既小邦,则日本变法,固应自有小萨摩,而小萨摩则竟足以变日本矣,是其实已至也。是故地虽小而成名大,所以为荣也。今我中国既大邦,则中国变法而欲比例日本也,固应自有大萨摩,而大萨摩至今五年,未闻足以变中国矣,是其名不副也。是故地虽大而实无有,所以为恶也。且不特此也,彼欧美交通,中先于日,外患之迫,中同于日,而日本三藩之所为,则卅年以前之事也。虽曰大小之殊形,社会之异势乎,然其悖于物竞强权之理则多矣。今者亡羊补牢,解嘲聊慰,情见势绌,知者尚希。属值我国家兴学育士,淬厉图新,凡我国民,固当人人持爱国之诚热,以日相推挽摩擦,而有以应之也。湖南素以名誉高天下,武命自湘军占

---

① 蔡锷(1882~1916),湖南邵阳人,近代伟大的爱国者,著名政治家、军事家、民主革命家。本篇节选自蔡锷1903年1月13日发表在《游学译编》上的《致湖南士绅诸公书》(署名"湖南留学生同上")一文,本处题目选自节选之文。见曾业英编《蔡锷集》(一),湖南人民出版社,2008,第255~257页。

中原之特色，江、罗、曾、胡、左、彭沾丐繁多。人人固乐从军走海上，以责偿其希冀矣。文想则自屈原、濂溪、船山、默深后，发达旁礴，羊角益上，骎骎驶入无垠之哲界矣。然而终觉所希之犹狭狭也。

今某等留学此都，日念国危，茹辛含苦，已匪伊夕。触目随遇，无非震撼，局外旁瞩，情尤显白。彼中政府举措，社会情形，书报论说，空际动荡，风声鹤唳，动启感情。又湖南夙主保守，近稍开放，壮烈慷慨，凿险缒幽，故其学派又近泰西古时斯多噶。至于开新群彦，其进步之疾速，程度之高深，凡夫东西政法科学之经纬，名群溥通之潭奥，语言文字既通，沈潜撑索有日，斐然可观，足饷友朋也。时难驱迫，两美合符。通西籍则日力维艰，求速便则惟有东译。及今以欧美为农工，以日本为商贩，吾辈主人取而用之，足敷近需。其后学界超轶，文治日新，方复自创以智人，庶俾东西而求我。当斯时也，其尚有以铁道、电线为隐忧者耶！总之，我湖南一变，则中国随之矣。报国家而酬万民，御外族而结团体，天下无形之实用，固有大于斯者乎？此所以不避烦渎，为同胞罄陈也。顷各省咸集巨款开译局，殆此志也，知我湖南必不让焉。缘译事重大，或为全国教育章程科学，及理法、实业起见；或为沟通全省修学，牖下志士起见；或为溥智兆民，弥消教祸起见；或为提红给费，资助寒素，留学远游起见；或为竞争商务，预防外人，干预版权起见；目的繁多，悉根爱国，无他谬见也。尤复斟酌和平，力主渐进，顾全大局，维持同类。是数端者，窃愿我全省达官长者，热血仁人，普鉴苦衷，提倡赞成，集成巨股，则他日三藩武烈之猷，忠君爱国之实，未必不骈珍推毂我湖南矣。

要之，以新国而能输受旧学，扩张新学者罔不兴；以新国而能浸隶旧学，绝弃新学者，罔不亡；以旧国而能扩张旧学，输受新学者罔不兴；以旧国而能浸隶旧学，绝弃新学者，罔不亡。新旧兴亡之数，约略四端，可以尽也。爱国君子，其有意乎？湘中志士，其有意乎？南望风烟，心怛恻矣，邦人诸友，兄弟父母，尚何念哉！读《小雅》则知之矣。区区同舟，不尽多言。

9. 过邵阳登双清亭[①]（选一）

吕振羽

砥柱屏河岳，长城速北邮。

万山来天际，一石压江流。

资邵双清合，危亭水上浮。

登临同展望，纵目看远舟。

10. 南方与北方[②]

周立波

北方月夜的雪地，

南方雨后的蓝天。

北方的梨花呀开遍了天边，

南方的山茶花染白了秋野。

北方的溪河，老是那么急急地，急急地奔流，流出深山，又流入远海，

[①] 吕振羽（1900~1980），今湖南邵阳县人。马克思主义史学家。双清亭位于资江、邵水交汇处下游近千余米处，两水清澈，故名双清。此诗写于1938年8月。本诗选自江明、吕坚编选《吕振羽诗选》，吉林大学出版社，2000，第84页。

[②] 周立波（1908~1979），本名周绍仪，湖南益阳人，中国现代作家、编译家。此诗于1939年1月12日发表于《救亡日报·十日文萃》第1卷第6期。此诗，作者所要表达的正如诗中所言："我是永远的，永远的爱我祖国的一切。"本诗选自吴培显选编《周立波作品选》，湘潭大学出版社，2009，第469~471页。

南方的山泉，总是那么明澈的，明澈的清澄，照得见云天，也看得见沙底。

在北方，有多少悠远的周秦遗迹，

在南方，有多少奇拔的三楚精神。

韩侯岭上，有汉将千古伤悲，

汨罗江里，有楚臣百代的遗憾。

谁能比得上峨眉四季的秀丽，

匡庐七月的风凉，

还有那三峡的神奇，

三湘的神秘，

和洞庭的波浪？

谁能找得出苏武的乡愁，

昭君的悲切，

还有那孟姜女的贞筠，

杨贵妃的美丽，

和岳武穆的忠心？

长城呵，你是衰败了，衰败了，城基长满了草，秦砖乱抛在沙里，可是，谁能够忘记你的英武当年？当匈奴的驽马，越过沙漠，想要踏进中原时，你有多少秦汉的旌旗蔽日？

秦淮河，你是荒废了，荒废了，流水变成了污秽，歌楼化作了庸愚，可是，谁又能够忘记你的风流昔日，在王孙的欢夕，荡着画舫，想要优游终夜时，你有多少六朝的金粉流连？

青年人，也许青春的精力，不容许你对于爱情的逃避，那么，请你到北方去吧，那里有万古不渝的心意，

青年人，谁不爱智慧的诗篇？那么，请都到南方来吧，这里有纵横无极的才气。

到了春天，请你到南方的山野里来散一散步吧，这里有灿烂的繁花无数，

到了春天，请你到北方的原野里去散一散步吧，那里有新麦的芳香遍野。

到了秋天，请你望一望北方，那里的远山，像是一层一层的天际的轻云，由浓而淡，由淡而销了，

到了秋天，请你看一看南方，这里的稻熟，使农民笑了。

在春天，南方少女的薄薄的衣袖里，会飘出迷幻的胸乳的温香，像温风吹进了栀子花丛又吹进你的鼻里，

在秋天，北方牧羊人的哀婉的歌声，会随着风，飘到很远，很远，引起那远处的人们的无尽的幽情。

你爱南方呢？还是爱北方？

"我不知道呵，

先生，

我不知道。

我只晓得，

这一切，都是祖国的，

而我，

我要告诉你，

亲爱的先生，

我是永远的，永远的爱我祖国的一切。"

三 精品艺术

1. 邵阳宝庆竹刻

宝庆竹刻是从实用竹器工艺中脱胎出来的一种集观赏、实用于一

体的汉族传统雕刻艺术。[①] 宝庆竹刻的艺术品从现今留存的实物资料看，最早的是潘一龙的竹雕笔筒。明代编修的《宝庆府志》，曾记载万历年间宝庆竹刻名师潘一龙及其竹艺作品的情况。潘一龙（1563～1645），别号云山樵子，是宝庆竹刻创始人之一。从小天资过人，工诗善画，尤精于竹刻，所刻山水花鸟人物形神兼备，自然生动。该时期宝庆竹刻主要流行圆雕和透雕的雕刻技法。

清代康熙年间，宝庆竹刻艺人王尚智发明了翻簧工艺和翻簧竹刻。嘉定派竹刻以"高、深、透"为特点，金陵派的竹刻则提倡使用"浅浮雕"的技法，两者风格截然不同。宝庆竹刻兼备二者之美，种类齐全，题材丰富，宝庆竹刻艺人还发明了新的竹刻工艺——竹簧。以此法制作竹刻时，艺人将竹子去青去节，剥出竹簧，经煮、晒、碾等工序后，压平贴于木胎或竹胎之上，再抛光打磨，运用不同的手法在上面雕刻人物、山水、花鸟。竹簧工艺产品，色泽犹如象牙般白润，格调高雅。竹簧雕刻工艺一经问世，即成为达官贵人和文人雅士竞相收藏的艺术珍品，并被定为清皇宫的贡品和外交礼品。如现藏于北京故宫博物院的"竹簧天地同春寿字盒""芭蕉山石贴簧盒"等珍稀艺术品，工艺水平相当高。据《宝庆府志》记载，当时最有名的竹刻艺人李昌元以制竹子食箧和书箧而名重一时，最终成为宫廷专门的竹刻师。

乾隆时期，宝庆竹刻进入了全盛期，形式图案更为丰富，色彩更绚丽，成品也更为精美，成为民间艺术的优秀代表。雕刻技艺推陈出新，清代中晚期到民国初期，宝庆竹刻已形成规模。宝庆府所辖的各县都出现了专门的竹刻作坊，宝庆府城内，专门从事竹艺制作和销售

[①] 湖南省文化厅编《湖南省非物质文化遗产名录》（三），湖南人民出版社，2009，第993页。

的专业作坊就有9家,从业艺人100多人。著名的作坊有文雅堂、现菜园、爱此君斋、君雅堂、友此君、管雅室、骏雅室等。宝庆竹刻的名家大师,特别是竹簧雕刻的高手层出不穷。王尚智的后人王修龄、王树笺、王坚吾、王明生都是竹簧雕刻的高手,他们刀法凌厉,讲究气势,是著名的竹刻世家。李新麟、李胜麟兄弟在宝庆竹艺界也颇有名气,他们的技艺高超,尤以雕刻制作竹簧挂屏、朝珠盒、异形竹簧花瓶而闻名。[1]

宝庆地处湘西南,盛产楠竹,自古竹器制造业十分发达,是中国竹文化的主要发祥地之一。这为宝庆竹刻的艺术创作,提供了较好的物质条件。再加上宝庆人杰地灵,历代大师擅长将自己的艺术技巧与文人审美情趣融会贯通,从而创造出了无数美轮美奂、具有极高艺术美感和丰富的文化内涵的佳作。2006年,宝庆竹刻被确定为第一批国家级非物质文化遗产名录项目。

2. 蓝印花布

邵阳蓝印花布又称豆浆布,是一种用石灰豆浆防染花靛蓝色的双色布。深重的蓝,纯净的白,质朴的色彩,古拙的纹样,显现出浓烈的乡土气息。

邵阳蓝印花布源自远古时代苗族、瑶族人的"阑干斑布"和"蜡缬"。据《邵阳县志》和《宝庆府志》记载:唐贞观时期,邵阳境内棉纺织业兴起,邵阳人在苗族和瑶族蜡染的基础上,首创以豆浆石灰代蜡防染的印染法。至明清两朝,邵阳由于水陆交通发达,资江直抵长江,武汉有专用的宝庆布码头,商贾云集,邵阳已成为华南乃

---

[1] 湖南省文化厅编《湖南省非物质文化遗产名录》(三),湖南人民出版社,2009,第994页。

至西南地区最大的蓝印花布生产、染印、销售中心,蓝印花布销量可观。①

邵阳蓝印花布的印染者用简单、原始的蓝、白两色,创造出了一个淳朴、自然、千变万化、绚丽多彩的蓝白艺术世界。②其主要产品有花布、被面、床单、门窗、桌布、包袱、枕巾、帐檐、腰带、头巾、围裙、肚兜、椅巾等,其中以蓝印花被面、床单、帐檐最为著名。邵阳蓝印花布的图案内容大多取材于民间传说或吉祥纹样,最具代表性的图案作品有《凤凰牡丹》《狮子戏珠》《金鱼戏莲》《吉庆有余》《凤鹿》《鸳鸯戏水》《鹿鹤同春》《蝶戏牡丹》等。2008年,蓝印花布印染技艺被确定为第二批国家级非物质文化遗产名录项目。③

3. 邵阳榾雕

邵阳榾雕属于我国古代民间技艺,距今已有200多年的历史了。其特点是浑朴粗犷,造型新颖,形态优美,巧妙大方,古气浓重,叫人爱不释手。这些榾雕大部分是通过浮雕的技法雕刻而成。榾雕的题材以花最多,而且以牡丹最为常见,所雕之花纹路清晰,自然流畅,显现了中国工笔画的清秀风格,深具立体感。④

4. 隆回滩头年画

滩头年画是湖南省邵阳市隆回滩头镇汉族民间工艺品之一。是中国汉族特有的一种绘画体裁,也是中国农村老百姓喜闻乐见的艺术形式。

滩头年画的种类在最盛期达六十多种,现存二十余种。滩头年画多以古老民间习俗为题材,反映人们对生活的美好祝愿,是人们

---

① 陈志锋:《邵阳蓝印花布纹样的艺术特征及其民俗内涵》,《轻纺工业与技术》2016年第2期。
② 湖南省文化厅编《湖南省非物质文化遗产名录》(三),湖南人民出版社,2009,第1088页。
③ 湖南省文化厅编《湖南省非物质文化遗产名录》(三),湖南人民出版社,2009,第1087页。
④ 吴童文、吴楚材主编《湖南旅游资源研究》,湖南科学技术出版社,2003,第341页。

的一种精神寄托。从题材内容来看，可分为神像（门神、财神和灶神）、吉祥如意、故事（戏文、仕女娃娃）三大类。滩头年画是湖南省唯一的手工木版水印年画，从明末清初到民国初年，滩头年画逐步形成了自己独特的美术风格。艳丽、润泽的色彩，古拙、夸张、饱满、个性化的造型方法，纯正的乡土材料和独到的工艺，使作品具有浮雕一般的艺术效果。从造纸原料的选择、纸张的制造、刷底，到刻板、七次印刷、七次手绘，一张年画的生产需要经过二十多道工序。从手工造纸到年画成品整个制作过程都在一个地方完成，这在全国年画制作中极为少见。[①]

1994年，在文化部举办的"中国民间艺术一绝展览"中，滩头年画荣获银奖。2003年，滩头年画在北京获得中国传统工艺品金奖，2006年6月，滩头年画被列为首批国家级非物质文化遗产项目。

滩头年画是湖南唯一的传统木板手工印年画，闻名全国，滩头镇被国家文化部称为"现代民间年画之乡"。

5. 洞口墨晶石雕和木雕

洞口墨晶石雕是中国古老的民间石雕艺术的一种类型，是湖南省独具一格的传统手工艺术。早在300多年前，艺人雕刻印章、墨砚和小件玩具，这些雕刻作品俗称"洞口墨晶石雕"。洞口墨晶石雕的原材料（楚石）分布于雪峰山东麓从洞口县山门至隆回县鸭田一带，以及新化县白溪、油溪一线的狭长地带，主产于新化白溪。[②] 墨晶石，又叫紫石，古称楚石，石质细腻，外表黝黑发亮，色黑而脂润，抛光以后格外晶莹，所以又被人称为"黑玛瑙"。石以色泽浓黑者为贵，墨晶石有"晶石"或"晶玉"之称。雕刻制品显得庄重古朴，浑厚

---

① 扬州中国雕版印刷博物馆编著《雕版印刷》，山东友谊出版社，2013，第39页。
② 湖南省文化厅编《湖南省非物质文化遗产名录》（三），湖南人民出版社，2009，第1032页。

典雅。产品造型写实中有夸张，雕刻刀法灵活多变，因而作品既有玉雕的晶莹细腻，又不失石雕的粗犷豪放，独具一格。洞口墨晶石雕是在农耕社会的基础上产生的一种民间艺术，是普通民众的物质观念和审美情趣的物化表现，具有浓厚的乡土气息和地方特色。洞口墨晶石雕从雕刻印、章、符、信等实用物品发展为雕刻山水、人物、花鸟、走兽等观赏性的工艺美术品。洞口墨晶石雕既具有深厚的文化底蕴，又具有很高的艺术价值，是研究中国民间雕刻技艺的重要载体。2008年，洞口墨晶石雕被确定为湖南省第二批非物质文化遗产名录项目。

洞口木雕产生于雪峰山腹地的洞口县，故名，其工艺主要散布、影响和传承于以洞口县为中心的湘西南地区，是湖湘民间木雕艺术的代表作。洞口木雕以雪峰山脉盛产的黄杨木、梨木、香樟木、白果木、梓木、檀香木、楠木、柚木、千年木、核桃木、椿木等质地细密、坚韧的木材及其根蔸为雕刻材料，主要作为当地民居、宫殿、祠堂、寺庙、桥梁、牌楼，以及戏楼的厅堂、梁柱、门窗等的建筑装饰。日常生活实用器物中的床、柜、箱、案、几、屏、轿、酒具、烟具、茶具、文房清供等家具中也普遍以之作为装饰，木雕品类繁多，造型奇特而富于想象力，线条夸张而明快流畅，呈现出浓郁的湖湘文化色彩。洞口木雕题材广泛，内容丰富。如飞禽走兽、草木花鸟、田园山水、小说戏剧、历史典故、神话传说、才子佳人、神灵鬼怪、宗教礼仪等，既有现实生活的反映，又有传统文化的再现。洞口木雕的雕刻工艺独具特色。圆雕、透雕、高浮雕、阴阳线刻、多层镂雕等技法交互使用，一刀一镂，精确到位，风格飘逸纯朴。洞口木雕的装饰手法别致，根据雕刻器物的材质和画面需要，充分运用单色彩和多色彩、涂彩和素色、髹漆和贴金、泥金等方法，突出主题，达到"淡妆艳抹总相宜"的艺术效果。洞口木雕，透着湖湘艺术的魅力。"无雕不成器，非刻不是具"的洞口木雕艺术，涌动着民族的灵魂。

6. 新化山歌

新化山歌是一种主要流传于湖南省娄底市新化县的传统民歌。新化山歌内容广泛、调式古老、风格独特、音韵简朴、结构多变，音乐特色鲜明，表现形式丰富多样，句式长短有序，俚俗方言衬词较多，说唱风味很浓。山歌以口头创作、传唱的方式兴盛于民间，其曲调、节奏、结构、句式都很自由，音调依新化方言按字行腔。新化山歌是独具特色的传统民间文化艺术形式。

新化山歌内容广泛，品类繁多。有劳动歌、时政歌、仪式歌、风俗歌、陶情歌、儿歌等。劳动歌有猎歌、樵歌、渔歌、田歌、挖山歌、采茶歌及各种劳动号子。风俗歌，如《资水滩歌》，长达600多行，对资水滩多水险的情状及沿岸山川地理、土产山货、风俗人情、船工生活做了生动的描绘。再如《闹洞房》《打四门》《劝赌歌》等，皆具有热闹、诙谐的特点。有些风俗歌也反映了劳动人民的苦难，如《养女莫上锡矿山》《资江十八滩》等。时政歌有《骂歌》《颂歌》等。山歌中数量最多、最脍炙人口的是被称为"陶情歌"的情歌。这类歌，对男女相识、初恋、相思、定聘到结婚等都有所表现，反映了年轻男女对封建礼教的反抗和对自由爱情的向往与追求。此外还有表现历史和民族特点的《峒事歌》《宗师歌》及生动活泼的《儿歌》。

新化是传统的山歌之乡，从20世纪50年代开始，新化山歌已发展到繁盛阶段。1956年新化举办梅山千人山歌大联唱，规模宏大，观众近万人，轰动城郊四乡。1957年著名山歌手伍喜珍进京参加全中国民间艺术会演，她演唱的新化山歌《神仙下凡实难猜》荣获一等奖。2006年新化山歌被列入首批湖南省非物质文化遗产名录。2008年6月，新化山歌被列入第二批国家级非物质文化遗产名录。

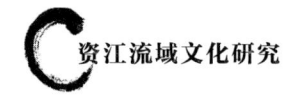

7. 安化千两茶工艺

安化千两茶属黑茶类，其工艺发源、传承于湖南省益阳市安化县境内，有近200年的历史。茶农在百两茶的基础上，独创出千两花卷茶。

千两茶以安化上等黑毛茶为原料，经筛制、拣剔、风选、整形、拼配等工序加工而成。千两茶的制作有特殊要求：一是原料必须是地道的正宗安化茶，二是原料必须无梗无杂，三是盛茶的长筒花格篾篓必须由新鲜楠竹织成。

每支茶加工可分蒸包灌篓、杠杆压紧成形两个阶段。第一阶段蒸包灌篓分五吊、五蒸、五灌、铺蓼叶、胎棕叶、上"牛笼嘴"等步骤。即将原料分次过秤后，分别用布包好吊入蒸桶用高温汽蒸使之软化，分不同批次装入花篾篓（内衬有蓼叶、棕丝片各一层），层层由人工踩实压紧，最后上"牛笼嘴"锁口。第二阶段杠杆压紧成形。将灌好茶的花篾篓置于压制场地的特制杠杆下经五轮滚压，由一班青壮年男子（6人），着短装、绑腿赤脚上阵，压制时由5人下压大杠，1人在前面移杠压茶，收紧篾篓时，由4人用脚踩篓滚压，1人操小杠绞紧篾篓，随着篓内茶叶受压紧缩，花篾篓不断缩小，压大杠和绞小交替进行反复5次，加箍绞到花卷圆周尺寸符合要求为止，有7个箍，最后由1人手挥木槌，锤击花卷整形（俗称打榔头）。这些繁杂的工艺过程结束后，将其置于一边冷却定型。定型后还要松箍、杀篾、锁口、标记制造日期，放置防伪标志，最后置于特设的晾棚竖放晾置，日晒夜露1个月（以前为49天）即为成品。这一过程的实质是在自然条件催化下，让茶叶自行发酵、干燥。

安化千两茶制作技艺是人类难得的非物质文化遗产，已于2008年6月被列入第二批国家级非物质文化遗产名录。

8. 益阳明油纸伞[①]

益阳明油纸伞制作起始于唐宋，兴盛于明清，有千余年历史。益阳的明油纸伞生产，多以桃江的竹子，安化的皮纸，安化、常德、湘西的桐油，湖北罗田的柿水（柿子做的）做原料，可谓用料讲究。纸伞制作工序复杂，大致分以下步骤。选竹子做骨架：选材（号竹）—锯竹—刨青—劈条—削骨—锯槽—钻孔—伞骨煮沸—晾干。选上等松木做伞头、伞托（葫芦）：锯葫芦—串葫芦—蒸煮—暴晒—装柄—装键—绕伞圈—裱伞（柿子水）—糊伞边—绘画—收卷—穿饰线—上桐油—套把—结顶，等等。手工制作完成一把伞，工序达七八十道。

作为湖南民族手工艺品经典的益阳油纸伞久负盛名，民间流传"湘潭的木屐、益阳的伞"。伞就是讲的明油伞，俗称油纸伞、桐油伞、花伞。其制作工艺精湛，外观典雅，质量上乘，因而名扬洞庭，誉满三湘，蜚声海外。益阳明油纸伞于2016年成功申请成为湖南省非物质文化遗产。

9. 益阳竹艺[②]

益阳地处资水下游，临洞庭湖，是中国著名的竹乡，其竹艺品种众多，以水竹凉席和小郁竹艺最为有名。

水竹凉席，早在中国元朝时期就已出现，原来主要在靠近湖边的地区制作，后来传至益阳各县市。益阳的农民用质地纤细、坚韧柔软的水竹，破成篾丝编织凉席。水竹凉席从砍竹、下料、破篾、拉丝、蒸煮到编织、锁边，要经过十三道工序，而且全是手工操作。篾丝经过蒸煮处理，凉席柔软不易折断，不生竹粉虫，边沿整齐，色泽美

[①] 主要参考资料：益阳赫山区文旅广体局《益阳明油纸伞：在坚守中传承，在传承中创新》，益阳市政府网，2020年6月3日。

[②] 主要参考资料：臧维熙《中国旅游文化大辞典》，上海古籍出版社，2001，第631页。

观，编织紧扎，经久耐用，并可散热收汗。益阳水竹凉席是益阳地区传统手工作品，为益阳人民带来了良好的经济效益。益阳水竹凉席远销海外，很多商家慕名前来购买。

小郁竹艺是益阳市优秀的传统工艺品，是国家级非物质文化遗产项目之一。益阳小郁竹艺有文字记载的历史可追溯至明初，从业者遍布城乡各地，产品街头巷尾随处可见。益阳小郁竹艺是一种采用直径5厘米以下的刚（麻）竹为骨架，以毛竹为部件加工成各种器具的汉族民间传统手工制作工艺。工艺品制作工序有30多道，主要由选料、下料、烧油、烙花、着色、浸泡、开郁口、郁制、精修、打磨、上漆等。小郁竹艺产品结构方正，成品美观大方，符合人们的审美情趣。竹艺产品经久耐用，竹乡益阳人民广泛地利用竹子制作的各种器具，几乎涵盖了生产生活的方方面面。

10. 黄自元的书法[①]

黄自元（1837~1918），字善长，号敬舆，湖南省安化县龙塘乡人，清末书法家，实业家。黄自元出身名门望族，家里不仅有良田万顷，更藏得四壁图书。清同治六年（1867）举于乡，次年殿试中榜眼，授翰林院编修。曾任顺天乡试同考官和江南乡试副考官。经人推荐，黄自元奉诏进宫为光绪帝生母书写《神道碑》。他跪地悬腕写来，其字秀雅美观，工整停匀，深得光绪皇帝的赏识，当即赐以"字圣"称号。自此名声大振，他的字，效仿者不计其数，一时仿其书法蔚然成风，其字渐至成为社会上的通用规范字，成为书生们考取功名的书法标准。其临摹邵瑛《间架结构摘要九十二法》的书法而临写的《间架结构九十二法》，竟达到了家喻户晓，人手

[①] 主要参考资料：湖南省地方志编纂委员会《湖南省志》（第三十卷《人物志》）（上册），湖南出版社，1992，第490页。

一册，学书之人案头必备的程度。

黄自元一生致力研究且成就最高的还是被人贬为"馆阁体"的黄氏楷书。其实黄自元能自成一派，受皇家垂爱，得大众欢迎，同化一朝一代的审美趣味，引领一代书风，那也绝对是功德千秋的事，在书法史上自当有其重要的位置。

四　旅游景观

1. 崀山风景名胜区[①]

崀山风景名胜区位于湖南省邵阳市新宁县境内，包括天一巷、辣椒峰、夫夷江、八角寨、紫霞峒、天生桥六大景区，18处风景小区，已发现和命名的重要景点有500余处，有三大溶洞和一个原始森林，总面积108平方公里，属典型的丹霞地貌，是世界自然遗产、国家地质公园、国家5A级风景名胜区。"崀"见于《辞海》，曰："崀，地名，在湖南新宁县境内。"

崀山山水地貌得天独厚，风光旖旎。例如天下第一巷的高和长、八角寨的惊险、亚洲第一桥跨度的宽、蜡烛峰的陡峭、红华赤壁的艳丽、将军石的"俊俏"、骆驼峰的形状等，这些景观在同类地貌中绝无仅有，具有极高的观赏价值。

2010年6月，世界遗产中心关于中国丹霞的评估报告指出："崀山和丹霞山最清楚地演示了中国丹霞的典型特征"。崀山的丹霞地貌是中国丹霞景区中丹霞地貌发育丰富程度和品位最有代表性的、最优美的景区。其完整的红盆丹霞地貌，在全国首屈一指。崀山是一座天

[①] 主要参考资料：《湖南十大文旅地标：邵阳崀山：新晋"网红"再造新功，多项赛事助力文旅融合》，红网，2020年5月24日。

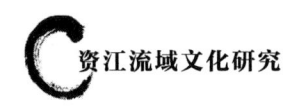

然的丹霞地貌博物馆,被地质专家们誉为"丹霞瑰宝"。

2. 武冈云山森林公园①

武冈云山自然保护区于1982年经湖南省人民政府批准设立,属省级自然保护区。1992年,经原国家林业部批准建立云山国家森林公园,保护区由森林公园直辖。云山素以云幻、林幽、山奇、水秀而闻名,自然风光优美,山峰千姿百态,景观奇异,宋高宗曾感叹曰"云山七十一峰,烟云变幻"。明代礼部主事潘应星为云山十景题名:一瀑飞涛、两华耸翠、仙桥横汉、崖前帘水、石畔遗踪、洞门余影、丹井云封、竹坛风扫、云外钟声、杏屋藏春。另外还有金龟越岭、玉兔听经、枯木逢春等景点。云山景区之景观美不胜收,令人叹为观止。区内现有保存完好的原始次生阔叶林200余公顷,动植物资源丰富,为天然的森林氧吧和动植物资源基因库。

云山也是一座历史悠久的名山,为全国第六十九福地,亦称"楚南胜地"。隋唐时便有佛教在此传播,宋、明最盛,形成以胜力寺为中心的寺庙建筑群,寺僧曾达500人之众,现保存有14尊石砌僧塔,50多块铭文碑刻,三处摩崖石刻及5公里长的青石板"秦人古道"。古往今来,云山留下了许多文人骚客的足迹和千古绝唱,以及许多美丽动人的传说,如清代刘文徽曾题:"山以云名云即山,云生山头山埋云,山静云动云无定,云多山少山难分。"民间也曾流传"十不得"用来形容云山的景观,即"一把凉伞打不得、一面镜子照不得、一顶帽子戴不得、一个脚盆端不得、一炳斧头用不得、一架楼梯搬不得、一只犀榼扮不得、一个牛角吹不得、一团冷饭吃不得、一个将军喊不得",等等。云山国家森林公园成立后,先后修建了望龟

---

① 主要参考资料:《湘西名山云山》,中国日报湖南双语网,2011年10月18日。

亭、步云亭、腾云亭、双华亭、姐妹亭，修复了秦人古道、禅师塔林、胜力寺等处。在云山伴山冲景区进口处有一雄伟的山门，正面有原国家林业部部长徐有芳亲笔题写的"云山国家森林公园"，背面有华国锋亲笔题写的"楚南胜境"的铜体大字，这些都成为云山重要的人文景观。

3. 新邵白水洞国家地质公园①

白水洞地质公园位于湖南省新邵县境内，包括白水洞、白云岩、资江小三峡三大旅游区，集峡谷、溶洞、瀑布与寺庙、道观等自然与人文景观于一体。

核心景区白水洞景区，早在明代就是湘中的旅游胜地，文人墨客纷至沓来，多有赞咏之词。这里动植物种类繁多，资源丰富，水质、空气质量优良，其中"南天神柱""天下第一帘""海底世界"被央视誉为世界奇景。景区因冬季雾凇、瀑布冰凌等雪景奇观而被誉为"冰雪童话王国"。2002年4月被国家旅游局正式评定为2A级旅游区。2018年2月，湖南新邵白水洞地质公园被国土资源部授予国家地质公园称号。

4. 冷水江波月洞②

冷水江波月洞风景名胜区位于湖南省冷水江市，是以地下溶洞景观为主体的综合性公园。周围有大乘山森林公园、瀑布群和素有世界锑都之称的锡矿山等景区，是一个集游山、观洞景、望瀑布、岩溶研究于一体的风景名胜区。它地处湖南省冷水江市北郊，距市中心3.8公里。波月洞分为三层，已开发地下游览路线1800多米，27个大厅，

---

① 主要参考资料：《"十佳冬季气候旅游目的地"公布！邵阳这个景区上榜》，邵阳新闻网，2019年1月24日。

② 主要参考资料：《五一小长假，冷水江市波月洞景区异常火爆》，红网，2019年5月5日。《娄底必去的六个旅游景点 你打卡了吗？》，娄底新闻网，2020年5月13日。

81处景点，总面积为4万多平方米，洞高一般3～10米，最高20余米，洞宽一般5～10米，最宽70余米。整个洞府以迷宫大厅为中心，前部洞厅宽广宏伟，气势磅礴；后部洞厅线条密集。洞中千柱挺立，万裙倒挂，山川、田野、瀑布、石柱、石幔、石钟乳比比皆是，一步一景，景景神奇。

洞中有三种令世人倾倒的溶洞之宝：一为1.1米长的中空且晶莹透亮的鹅管，比以前号称世界之冠的溶洞鹅管还长44厘米；二为1.98米高的巨型石坝，比南斯拉夫世界最大的岩溶石坝高50厘米；三为倒悬于顶的1.5米深的网络石槽，是目前世界最深的悬顶地槽。

电视连续剧《西游记》中的水帘洞与白骨精的行宫均于此洞拍摄。中科院地质研究所、地质部桂林岩溶研究所及全国各地专家来考察鉴定时认为："它是一个国内不多、世界罕见的，具有很高旅游观赏价值和很高科学价值的，堪居我国目前已经开发旅游溶洞之前列的地下溶洞博物馆。"

5. 新化大熊山国家森林公园[①]

大熊山国家森林公园位于新化县北部，公园总面积7623万平方米，森林覆盖率95%。境内有蚩尤文化体验区、春姬峡谷观光区、大熊峰登山览胜区、川岩江原始探险区、生态养生度假区、森林生态保护区等六大功能区。公园内物种繁多，是湘中的物种基因宝库，有国家保护的银杏、南方红豆杉、钟萼木等珍稀植物43种，以及云豹、草号鸟、红腹锦鸡等珍稀动物27种。在大熊山正中部，有千年银杏，枝繁叶茂，有"中华银杏王"之称。大熊山最高峰九龙峰是湘中第一

[①] 主要参考资料：王志军《"六绝"只应天上有，疑是仙境落人间——登大熊山国家森林公园有感》，《林业与生态》2016年第12期。

峰，海拔1622米。

熊山寺，坐落于大熊山国家森林公园大熊峰景区心脏位置的金项山，该寺是供人们祭祀朝拜的宗教之地。该寺庙是以祭祀殿为主的庭院式建筑群。院落呈长方形，大门朝东南，院内有3幢建筑，其中一幢是主殿堂，内设三间小殿，分别是观音殿、圣帝殿和贞仙殿，内供相关神像；另两幢为员工生活用房。建筑均为红砖青瓦的平房或楼房。该寺始建于两晋时期，相传为南岳圣帝祖庭所在之处，历代香火鼎盛，今仅存断壁残垣。1994年当地居民自发筹资对其进行修复，但因资金困难，修复规模较小。尽管如此，修复后的熊山寺仍受到香客的青睐，每年有数万信士入寺朝拜，烧香还愿。2007年，熊山寺被湖南省宗教事务局批准为全省重点寺院。

娘娘殿，也叫老殿或者母殿，位于大熊山（宋朝以前称梅岭）顶峰，是蚩尤故里历史最悠久的老庵堂，因此它理所当然地成了大熊山境内49座庵堂的中心，也由此被称作母殿。而其他48座则分别处在它的东南西北四坡之下，又被称作娘娘殿下48座角庵。

2002年12月，新化大熊山被评为国家级森林公园。

6. 新化梅山龙宫①

梅山龙宫是湖南最大山脉雪峰山（古称梅山）的腹地景区，是国家4A级旅游景区、中国国家级风景名胜区、国家自然与文化双遗产、湖南省新潇湘八景景区、首届湖南大众最爱旅游目的地。

梅山龙宫位于湖南省娄底市新化县资水河畔，是一个集溶洞、峡谷、峰林、绝壁、溪河、漏斗、暗河等多种喀斯特地质地貌景观于一体的大型溶洞群，有九层洞穴，已探明长度2870余米，已开发游览

---

① 主要参考资料：《梅山龙宫专题》，娄底新闻网，2016年10月20日。

路线1896米，其中包括长466米的世界罕见的神秘地下河。整个洞府分为龙宫迎宾、碧水莲宫、玉皇天宫、龙宫仙苑、龙宫风情、龙凤呈祥六大景区。梅山龙宫洞内绝世奇观不胜枚举，水路神秘莫测，可乘船荡舟，仰观龙宫九重天；旱路曲径通幽，可漫步静观，峰回路转，细品石笋、石钟乳。

7. 紫鹊界梯田[①]

紫鹊界梯田位于中国湖南省娄底市新化县水车镇。周边的梯田达8万亩以上，核心景区有2万多亩。紫鹊界梯田是全球重要农业文化遗产、世界灌溉工程遗产、国家4A旅游景区、国家级风景名胜区、国家自然与文化双遗产、国家水利风景名胜区。

紫鹊界梯田成型已有2000多年历史，起源于先秦、盛于宋明，是中国苗、瑶、侗、汉等多民族历代先民共同劳动的结晶，是山地渔猎文化与稻作文化交融的历史遗存，是古梅山地域突出的标志性文化景观。

紫鹊界梯田山有多高，田有多高，水就有多高，这里没有一口山塘、一座水库，也无须人工引水灌溉，天然自流灌溉系统令人叹为观止。国家水利专家评价其可与都江堰和灵渠相媲美，把这种自流灌溉系统称为"世界水利灌溉工程之奇迹"。

紫鹊界梯田依山就势而造，小如碟、大如盆、长如带、弯如月，形态各异，变化万千，宛如天上瑶池，实属人间仙境。紫鹊界一带的文化底蕴深厚，文化资源十分丰富，山歌、民歌、情歌广泛流传于民间，紫鹊民居古色古香、颇有特色；草龙舞、傩面狮身舞等风俗表演更是原始神秘、别有风情。龙狮舞、草龙舞风格独特，苗族、瑶族风俗依然如故。当地饮食文化亦十分丰富，绿茶、腊肉、豆腐丸子、冻

[①] 主要参考资料：《15项全球重要农业文化遗产，领略波澜壮阔的美丽》，《人民日报》2018年4月27日。《新化紫鹊界梯田：云雾缭绕，美不胜收，一幅醉人的春日画卷》，红网，2020年4月13日。

鱼、糍粑、甜酒、魔芋、笋干、蕨菜、薏米、天麻等久负盛名，可谓"民风淳古，物阜蕃昌"。

8. 柘溪国家森林公园[①]

湖南柘溪国家森林公园由柘溪景区、云台山景区、茶马古道景区三大部分组成，主景区在安化县内。公园总面积8579.3万平方米。森林公园地处亚热带季风湿润气候区，气候温和，雨水集中。森林植被类型为中亚热带偏北次生常绿阔叶林、落叶阔叶混交林，森林覆盖率高达94.00%。山中有湖、湖中有山、群山环抱、峰峦叠翠的"高峡平湖"是其主要特色。2009年8月，柘溪森林公园被国家林业局批准为国家级森林公园。

柘溪风景区位于安化县西部资水中游，距县城15公里。这是一个以人工湖为中心，以周边山林为依托的山水林自然景观区。柘溪水岸上至平口，下临大坝，绵延56公里，宽18公里，风景区总面积155平方公里，水面达85平方公里。

云台山景区位于县城西面，与县城相距28公里，景区内的龙泉洞是安化众多旅游景点中一颗璀璨的明珠，也是目前湘中地区规模最大的溶洞，现已探明洞底面积5万平方米，垂直高度达80米，构架地层4层，由一条阴河、两个天窗和多个干洞组成。已开发的游览线路长达1868米，沿途分布6个主要景区，上百个景点。溶洞内有阴河，有瀑布，石钟乳、石笋、石旗、石幔、石花比比皆是，洞内景观集雄、奇、险、美于一身。尤其是洞内长达2.08米的石鹅管，独有的倒挂金钩石钟乳，高达35米的溶洞瀑布，以及石珊瑚等四大特色景观，堪称世界罕见。

茶马古道景区位于县城洞市镇及江南镇一带。它以南方最后一

[①] 主要参考资料：《柘溪国家森林公园》，中国森林公园网，2018年3月22日。

支马帮和最完整的茶马古道遗风而著称。千百年来，无数的马帮行走在这条道路上，悠远的马铃声，回荡在山谷、急流和村寨上空，也促进了不同民族和不同文化的交融。如今，茶马古道上历史印迹犹在，跨越溪流的廊桥仍屹立在风雨中，仿佛在遥忆着那一段历史。2011年8月23日，安化茶马古道被列为国家4A级旅游景区。

9. 桃花江竹海风景区[①]

桃花江竹海风景区，位于距益阳市桃江县西南约3公里的桃花江国家森林公园内，是江南地区最大的竹林生态景区。核心景区规划面积65平方公里，景区总面积761.2万平方米，共拥有楠竹5万亩。桃花江竹海环境优雅，空气清新，富含离子和负离子，空气质量高。从南北山门入园，既可乘车盘山而上，也可沿路漫步而行，沿途全是绿色竹荫、天然氧吧。游人至山顶，登上竹海红楼，能够看到一幅令人心旷神怡的画面，万亩竹林，喜沐清风。山山楠竹翠，坡坡泛绿波，风动竹涛声声，百鸟和鸣。此情此景，使人仿佛身临仙境，让人忘却名利，使灵魂脱俗，思想升华。所以，无数名人雅士，游览湖南都爱光临桃花江竹海。

10. 山乡巨变第一村——清溪村（周立波故居）[②]

山乡巨变第一村——清溪村紧邻湖南省益阳市中心城区，占地面积2平方公里，是中国文化名人、现代著名作家周立波先生的出生地及其《山乡巨变》《山那面人家》等小说的创作背景地。此地因周立波先生在此写下著名的长篇小说《山乡巨变》而闻名，又因今天在新

[①] 主要参考资料：徐丽华主编《桃江历史文化丛书 山水风物》，湖南人民出版社，2016。《桃花江竹海，享受天然氧吧》，艺龙旅游网，2014年5月28日。

[②] 主要参考资料：王伟、何雯、莫超、欧阳鹏《山乡巨变第一村的前世今生》，《中国文化报》2012年2月1日。

农村建设中再次发生巨变而赢得了"山乡巨变第一村"的美誉。进入清溪村，沿清溪路一路走来，有《山乡巨变》文学主题情景、周立波故居、清溪村村部旧址、民俗艺术广场、山那面人家老屋、立波果园等景点，也有今日所建立波小街、农耕文化体验园、百味果蔬园等景点。清溪村打造的"山乡巨变第一村，乡村体验第一游"项目，可供游客追寻作家足迹，探访文化源流。清溪村是以高效观光生态农业为亮点，以乡土文化为主题，以观赏性民俗艺术、参与性传统农耕文化体验项目为支撑，为游客提供"休闲、娱乐、度假、社交、健身"服务的综合旅游新村。清溪村先后被国家旅游局、中国社村发展促进会、湖南省人民政府评为国家4A级旅游区、中国乡村红色遗产名村、中国绿色村庄、中国特色村、中国幸福村、湖南省新农村建设示范点、湖南省农业旅游示范点、湖南省省级生态村、湖南省特色景观旅游名村、湖南大众最爱之旅游目的地、湖南省五星级乡村旅游区。

参考文献

1. 〔汉〕司马迁撰《史记》,中华书局,1982。
2. 〔汉〕班固:《汉书》,中华书局,1962。
3. 〔南朝宋〕范晔撰,〔唐〕李贤等注《后汉书》,中华书局,1965。
4. 〔北魏〕郦道元著《水经注校证》,陈桥驿校证,中华书局,2007。
5. 〔宋〕欧阳修、宋祁撰《新唐书》,中华书局,1975。
6. 〔宋〕司马光:《资治通鉴》,岳麓书社,2018。
7. 〔元〕脱脱等撰《宋史》,中华书局,1985。
8. 〔宋〕李焘撰《续资治通鉴长编》,中华书局,1979。
9. 〔清〕顾祖禹撰《读史方舆纪要》,贺次君、施和金点校,中华书局,2005。
10. 〔清〕陶澍:《陶澍集》,岳麓书社,1998。
11. 〔清〕彭开勋撰《南楚诗记》,马美著校点,岳麓书社,2011。
12. 〔清〕邓显鹤撰《南村草堂文钞》,弘征校点,岳麓书社,2008。
13. 〔清〕曾国藩:《曾国藩全集》(修订本),岳麓书社,2012。
14. 〔清〕陶澍、〔清〕万年淳等修撰《洞庭湖志》,何培金校点,岳麓书社,2009。
15. 〔清〕黄宅中、〔清〕张镇南修,〔清〕邓显鹤编纂《道光宝庆府志》,岳麓书社,2009,影印本。

16. 〔清〕姚念杨、〔清〕吕懋恒修,〔清〕赵裴哲纂《同治益阳县志》,同治十三年(1874)刊刻本。

17. 〔清〕张葆连、刘坤一修纂《光绪新宁县志》,岳麓书社,2011。

18. 〔清〕姚炳奎纂修《光绪邵阳县乡土志》,光绪三十三年(1907)刊。

19. 湖南省地方志编纂委员会:《〈光绪湖南通志〉点校》,湖南人民出版社,2017。

20. 刘清波、彭国兴编,饶怀民补订《陈天华集》,湖南人民出版社,2008。

21. 赵尔巽等撰《清史稿》,中华书局,1977。

22. 萧一山编《清代通史》,华东师范大学出版社,2006。

23. 钱基博:《近百年湖南学风》,岳麓书社,1985。

24. 湖南省志编纂委员会编《湖南省志》第二卷《地理志》(下册)(修订本),湖南人民出版社,1986。

25. 湖南省地方志编纂委员会:《湖南省志》第十卷《交通志·水运》,湖南人民出版社,2001。

26. 资源县志编纂委员会:《资源县志》,广西人民出版社,1998。

27. 邵阳市地方志编纂委员会:《邵阳市志》第一册,湖南人民出版社,1997。

28. 邵阳县志编纂委员会编《邵阳县志(1978—2002)》,湖南人民出版社,2008。

29. 城步苗族自治县志编纂委员会编《城步县志》,湖南出版社,1996。

30. 洞口县志编纂委员会编《洞口县志(1978—2005)》,方志出版社,2012。

31. 隆回县志编纂委员会编《隆回县志》,中国城市出版社,1994。

32. 新邵县志编纂委员会编《新邵县志》,人民出版社,1994。

33. 武冈县志编纂委员会编《武冈县志》，中华书局，1997。
34. 湖南省冷水江市地方志编纂委员会编《冷水江市志》，中国城市出版社，1994。
35. 新化县志编纂委员会编《新化县志》，湖南出版社，1996。
36. 桃江县地方志编纂委员会编《桃江县志（1986—2000）》，方志出版社，2010。
37. 湖南省益阳地区地方志编纂委员会编《益阳地区志》，新华出版社，1997。
38. 益阳县地方志编纂委员会编《益阳县志》，湖南人民出版社，1999。
39. 安化县地方志编纂委员会编《安化县志》，社会科学文献出版社，1993。
40. 张步天：《中国历史地理》上册，湖南大学出版社，1987。
41. 李跃龙主编《洞庭湖志》，湖南人民出版社，2013。
42. 李跃龙等著《洞庭湖的演变、开发和治理简史》，湖南大学出版社，2014。
43. 廖静仁编著《斯文江湖：人文经品丛书——神奇资水》，湖南地图出版社，2009。
44. 湖南省文学艺术界联合会编《湖南歌谣集成》，湖南文艺出版社，2009。
45. 王国宇主编《邵阳：雪峰烟岚润宝庆》，社会科学文献出版社，2020。
46. 马延炜、袁志成主编《益阳：半成山色半成湖》，社会科学文献出版社，2020。
47. 伍新林、张智倩主编《娄底：湘中要衢独天厚》，社会科学文献出版社，2020。

48. 万成主编《桃花江历史人文丛书 历史人文卷》，湖南人民出版社，2016。

49. 陶用舒：《近代湖南人才群体研究》，岳麓书社，2000。

50. 易永卿、陶用舒：《现代湖南人才群体研究》，湖南人民出版社，2005。

51. 中华人民共和国住房和城乡建设部编《中国传统建筑解析与传承 湖南卷》，中国建筑工业出版社，2017。

52. 胡彬彬：《湖南建筑》，湖南教育出版社，2013。

53. 陈先枢、汤青峰、朱海燕：《湖南茶文化》，中南大学出版社，2009。

54. 欧阳晓东、陈先枢等编著《湖南老街》，湖南文艺出版社，2012。

55. 王树声编著《中国城市人居环境历史图典》（湖南卷），科学出版社，2015。

56. 柳肃主编《湖南古建筑》，中国建筑工业出版社，2015。

57. 任宗权：《道教手印研究》，宗教文化出版社，2013。

58. 赵玉燕、吴曙光：《湖南民俗文化》，湖南师范大学出版社，2010。

59. 欧阳晓东、陈先枢编著《湖南老商号》，湖南文艺出版社，2010。

60. 蒋响元：《湖南古代交通史》，人民交通出版社，2020。

61. 长江年鉴编纂委员会编《长江年鉴2008》，长江出版社，2008。

62. 童芸编著《中国红：刺绣》，时代出版传媒股份有限公司、黄山书社，2012。

63. 中共湖南省委党史委编著《湖南五十年大事记述》，湖南人民出版社，2000。

64. 湖南省文化厅编《湖南省非物质文化遗产名录》，湖南人民出版社，2009。

后 记

　　本书是湖南省社会科学院湘学研究院统一组织的"湖南流域文化研究"课题之一"资水流域文化研究"的成果。本书从策划、讨论提纲、考察调研、查阅资料到成稿，均得到了湖南省社会科学院、湖南省地方志编纂院领导和专家的指导；资江流域有关史志编纂、文旅新闻、水利水文、环境保护等单位提供了大量的资料和建设性的意见，部分单位还派人带领调研成员实地考察；本丛书主编贺培育、副主编李斌在本书提纲拟定、章节内容修改等方面提出了许多宝贵的意见，张衢做了许多协调工作，在此一并致谢！本书各章节撰写和附录内容选编分工如下。郭钦负责第一、二、三章和附录第一、二部分，杨乔负责第四、五、六章和附录第三、四部分。在写作过程中，我们查阅和参考了资江流域各市县区的文史资料和各单位发布的各类资料，参考并吸取了省内外已有的相关研究成果，由于编纂体例限制，未能一一注明，特此致以诚挚的歉意和谢忱。本书是我们研究和编写资江流域文化的一次尝试，因水平有限，也因资料收集的客观局限，疏漏和不当之处在所难免，敬请读者批评指正。

2022 年 5 月

图书在版编目(CIP)数据

资江流域文化研究/郭钦,杨乔主编.--北京:社会科学文献出版社,2022.8
(湖南流域文化丛书)
ISBN 978-7-5228-0192-6

Ⅰ.①资… Ⅱ.①郭… ②杨… Ⅲ.①河流-流域-文化研究-湖南 Ⅳ.①K928.42

中国版本图书馆CIP数据核字(2022)第099373号

湖南流域文化丛书
资江流域文化研究

主　　编／郭　钦　杨　乔

出　版　人／王利民
组稿编辑／邓泳红
责任编辑／宋　静
文稿编辑／田正帅
责任印制／王京美

出　　版／社会科学文献出版社·皮书出版分社（010）59367127
　　　　　地址：北京市北三环中路甲29号院华龙大厦　邮编：100029
　　　　　网址：www.ssap.com.cn
发　　行／社会科学文献出版社（010）59367028
印　　装／三河市龙林印务有限公司

规　　格／开　本：787mm×1092mm　1/16
　　　　　印　张：15.25　字　数：195千字
版　　次／2022年8月第1版　2022年8月第1次印刷
书　　号／ISBN 978-7-5228-0192-6
定　　价／98.00元

读者服务电话：4008918866

版权所有 翻印必究